楚尘
文化
Chu Chen

北京楚尘文化传媒有限公司 出品

欧洲死刑史

EINE GESCHICHTE DES TÖTENS

1200—1700

圣徒、罪犯、受害者

VERBRECHER, OPFER, HEILIGE

PETER SCHUSTER

［德］彼得·舒斯特　著

朱谅谅　译

中信出版集团 · 北京

图书在版编目（CIP）数据

欧洲死刑史：1200—1700/（德）彼得·舒斯特著；朱谅谅译.--北京：中信出版社，2018.9（2019.4重印）
ISBN 978-7-5086-8916-6

Ⅰ.①欧… Ⅱ.①彼… ②朱… Ⅲ.①死刑－法制史－研究－欧洲－1200-1700 Ⅳ.①D950.4

中国版本图书馆CIP数据核字(2018)第089075号

欧洲死刑史：1200—1700

著　　者：［德］彼得·舒斯特
译　　者：朱谅谅
出版发行：中信出版集团股份有限公司
（北京市朝阳区惠新东街甲4号富盛大厦2座　邮编　100029）
承 印 者：北京华联印刷有限公司

开　　本：880mm×1230mm　1/32　　印　　张：11.[illegible]　　字　　数：272千字
版　　次：2018年[illegible]月第1版　　印　　次：2019年[illegible]月第2次印刷
京权图字：01-2017-932[illegible]　　广告经营许可证：京朝工商广字第8087号
书　　号：ISBN 978-7-5086-8916-6
定　　价：58.00元

图书策划：楚尘文化

服务热线：400-600-8099
投稿邮箱：author@citicpub.com

目录

图 1　世俗法庭景象。耶稣基督在天堂穹顶上用《玛窦福音》中的话来提醒陪审团记起其责任及最后的审判：“你们对别人的审判中，也包含了对你们自己的审判。”对于所有无辜被审判的人，耶稣基督有如下安慰语：“上帝会怜悯所有遭受了不公的人。”

图 2　酷刑有各种级别，一般由刽子手在大众视线外执行。此处的“上拉”是酷刑中最严酷的一种。

图 3　在经历了酷刑、招供、审判之后，很多地区的犯人都会被绑在推车上送往刑场，陪同者中有一位教会的心灵劝说者。

图 4　著名的彩色木版画展示了1500年前后的各种处决形式，而心灵劝说者的位置在此画中也很显著。

图 5　剑刑极其血腥。犯人的头被削掉后，血从其躯干主动脉中喷出，状如泉涌。有时，喷出的血被盛在容器中，作为药物来使用。

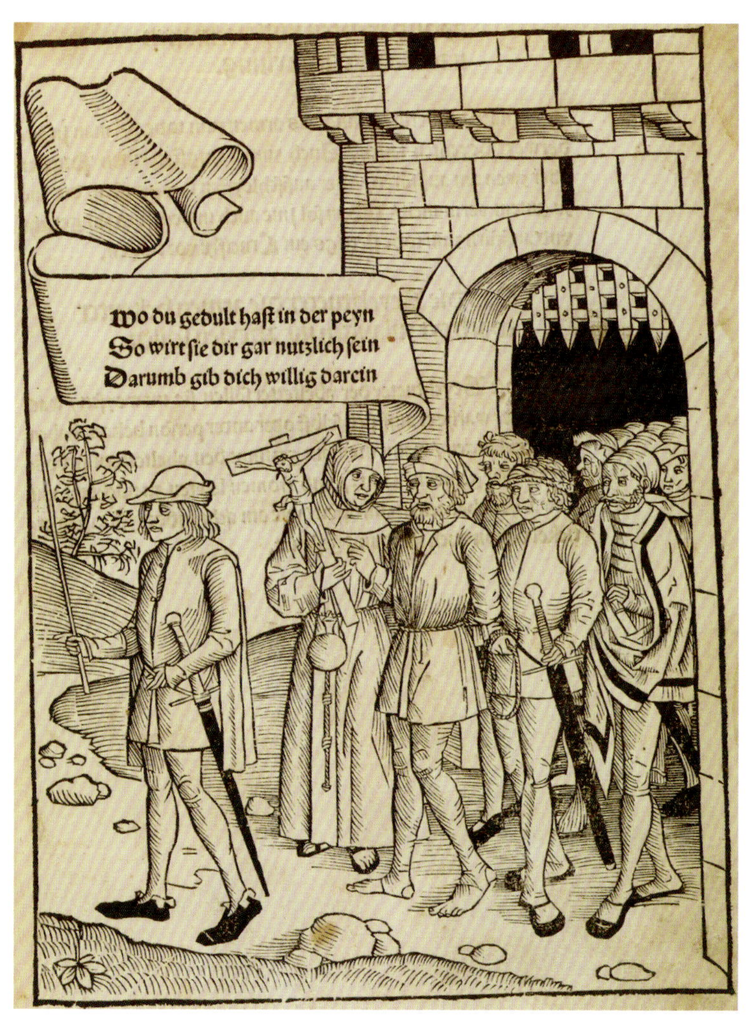

图 6　心灵劝说者劝诫死刑犯："你在行刑中表现出的耐心，将会对你有所裨益，你就顺从地去吧。"悔恨以及在受刑时表现出的坚忍，是死刑犯得到心灵拯救的两大先决条件，而这正是心灵劝说者鼓吹的。

图 7　侯爵的报复性处决？对不列颠国王理查德二世追随者的处决。

图 8　轮刑是一种残酷的刑罚。首先，用轮子将犯人四肢的骨骼碾断。然后，刽子手用轮子猛击犯人的胸部。最后，犯人或死或活地被五花大绑在轮上，竖在轮上示众。而尸体则留在轮上，以起到震慑的作用。

图 9　剑刑被视作处决的光荣形式，要求刽子手身手敏捷，一气呵成。

图 10　以对刺杀亨利四世的弗朗索瓦·拉瓦亚克的处决为题的铜版画。四马分尸被用于处决叛国者，作为一种极其残忍的酷刑，其在 16 世纪至 18 世纪时被经常使用。

图 11　作为附加刑，被判决的犹太犯人两旁分挂厉狗，对其进行撕咬。

图 12　德语区唯一被熟知的塔沃莱塔十字架板。在天主教区，心灵劝说者将此类十字架板置于死刑犯面前。该高约 30 厘米的十字架，现今位于诺伊斯的阿列齐安纳兄弟博物馆。

图 13　1900 年前后身着黑色僧衣的教会安慰兄弟，其右手执塔沃莱塔十字架板。教会安慰兄弟习惯着僧衣去安慰死刑犯，对其进行心灵慰藉。

序言

一部死刑史，不一定要叙述杀人史，而应将重点放到国家杀戮这一层面，因为几乎欧洲历史的所有时期，大部分杀戮都是在国家的指令下进行的。人们死于战争或经过审判，或未经过审判而死。历史上国家杀戮的规模之大，有两个例子可以说明：16 世纪，科隆被刽子手处死的人数与被人杀害的人数大约一致[1]；施瓦本帝国自由城市康斯坦茨（konstanz）的情况则更明显。1430—1460 年，那里记录在册的杀人案一共只有 10 起，但死刑案却有 100 起之多。[2] 据此，我们可以得出，在前现代社会，执行死刑是使用暴力的一个举足轻重的方式。故而，本书的重点将聚集在死于国家杀戮，尤其是那些不得不忍受死刑的人身上，这也是本书副标题“圣徒、罪犯、受害者”的由来。欧洲历史上的死刑犯，只有少数是真正威胁到公民身体健康、生活稳定的“犯罪者”，大部分都是些无伤大雅的轻犯，最后却沦为残酷司法的受害者。他们当中，有年轻的盗窃犯，后来也有所谓的“女巫”，以及有不同性取向的男女。这些人如果听从负责心灵劝说的神父／牧师的话，对被判死刑的命运逆来顺

---

1 Schwerhoff, Köln im Kreuzverhör, 155,282f. 本书多次引用的文献将只用简称，完整书名请见参考文献。——作者注（以下如无特殊说明，皆为作者注）

2 Schuster, Eine Stadt vor Gericht, 71, 266.

受，并感谢上帝给予的这一“公正”判决，那他们便能上升为神圣者。围观处决的观众，会为这些可怜的罪人即将脱离尘世、走向主的怀抱而心软落泪。

死刑是国家统治人民最明显，也是最强烈的一种表达方式。过去如此，现在也一样。虽然第二次世界大战以来，死刑被越来越谨慎地施行，世界上已有100多个国家废除了死刑，但还是有人死于刽子手之手。我们生活在一个全球化的世界，故而将继续面临死刑的问题。世界上任何一个角落发生轰动事件，马上便会引起全世界的关注。一方面，人们对一些国家继续执行死刑保持沉默，这很让人困惑；另一方面，从美国的监狱经常传来死刑犯判决数年、数十年后被证明纯属无辜的报道。此外，执行死刑时，也一再出现这样那样的问题。2014年美国俄克拉荷马州一名叫克莱顿·洛基特（Clayton Lockett）的死囚遭受的痛苦行刑，便是一个很好的例子。因行刑人员毒针注射不当，使得他痛苦挣扎了近三刻钟后才死于心脏病发作。该事件导致死刑的批评者再次要求美国废除死刑，而死刑的支持者则试图用其他方式来解决这一问题——2015年，美国犹他州再次引进了枪决这一行刑方式。

2006年末，国际媒体纷纷登载伊拉克倒台的统治者萨达姆·侯赛因（Saddam Hussein）被处决的照片，引发了全球轩然大波和激烈争论。媒体可以这样做吗？难以累计的读者来信，使得有些报纸不得不对此进行思考。德国资深媒体人克劳狄斯·赛德尔（Claudius Seidl）引用阿尔贝·加缪（Albert Camus）的话来反驳那些反对公开照片的批评者：“反对死刑最好的方法便是成为行刑的目击证人。”[1]事

1 Claudius Seibl, Vor aller Augen, in: Frankfurter Allgemeine Sonntagszeitung vom 7. Januar 2007, 6.

实确实如此。比如恐怖组织“伊斯兰国”发表处决囚犯的录像，将残忍的行刑公之于众的做法，便受到了世界各地人民的唾弃。

综上所述，死刑是个一直持续存在的话题。这也许为撰写一部死刑的历史提供了足够的理由，因为这一历史也把反对死刑的理由囊括在内了。在欧洲，死刑有着悠久而血腥的历史。直到 19 世纪，死刑行刑均为公开活动。从这一层面来说，死刑一直都不只是一个司法问题，它也是统治的象征，是清洗、报复、恐吓，是血淋淋的轰动事件，也是对被惩罚的罪犯和罪人的“一种宗教或类宗教的惩罚，是其通往拯救之路的前路”。[1]

本书与前人对死刑的研究作品不同，将把宗教和教会作为重点研究对象。教会对死刑犯的影响，不只局限于担心这些人的心灵能否得到拯救，它也延伸到了死刑条例的颁布、行刑仪制的制定及其合法化等。在过去的 25 年中，发生了无数恐怖事件，再次证明了“宗教和暴力是同胞兄妹”这一观点的正确性。从苏联解体、弗朗西斯·福山（Francis Fukuyama）宣告“历史的终结”以来，我们可以看到，战争、刺杀、恐怖袭击及种族驱逐是如何打着宗教的旗号来进行的。[2] 这让我们意识到，我们应该再次关注宗教和教会在历史上是如何对世俗之事施加影响的。在笔者看来，这一研究也很必要。本书的一大论点便是：死刑仪制如果没有宗教的介入与渗透，欧洲死刑的历史也许走的会是另一条道路。

---

1 Evelyn Roll, Das Ende. Nach schrecklich missglückten Hinrichtungen diskutieren nun auch die Amerikaner über die Todesstrafe, in: Süddeutsche Zeitung vom 3./4. Januar 2015, 49.

2 Juergensmeyer, Terror im Namen Gottes.

三个案例

1604 年：一个叛徒被人用自己的心脏连扇耳光

"历史实际上是罪恶与不幸的一面镜子。"[1]

——伏尔泰（Voltaire），1767 年

布伦瑞克（Braunschweig）刽子手在 1604 年 9 月 17 日对亨宁·布拉班特（Henning Brabant）执行的死刑一定算得上，欧洲历史上最残忍的处决。即便几百年后，该城的历史学家也无法避开这段黑暗的历史篇章，在提到该案时，他们手上的羽毛笔都不免"正羽危立"。布伦瑞克历史学家费迪南德·施佩尔（Ferdinand Spehr）1876 年撰写了一篇相关的纪实文章，其中便有这样一句话："行刑的过程残忍至极，以至于我写字的手都战栗着，不肯记录下祖先此般残忍的行径。"[2]

这样的怜悯，在布拉班特的敌人身上是完全找不到的，如痛恨

1 "En effet, L' histoire n' est que le tableau des crime et des malheurs." Voltaire, L' Ingénu, o. O. 1767.

2 Ferdinand Spehr, s.v. "Branbant Henning" , in: Allgemeine Deutsche Biographie, herausgegeben von der Historischen Kommission bei der Bayerischen Akademie der Wissenschaften, Bd. 3 (1876), 227-231.

他的主教约翰纳斯·瓦格纳（Johannes Wagner）。瓦格纳曾在布伦瑞克的卡塔琳娜教堂就布拉班特的行刑进行了布道，多处文献都对此有记载。在布道中，瓦格纳对死刑决议表示欢迎，并刻意突出了行刑的极端残忍性，“布拉班特的心被挖了出来，随后刽子手用它来连扇布拉班特的嘴巴”[1]。

这样的描写会让读者印象深刻，因为这样的话、这样的行刑方式展示了赤裸裸的仇恨，虽然该笔调与死刑史原本极不相符。在本书的研究时间区域内，由国家层面执行的死刑也应是公正司法的一种表现，不应受到感情的左右。因而，我们便有理由去仔细看看对布拉班特的控告以及其悲惨结局到底是怎么回事。

布伦瑞克在1600年前后是一个在德意志民族神圣罗马帝国寻找自身地位的城市。1599年，该市议会宣布，布伦瑞克虽不是帝国自由城市，但享有众多的帝权及特权，故而与汉堡等真正的帝国自由城市并无实质区别。[2] 布伦瑞克希望脱离公国的统治，企图与帝国直接接触，故而不再对公国毕恭毕敬，经常忽视公国议会的会议邀请，并故意不交理应上交的公国税收。首次冲突出现在1600年。当时，布伦瑞克将原本要发往公国的6000英担的铅克扣住，公爵随即宣布要对布伦瑞克进行制裁，并禁止公国臣民与布伦瑞克进行任何形式的接触。公国的军队驻扎在了布伦瑞克城外，堵塞了通往布伦瑞克的城市道路，使得布伦瑞克的城市贸易与工商业蒙受了巨大的损失。布伦瑞克市民对局势的恶化反应不一。包括亨宁·布拉班特在内的一派主张与公爵调停，另一派则持强硬态度，

---

1 Wagner, Supplicium Achanis.

2 Walter, Bürgerhauptleute, 79. 下面的描述主要参照的是该书。

表示不应畏惧冲突、必要时甚至可以武力解决。

至此，布拉班特只是一场内政危机中众多参与者中的一员。作为市民首脑团的成员，他代表的是与城市议会抗衡的市民首脑团这个机构。而作为反对派，他完全有权利发表自己的观点。但由于他的涉入，1603 年开始，事态变得严峻起来。布伦瑞克的路德派牧师进行了一些批判市民首脑团的布道，布拉班特随即让马堡大学出具了一份能证明他合法地位的法律鉴定：根据布伦瑞克的城市法，该城出现显著的问题和弊病时，市民首脑团有权对城市议会提出批评，牧师不应干涉世俗事务等。这是对神职人员的公然挑衅，显然已经越过了红线。布伦瑞克城所有牧师随即联合起来，力挺那些批判市民首脑团的布道，并开始攻击布拉班特，称马堡大学的鉴定没有任何价值，因为牧师是否有权对政治事件发表言论，不是一份法律鉴定或一个世俗法庭能决定的，应当由教会法庭来定夺。此外，他们还指责布拉班特，竟敢让一个受到加尔文主义影响的大学来出具鉴定！那可是他们的宗教敌人！布拉班特也应知道，当时不同信仰之间的隔阂有多大，相互间的仇恨有多深，而这仇恨又是如何多次演变成过度的暴力行为的。1601 年，萨克森公国的总理尼古拉斯克·雷尔（Nikolaus Krell）因从事了所谓的加尔文派活动而在德累斯顿的新市场被斩首示众。路德派行凶者把该处决上演成了一出合理报复的剧目，刽子手还为此次行刑专门获得了一把行刑剑，上面刻有警告语："加尔文主义者，你要小心了！"[1]

而布伦瑞克的冲突也在升级：路德派议会在 1603 年末宣布，

1 Jutta Bäumel, Cave Caveliane. Das Richtschwert des kursächsischen Kanzlers Dr. Nikolaus Krell von 1601, in: Dresdener Kunstblätter 45 (2001), 144-151.

对市民首脑团进行“小惩”，导致市民首脑团从此无权获得圣餐，并在其他方面也受到了相应的限制。鉴于此，许多市民首脑团的追随者都开始与其保持距离。布拉班特对此十分气愤，公开表示路德派议会的这一举措，实际上是在重新引进教皇的逐出教会令。随后，他开始转为主动进攻。1604年，他让人在哈尔伯斯塔特印了一张传单。传单上就教会针对他撒下的“无耻大谎”进行了回击。一个月后，另一份类似的传单出现在了布伦瑞克的街头。议会认为，这也是布拉班特派人印刷的。随后，印刷工被逮捕，没收的传单也被布伦瑞克议会付之一炬。布拉班特一方面否认自己是传单的作者，一方面却又在着手起草一份抵抗神职人员干政的新传单。不过，这份传单，他未能起草完，因为局势已急转直下。

布拉班特以及众多追随者接连被逮捕拘禁。严刑拷打下，布拉班特一只手臂受了重伤，承认了敌人想从他嘴里听到的一切罪行。他称自己与海因里希·尤里尤斯（Heinrich Julius）公爵进行了谈判，背叛了布伦瑞克城，并煽动了他人暴动叛乱。对当时的人来说，光是这一点，便已是可以想象到的最严重的罪了。但布拉班特承认的罪还远不止这些。他说自己“与可恶的魔鬼和撒旦缔结了六年之盟”。[1] 如此一来，他不仅是布伦瑞克城的敌人，也成了整个基督教的敌人，命运已经注定。同年9月15日，布伦瑞克议会法庭宣判他死刑。第二天，人们在哈根市场竖起了一具木架，供行刑之用。行刑的场面十分血腥。按照当地惯例，叛徒不在城门前，而在城墙内被处决，以起到“杀一儆百的效果”[2]。

1 Walter, Bürgerhauptleute, 115.
2 Walter, Bürgerhauptleute, 117.

9 月 17 日被定为布拉班特的行刑日。就在约翰纳斯·瓦格纳在卡塔琳娜教堂布道时，哈根市场上刽子手的剑已插入了布拉班特的第一位同僚后背中。近十点时，布拉班特被一辆推车押送到了刑场。他因试图越狱被打断了腿，已无法行走。接着，布拉班特被架到了一张椅子上，先是因发假誓被刽子手斩断了右手大拇指、食指以及中指。据记载，布拉班特因剧烈疼痛而喊出了“伟大的主啊，你宽恕我吧！”之类的话。刽子手随即用一个热钳烫在布拉班特身上，共烫了四次，火焰从布拉班特身上冒出，他的胡子也被烧焦了。随后，被折磨得不成人形的布拉班特被扔到了一张桌子上。[1]据记载，刽子手在桌上将布拉班特的生殖器官割断，导致他陷入昏迷。之后，刽子手用有浓烈气味的水将他熏醒，目的是让他感受接下来的痛苦：刽子手用一把刀直突突地插入他那依然鲜活的身体，将他的胸膛破开了一道长长的口子，然后将他的内脏取出。布拉班特直到心脏被拽出时，才痛苦地死去。[2]刽子手随后用拽出的心脏抽打布拉班特已不动弹的脸，来回多次。接着，已死的布拉班特经历了当时人们对叛徒施加的典型惩罚：他的尸体被刽子手砸成了四块，分别被刽子手的助手装入了木桶，抬入了专门关押盗窃犯的地下室。两天后，布拉班特的残骸被分送到了布伦瑞克的各大城门：头被插入了一根铁条中，挂在了米歇里斯城门上，其他残骸部分则被放入铁篮中，分置于其他城门示众。

然而，议会对布拉班特的报复还没有结束。布拉班特被残忍处

1 Gerke, Teiledition der Chronik, 112.

2 Friedrich Karl von Strombeck, Henning Brabant, Bürgerhauptmann der Stadt Braunschweig und seine Zeitgenossen, Braunschweig 1829, 97f.

决后的第二天，刽子手将两周前已死的赫尔曼·不来梅（Herman Bremen）的尸体从坟墓中挖出后运往法院。在那里，法官对着不来梅的尸体宣读了布拉班特所认的罪，然后宣判已死的赫尔曼·不来梅为布拉班特的同党！随后，不来梅的尸体被绑在皮特里城门前的一个车轮上，供乌鸦啄食。[1]不久，其他与此事有牵连的人员也一一被处决。

至于当时围观行刑的群众有何反应，我们无从得知。也许他们脑海中回响的还是约翰纳斯·瓦格纳的布道。瓦格纳在布道中说，有些人难以接受犯人被世俗当局处以斩首、轮刑、绞刑等刑罚，对此他要进行反驳，因为这些世俗刑罚并不与“被打入地狱的人将在地狱受到惩罚与折磨”相冲突。“与地狱中永恒的惩罚、折磨和痛苦相比，死刑只是一个孩童游戏、一个笑话、一种嘲讽。因为现世的刑罚会随着时间而消逝，会随着生命结束而终止。而在来世的地狱，刑罚和痛苦将永远持续。地狱里折磨人的虫是不会死的，地狱之火也永远不会熄灭。”[2]这个魔鬼式的理论，使得现世一切国家暴力和人间疾苦都被缩小了，而且还为每一例残忍的处决提供了借口。我们接下来会看到，这个理论是否为国家死刑的残忍化打开了方便之门。在随后近10年时间里，每年的9月都会举行一场针对这场“暴乱”的纪念活动，感谢那些为平定“暴乱”而做出贡献的人。直到1612年，教会理事会不顾其间已晋升为教长但仍不忘传播仇恨思想的约翰纳斯·瓦格纳的反对，建议终止该纪念活动。1614年，该活动才被正式取缔。

1 Gerke, Teiledition der Chronik, 113.

2 Wagner, Supplicium Achanis.

1612 年：他终生都叫小根佩尔

布拉班特死后几年，米歇尔·小根佩尔（Michael Gemperlein）[1]的命运在法兰克帝国自由城市纽伦堡（Nürnberg）尘埃落定。他父母都叫根佩尔（Gemper），分别是格奥格·根佩尔（Georg Gemper）和卡塔琳娜·根佩尔（Katharina Gemper）。米歇尔在有生之年都被人称为小根佩尔，这也许听起来很可爱，其实也间接说明了他青春的年龄。不过米歇尔绝不可爱，而是一个集盗窃犯、强盗、杀人犯等多重身份于一身的恶棍。1612 年，他带着这些身份，死在了近代早期最为声名远播但又有着最普通不过的名字的刽子手弗朗茨·施密特（Franz Schmidt）手下。1578 年起，弗朗茨·施密特开始担任纽伦堡这个法兰克大都市的刽子手，时间长达 40 年之久。他以日记的形式，记录下了自己的刽子手生涯。这些日记举世闻名，是本书的参考文献之一。[2] 对于 1612 年 3 月 5 日对米歇尔的处决，施密特写道："小根佩尔来自米歇村，是个屠夫、奴仆、杀人犯、强盗以及盗窃犯。他原本三年前就应上绞刑架，但当时众多亲友为他奔走求情，他得以被释放。之后他恶习不改，在纽伦堡远近之地犯下了各种罪，故而被判死刑。"[3]

除了施密特的日记，我们还可以通过其他文献进一步了解该案

1 "lein"是德语后缀，意为"小"。

2 Harrington, Die Ehre des Scharfrichters. 也可参考 Schubert, Räuber, Henker, arme Sünder, 110.

3 Keller, Maister Franntzn, 71.

的具体情况。小根佩尔的死刑决议首先确认了施密特日记中记录的小根佩尔所犯下的罪行，且较详细地规定了对小根佩尔的刑罚：米歇尔作为“一个恶棍、盗窃犯、强盗、杀人犯”，应被押往普通刑场，途中应四次被热铁钳烫身，到达刑场后由刽子手执行轮刑。然后（这在施密特的日记中并未提及），“尸体像一个廉价的陈列品，被绑到了车轮上示众，以警示那些有犯罪念头之人勿犯类似的罪，勿做出类似的丑事，否则会受到法律的严厉制裁”[1]。如此说来，处决犯人并不只是为了杀死某个罪犯，也是为了震慑潜在的罪犯。现在的说法，这是一般预防与特殊预防相结合，上演一出阴森之剧。

关于囚犯米歇尔·小根佩尔，还有其他的素材。行刑前，他被关押在至今仍对外开放的著名的纽伦堡地下监狱。至于他被关押了多久，也有着精确的统计：12 周零 2 天。其间，他经历了八次审讯，应该也被严刑拷打过。他最后的晚餐中面包和葡萄酒的花费、守卫的支出、准备行刑的费用，以及给牧师提供的面包和葡萄酒价格等，账单上都有详细的记载。米歇尔临刑前，曾先后有两位牧师来探访过他。探访的目的在于帮助他为即将到来的死亡做准备，并劝服他忏悔自己的罪行，恳请上帝收受他的灵魂等。账单的最后，记录了两大杯（约 1 升）红酒的开销。这容量不小的酒精，应该是刽子手将他带出地下监狱去刑场前递给他的，因为账单上的解释是“米歇尔十分胆怯”[2]。很显然，红酒的目的是为了安抚他，让他镇定下来，事实上应该也奏效了。不过，给即将行刑的犯人喝酒，经常会出现适得其反的结果，因为犯人一旦喝醉，容易撒泼，从而破坏

1 StaatsA Nürnberg, Rst. Nbg., ASTB 200, f. 372v.

2 StaatsA Nürnberg, Rst. Nbg., Stadtrechnungsbelege, Bündel Nr. 532.

精心设计的行刑仪制。

那两位探望米歇尔、陪着他走向死亡的牧师中，有一位名叫约翰纳斯·哈根多恩（Johannes Hagendorn）的人。他也记录下了自己常年与死刑犯打交道的经历，故而本书也会经常提及他。哈根多恩的记载，确认了米歇尔在被押往刑场的途中曾四次被热铁钳所烫，也记载了法庭为何判决用热铁钳烫米歇尔四次：是为了惩罚他犯下的四次杀人罪。每烫一次，都是为让他痛苦一次。第一次是他从市政厅的地下监狱被押送去刑场时，刽子手直接在市政厅前烫了他一次。途经距市政厅几百米远的弗莱施桥时，刽子手烫了他第二次。随后行刑的队伍来到了圣洛伦佐教堂前。教堂的外墙挂了一幅祷告画，每个通往刑场的犯人都得在此驻足祈祷，米歇尔也不例外。刽子手弗朗茨·施密特又一次用热钳烫了他。而最后一次，则是在诺伊尔瓦格路上。[1]

一到达刑场，哈根多恩牧师便在米歇尔旁边就位好。作为目击者，他记载说，米歇尔在行刑前一刻，还与刽子手对过话，用十分恳切的语调请求刽子手“弗朗茨大师，请速决”。很显然，来自纽伦堡的这位“大师”本意也如此。因为执行轮刑时，他前两下并没有砸向米歇尔的头或脚。而先砸头脚，是轮刑时比较普遍的做法，为的是延长痛苦的时间。弗朗茨的轮子先砸向的，是米歇尔的脖子。那一刻，哈根多恩牧师多次对着米歇尔高喊着赞美诗：“主啊，我把我的灵魂交到你手上。”也许米歇尔当时已经昏厥，但弗朗茨还是继续用轮子砸他的身体。31 下或 32 下后，米歇尔死去了。刽

1 GNM, Hs. 3857, f. 77v.

子手头两下砸在了米歇尔的脖子上，减少了他的痛苦。这与哈根多恩的记载也相符。行刑前，哈根多恩告知米歇尔，他会在四肢被砸断前死掉，米歇尔则用感激的口吻回应了哈根多恩。“他应该承认，当局还是很仁慈的。”[1]

在纽伦堡议会的记录中，即所谓的“议会遗录”中，我们也可以找到这个案子的记录。记录上称，对米歇尔执行轮刑，但允许行刑者让他尽快死亡，因为他已经认识到了自己所犯下的罪行，并对此感到由衷的忏悔。[2]而弗朗茨大师也是遵循了这一指示，才会将头两下砸在他脖子上。米歇尔的忏悔以及行刑前的谦卑态度，让哈根多恩牧师的内心得到了满足。他觉得自己又拯救了一个灵魂，将其从罪恶的深渊解救了出来。据他记载，米歇尔死时“很基督式、很平静”。“万能的上帝赦免了他的灵魂，带着他和被钉在十字架上的罪犯，以及其他悔过的罪人，一起升入了天堂。”[3]哈根多恩用这些话回忆了基督教历史上最有名的处决，以及与耶稣一起被钉在十字架上的知错就改的罪犯，上帝之子耶稣承诺该罪犯：“你今天就会与我一起升入天堂。”（路加福音 23、43）

对小根佩尔的行刑，虽然在细节上比较独特（酒精、砸了 32 下、烫钳、高喊的牧师），但肯定有些读者会认为，该案件中对米歇尔的处决具有一定的公正性，因为米歇尔是作为一个作恶多端的抢劫杀人犯被捕的。为了谋财，他曾在上普法尔茨（oberpfalz）杀害了一对夫妇，在雷根斯堡（Regensburg）附近抢劫了一个信使并

---

1 GNM, Hs. 3857, f. 77v., Hampe, Malefizbücher, 28.

2 Grieb, Die Henker von Nürnberg, 179.

3 Dülmen, Theater des Schreckens, 165.

将其杀害。此外，他还砸死了一位睡在床上的老人，将老人的家洗劫一空。他抢劫的其他人，虽得以逃脱，但都受了伤。可以说，米歇尔罪行累累。但真有必要对他执行死刑吗？赞成者认为，死刑除了能剔除社会的危险分子，也能起到震慑作用，这在前现代社会本应比现在更有效，因为那时被处轮刑或绞刑的罪犯的尸体，会留在刑场示众，以警示他人。不过，米歇尔的案例却说明，对很多人来说，体刑和死刑并不能起到震慑作用。就如刽子手弗朗茨的日记所说，纽伦堡听差并非第一次逮捕米歇尔，米歇尔也对刽子手弗朗茨并不陌生，因为之前有一次他差点死在弗朗茨手下。

米歇尔首次被记录在案的罪行可追溯到1607年，在纽伦堡的档案中可以查到。该年的5月26日，一个名为米歇尔·根佩尔贝尔（Michael Gemperbel）的年轻人被拘捕，5月30日被释放。我们查不到与此相关的犯罪记录，但可以推测应该是盗窃罪。米歇尔被严重口头警告，在发誓不实施报复后被释放。口头警告中有一点很重要：议会不想在纽伦堡再看见他，他得离开纽伦堡去别处谋生计。如果日后有人看到他出现在纽伦堡，议会将会对他不客气。[1]不过，这对米歇尔并没有起到作用。相反，他继续留在了纽伦堡，因为他父母生活在纽伦堡邻近的米格尔村。一年半后，米歇尔第二次被拘捕。这一次，情势非常严峻。1608年10月14日，他在一个酒馆被抓获，先被关进了铁牢，最后被带到了地下监狱，在那里关了两个多月。这期间，他多次被刑讯。最后他承认，从年少时起，他便开始偷鸡摸狗。因米歇尔偷盗次数过多，法庭最终判处他绞刑。行刑

1 StaatsA Nürnberg, Rst. Nbg., Stadtrechnungsbelege, Bündel Nr. 470.

日定在同年的12月20日。[1]依照米歇尔在地下监狱的账单可以推断，一场可怕而又讽刺的戏就此拉开了帷幕。牧师们相继来访，为米歇尔的最后一程做准备。米歇尔最后的晚餐、行刑准备人员、下葬人员的膳食开销均出现在了账单上。12月20日早上，米歇尔即将去往绞刑场，他因害怕而得到了一大杯壮胆的红酒。一切都已准备就绪。米歇尔随时可能被弗朗茨大师带走，踏上人生的最后一程。[2]

但什么都没发生，绞刑并没有执行。原因是米歇尔的父亲在米歇尔被关押的这段时间，动用了一切可用的人脉，发动了多个村庄出面为米歇尔求情。法庭最终竟然也同意赦免米歇尔，条件是米歇尔父亲必须支付米歇尔被关押期间产生的所有费用。米歇尔被释放后首先得在施普林格（Springer）——一个类似劳改所的地方劳作两年，得头戴铃铛帽，脚绑镣铐，白天去清洗街道或是清除各种垃圾。[3]另外，米歇尔应永远离开纽伦堡及其所属区，不得靠近其10英里之内的地方。鉴于米歇尔尚是青少年，法庭给米歇尔的父亲下达了任务：他得将米歇尔赶走，否则米歇尔将再次被逮捕。[4]米歇尔父亲与法庭在进行这一切的协商、法庭做出决定时，米歇尔正在地下监狱忐忑不安地等待着行刑。这是当局有意为之的。在处理青少年犯罪时，采取“假死刑”并非罕事。在撤销死刑决议前，当局想吓吓青少年罪犯，让他们近距离感受死亡的恐惧，这样他们以后便不敢再犯罪了。

至此，米歇尔还只是一个盗窃犯。在前现代，盗窃犯是刑场上

1 StaatsA Nürnberg, Rst. Nbg., AStB 199, f. 410vf.

2 StaatsA Nürnberg, Rst. Nbg., Stadtrechnungsbelege, Bündel Nr. 470.

3 Harrington, Die Ehre des Scharfrichters, 66.

4 StaatsA Nürnberg, Rst. Nbg., AStB 199, f. 410vf.;Grieb, Die Henker von Nürnberg, 380f.

最常见的罪犯。米歇尔似乎幸运地躲过了一死，逃过了被处决的命运。然而，社会却将他弃之不顾：两年劳改生涯后，米歇尔不得不离开纽伦堡。没有了社会根基，他最终沦为了抢劫杀人犯。

米歇尔再次被捕时，他的父母也同时被捕，因为当局怀疑他们无视当局的禁令，时不时给米歇尔提供了住所。米歇尔的父母有力地证明了自己的清白，但对米歇尔来说，一切为时已晚。像很多死刑犯一样，他决定自杀，以免受轮刑的羞辱。他试图用一个破枕头上吊，但未果。[1]行刑前几天，被他杀害的一名受害者的孀妇给他带来了苦橙和姜饼，“作为她已经从心底原谅了他的标志”[2]。

1552 年：一名 15 岁青年的欧洲之行

米歇尔受轮刑的折磨而死时，巴塞尔医生菲力克斯·普拉特（Felix Platter）正在撰写回忆录。[3]在回忆录里，菲力克斯描写了自己孩提时的一些经历，特别是和父亲的一次郊游。当时父亲满怀关爱地牵着他的手，和他一起散步去了刑场。巴塞尔的居民等待一场死刑行刑已好几天了。那天早上，教堂钟声大作，提醒市民行刑即将进行。当时菲力克斯才刚 9 岁，但在他父亲眼里显然已经够大，大到可以观看死刑行刑。被处决的是一个强奸犯。虽然已过去了五十多年，但菲力克斯对行刑的细节还记得很清楚。刽子手是专

1　Hampe, Malefizbücher, 28.

2　Hampe, Malefizbücher, 73.

3　接下来的描述参考的是 Felix Platter/Thomas Platter, Zur Sittengeschichte des XVI. Jahrhunderts, bearb. v. Heinrich Boos, Leipzig 1878, 152-187。

门从伯尔尼调派过来的，骄傲而英俊。在去往刑场的路上，刽子手用热铁钳多次烫了死刑犯的上半身——当时对重犯较普遍的惩罚。每烫一次，都有一股浓烟升起。在莱茵桥上，刽子手又一次用烫钳使劲烫死刑犯的胸膛，导致其胸膛的皮脱落了一大块。随后，死刑犯被推搡着去了刑场。被折磨得不成人形的死刑犯十分虚弱，血沿着他的手往下流，他多次体力不支倒在地上。但刽子手对此视而不见，专心于自己的职责，一把将行刑剑挥向死刑犯的脖颈。死刑犯一命呜呼，尸体随即被扔到了刑场边一个已挖好的墓穴中，尸体的胸膛最后还被插进了一根木桩。

同一年还有另一场死刑行刑。菲力克斯也许亲眼见证了，至少他知道其中的细节。那是对一个杀人犯执行的轮刑，有一大群市民围观。杀人犯被五花大绑在了车轮上，随后刽子手开始肢解他的身体，他用拉丁语喊了很久："耶稣啊，大卫的儿子，你宽恕我吧。"最后，刽子手给他胸膛重重一击，力量之大，震得他舌头都飞了出来。他随即断了气。随后，绑着他尸体的车轮像一块碑一样，被刽子手竖了起来。为了震慑他人，尸体被继续留在了车轮上示众、腐烂。但这并未能如愿。当天晚上，一些并不认识死刑犯的人潜入刑场，将其尸体从车轮上卸下后偷偷埋了。

很显然，在过去的几百年时间里，人们对青少年的心理素质要求很高。菲力克斯并非偷偷去看这个平时很难看到的场面，而是由他爸牵着手带去的。六年后，菲力克斯 15 岁，年少的他却又要经历一次心理上的挑战——他将去蒙彼利埃上大学。与家人含泪告别后，他踏上马，开始了一段艰难之旅。出于安全考虑，有几名男子和他结伴一起上路，但危险还是无处不在。途经汝拉山脉时，他们遭遇劫匪，差点丧命，凭着些许运气才死里逃生。一路上，他们没少看到尸体。邻近南蒂安城时，路边的树上吊了很多具被处决的尸体。他们在夜幕中下了一段山，到达山谷时，菲力克斯差一点与一具吊在树上的尸体相撞，让他非常害怕。两天后，他们来到了里昂城。他们穿过一处平地朝城中骑去时，首先映入眼帘的是一具具挂在绞刑架上或绑在车轮上的尸体，而且行刑还在继续。菲力克斯看到，刽子手正押着一名基督徒去往火刑柱。

在此，我们又一次见证了不同信仰群体间的相互仇恨。被押往火刑柱的基督徒，是加尔文教派的追随者，菲力克斯一家也很推崇加尔文教派。但里昂是个天主教城市，面对加尔文主义者试图劝说更多人转信加尔文教的行为，天主教会对加尔文主义者进行了残忍的迫害。1546 年，里昂宗教裁判所宣布对散播加尔文主义的五名神学大学生开庭审讯。最终，法庭认定这五名学生为异教徒，判处其火刑，行刑日为 1553 年的 5 月 16 日。许多里昂市民都观看了这场行刑。这五名年轻的大学生，则以“里昂城的殉教者”之名被载入史册。

最终，来自巴塞尔的菲力克斯，抵达了目的地蒙彼利埃。像其他城市一样，蒙彼利埃迎接他这个访客的，是死亡之景。入城之路都绕不开刑场，菲力克斯看到了很多具被处绞刑的尸体。尸体挂在油树上，让菲力克斯甚是害怕。

菲力克斯后来成了一名著名的解剖医生，任教于巴塞尔大学。16 世纪，有着这样人生轨迹的人，一般对死刑行刑都特别感兴趣。[1]据记载，16 世纪一名前沿解剖医生经常在晚上潜至绞刑场，对绞

1 关于普拉特对死刑的描述，也可参考 Friedland, Seeing Justice Done, 128ff。

刑架上的尸体进行各类医学和解剖学研究。也许正因为如此，菲力克斯·普拉特才会对自己生活的环境有着不同于同时代人的感知。虽然当时被处死的犯人很多，但同时代的人都认为这不值一提。菲力克斯·普拉特的日记明白无误地描述了近代开端的一种现实：通往近代的路，遍布尸体。各个城市城门前的许多道路上，仍有许多尸体悬挂在绞刑架上或绑在木轮上腐烂。

第一章　前言

问题

“事实上，多个世纪以来，死刑都是宗教刑罚。”[1]

——加缪，1957年

上述三个例子都发生在16—17世纪早期，这个时期在死刑历史上有着不同寻常的意义，通常被认为是“刽子手的黄金时期”[2]。这是因为，这一时期不仅死刑的受关注度极大地上升，对刽子手的需求、刽子手的收入也都在上升。为理解这一进程，本书得追溯到中世纪，因为中世纪形成的传统，对近代伊始死刑的践行起到了至关重要的作用。

在这三个案例中，我们无一不感觉到执行死刑时的极度残忍，由此便衍生出一系列问题：当时的社会面对这样的残忍，是如何接受并为其寻找借口的？对那些所谓的罪犯实施的体刑有哪些？有没有什么界限？围观死刑的群众，面对这样的国家暴力，做出

1 Camus, Die Guillotine, 130.

2 Harrington, Die Ehre des Scharfrichters, 57, 327.

了什么反应？为此，我们不仅要关注执行死刑的过程，行刑前如何对待死刑犯以及如何处理行刑后的尸体等问题对我们来说也同样重要。

另外，我们从案例中可以看出，牧师和宗教都在其中扮演了重要的角色。这突出了16世纪的信仰冲突对世俗司法起到的巨大作用，另一方面执行死刑时牧师必须在场也说明了心灵劝说的重要性。如果将死刑视作纯粹的世俗之物，便无法真正理解它。在基督教的理念中，死亡并不意味着终结，死刑犯也有灵魂。世俗当权者一方面让牧师对死刑犯进行心灵劝说，同时也对死刑犯的灵魂和身体进行了肆无忌惮的折磨。

对死刑犯灵魂的争取，给15世纪以来的死刑案打上了特有的宗教烙印。那么死刑是否因此变得不那么残忍可怕了呢？[1] 这是可能的。但更重要的是，宗教因素渗透到了行刑的过程，意味着教会与死刑的距离缩短了。担心死刑犯死后灵魂是否能得到永生，是教会对待死刑问题的显著特征，但这是以与世俗机构合作为前提的。

从一开始中世纪教会对死刑的批判，到死刑的大行其道，再到宗教改革后逐渐形成的捍卫死刑的神学理论，这一过程意义非凡。但宗教对死刑的影响，已经超出了捍卫死刑合理性的范畴。行刑仪制的改变、某些行刑方式的取缔，以及对尸体的处置，都受到了宗教的影响。这一方面促使了16世纪被执行死刑的人数的上升，另一方面也让一些人在16世纪末开始全方位质疑对盗窃犯执行死刑的做法是否合理，并开始思考死刑的替代刑。

1 Martschukat, Inszeniertes Töten, 40.

本书与普通法律史的区别在于，本书更多地强调宗教的影响。并非世俗的法律法规影响了死刑的历史，而是教会在面对国家处决公民的权利、犯罪及惩处犯罪时不断变换的态度在很大程度上影响了死刑的历史。尽管如此，本书也并非一本纯粹的文化史著作。杀死本国臣民的权力，大约是一个国家对其公民能行使的最高级别的权力。[1] 从这一层面上讲，死刑的历史一直都是宪法的历史。而研究宪法的历史，应该研究掌握了司法权及执法权的各部是如何确定或实现自己的政治目的的。

死刑的总体形势

历史学家们提取的数据坐实了菲力克斯·普拉特的观点：在欧洲历史的任一时期，被判死刑且被行刑的人数均没有他所生活的那个时代多。原因是什么呢？这不仅是因为当时出现了一波处死女巫的浪潮，更多是因为犯罪人数众多，死刑数相应上升。一想到死刑，浮现在很多人眼前的是阴险的杀人犯，而这也极大地影响了大部分的死刑研究。乔尔·哈林顿（Joel Harrington）将 16 世纪以来的死刑与反暴力联系在一起进行研究，是不够清晰的。[2] 而理查德·伊万斯（Richard Evans）和理查德·凡·迪尔门（Richard van Dülmen）则认为，17 世纪暴力犯罪的减少，与死刑数的上升存在一定的关联。[3] 此类论据无疑为死刑的支持者提供了有力的支撑，

1 Evans, Rituale der Vergeltung, 14.

2 Harrington, Die Ehre des Scharfrichters, 41f.

3 Evans, Rituale der Vergeltung, 75; Dülmen, Theater des Schreckens, 115.

因为死刑被上述两人描绘成是对无处不在的暴力犯罪的回应。然而，这与历史事实恰恰不相符。这三位作家显然已默认：被处死刑的大部分都是暴力犯罪者。这种观点由来已久，但却是错误的。而16世纪与17世纪早期报道犯罪及死刑行刑的传单，约80%都与杀人案和对杀人犯的处罚有关。[1]

但事实上，杀人犯只是死刑犯的一小部分，大部分死刑犯都是盗窃犯。如果放在今天，他们所受到的处罚将只会是短期拘禁。为大致了解当时处置盗窃犯是如何毫无节制，必须提到一些数字：在中世纪晚期的康斯坦茨，每抓获的两个盗窃犯中，便有一人被处以死刑。康斯坦茨议会法庭1430年至1460年间判处的81起死刑犯中，有49个是盗窃犯。[2]几乎三分之二的比例，这在今天是无法想象的。近代伊始的科隆，情况也类似。据文献记载，1568年至1617年，科隆共有193起死刑案记录在册，其中一半死刑犯都是盗窃犯。如果将抢劫案也算在一起，那超过四分之三的死刑犯都是因觊觎他人财物而被判死刑。[3]

值得一提的是，对盗窃罪的处罚尤其严格。瓦伦丁·格吕布纳（Valentin Groebner）曾评估过纽伦堡1483年至1499年共31起法庭判决。这些判决当时是为了与勃兰登堡—安斯巴赫的边境总督谈判而收集的，是一个偶然之举，但结果却让人印象深刻。31个犯人中，10人为盗窃犯，21人为杀人犯，但前者共有7人被判死刑，

1 Wiltenburg, Crime and Culture, 34.

2 Schuster, Stadt vor Gericht, 125.

3 Schwerhoff, Köln im Kreuzverhör, 155, 157.

而后者只有 6 人被判死刑。[1] 暴力犯罪在各个社会阶层都存在，大部分盗窃犯都是因为贫困而犯罪。15、16 世纪，为限制乞讨，给穷人提供有效的帮助，政府出台了很多相关的措施。对盗窃犯的打击，则给我们提供了了解统治者消除贫困政策的另一条途径：对因贫困而犯下偷盗罪的盗窃犯的残酷刑罚，在 16 世纪达到了高峰。

中世纪晚期，除了盗窃犯，违反教会制度也会受到残酷的刑罚。同性恋、质疑教会而被冠上“亵渎上帝”的罪名，因这些而被带上绞刑架的大有人在。16 世纪，因宗教原因被判死刑的罪犯名单越来越长。当权者也加大了对婚前性行为的打击，迫使未婚妇女意外怀孕后不得不将新生儿杀死，从而犯下弑童罪，而这会受到教会残酷的制裁。而乱伦的案例，特别是女性乱伦的案例，在 16 世纪也有所上升。这些女性大多是与雇主或雇主之子发生了性关系，也逃脱不了被处死的命运。

前现代的欧洲基督教社会的死刑状况，是历史上死刑犯人数鲜少有直线上升或直线下降的一个绝佳例证。中世纪的死刑执行数量不多，在近代伊始甚至逐渐减少。不过，中世纪末期以来，死刑运用的地域越来越广，1600 年达到了顶峰。关于已执行的死刑，较可信的数据，一般都是从 1400 年开始计算的，大部分都是从城市记录以及后来逐渐形成的文献记载中提取的，材料十分庞大。对中世纪晚期及近代早期的数字记载，我们应持一种非常怀疑的态度。这些数字后来被加入表格和统计报表中，给人一种精确的印象，但

1 Valentin Groebner, Der verletzte Körper und die Stadt. Gewalttätigkeit und Gewalt in Nürnberg am Ende des 15. Jahrhunderts, in: Thoas Lindenberger/Alf Lüdtke (Hg.): Physische Gewalt. Studien zur Geschichte der Neuzeit, Frankfurt am Main 1995, 162-189, 此处 173f.

这种精确通常是不存在、不现实的。对死刑数量的统计，有不同的来源：判决书、议会簿、账单等。要想从这些来源中确定死刑的发展轨迹，有两个前提。首先，这些来源必须系统、连贯。其次，它们必须是经历了时间的洗涤而保存下来的。但事实并非如此：这些来源中，有些并没有记载年份，且判决书的形式也发生了变化。即便那些密密麻麻的数据能给人一种全面的感觉，但其中也不乏矛盾。霍斯特·迪特·拜仁施塔特（Horst-Dieter Beyerstadt）便指出，纽伦堡的犯罪审判簿，简短地记录了1487—1743年间在纽伦堡执行的死刑，貌似带有官方性质，但其实漏洞十分明显。根据该记录，1505年7月—1510年11月间，在纽伦堡并无一例死刑案。这肯定不准确，因为其他文献来源中有该时段43例死刑记录。[1]如此看来，许多研究数据并不可靠，只能将其视作一种较接近当时死刑执行频率的数字参考。

此外，我们还有其他理由怀疑文献的可靠性。我们在议会簿及判决簿上看到的死刑判决，并不能说明其已经执行。对被判死刑的犯人来说，依旧有机会通过托人求情或自行请求法庭赦免而逃过死刑。如此一来，死刑记录便只有一种可靠的文献来源——死刑犯的账单。这些账单会被认真地检查、确认、核对，要想在账单中造假或故意遗漏某些数字，是很难或几乎不可能的。而执行死刑产生的费用，可以被视作实际执行死刑的一个依据。可惜的是，死刑犯的账单中，遗留下来的只是少数。

1 Horst-Dieter Beyerstadt, Einführung, in: Grieb, Die Henker von Nürnberg, VII-XII, 此处VIII。

趋势

只有少数城市留下了较全面的数据，可供我们了解死刑在较长一段时间内的总体发展形势。1400 年，苏黎世城从德意志民族神圣罗马帝国皇帝文策尔手中获得了司法权。同年，苏黎世议会开始编写审判簿，不间断地记录了苏黎世法庭 1400—1798 年的死刑决议。如此系统地涵盖四个多世纪的文献来源，在德意志民族神圣罗马帝国的其他地区再无第二份。因而我们会把它作为评判死刑总体形势的立足点。根据该簿的记载，15 世纪苏黎世共有 383 人被处以死刑，16 世纪上升到了 569 人，17、18 世纪又有下降，分别为 327 人和 145 人。[1] 当然，研究人员也可以诟病该文献不一定囊括了该时期的所有死刑案，也可指出苏黎世的管辖区域在此期间发生了变化。但是，这些数据给我们的研究提供了一个支撑点，这也可以从其他相关数据中得到确认。早在 18 世纪末期，威尔教授（G.A.Will）便进行了一项对纽伦堡统治区死刑案的数据分析。根据分析结果，15 世纪纽伦堡有 200 人死于刽子手之手，16 世纪为 289 人，17 世纪为 282 人，18 世纪为 142 人。在分析中，威尔带有明显的文化悲观论。15 世纪 200 名被处死刑的人员中，有 127 名贵族（骑士劫匪、敌对分子）。而在 16 世纪，被处死的贵族只有 57 人，敌对分子也相应减少了。如果参照 16 世纪被处死刑的人员比例，15 世纪被处死刑的人数应少于 200 人。而在 15 世纪被处死刑的犯人中，“没有一例弑杀父母、兄弟姐妹、新娘、儿子的男犯

1 Wettstein, Todesstrafe, 62.

人，也没有一例弑童的女犯人。但现在，这样的案例不胜枚举。我们几乎可以相信，虽然过去风俗粗野，人们认知短缺、迷信，但相对于现在，过去的人更正直、正派”[1]。我们不想追随威尔的浪漫主义怀旧观，而要检查其中的数值是否正确。我们的结论是：这些数值不完整。更新的统计认为，在1501—1806年间，纽伦堡统治区约有1100起死刑，这比威尔列出的数值要高得多。[2]

不过，纽伦堡与苏黎世的死刑数值，说明死刑的发展方向是趋同的。这一点，也可以从其他城市的文献中得到证实。16世纪法国北部的城市中，死刑数有所上升。[3]弗兰德林的梅赫伦城的数据也类似：15世纪有203起死刑，16世纪为255起。而1600年后，死刑数急剧减少。17世纪只有66起死刑记录在册，18世纪则仅为23起。[4]总体来说，已知数据表明，16世纪的死刑数呈上升趋势，17世纪早期又开始持续下降。其他城市的不完整数据也能证实这一点。不过，从1558年记录死刑数以来，死刑数一直在减少。[5]布鲁塞尔16世纪共有488起死刑，17世纪只有122起。[6]法兰克福16世纪的死刑数为248起，17世纪下降为140起。[7]不过，法兰克福的数据以及布雷斯劳（Breslau）的数据（不完整）有一个特性，那就是这两个城市在15—16世纪的死刑数呈下降趋势。当然，因为

---

1 GNM Nürnberg, Hs. 6758 (in Hs. 9857).

2 Frommer, Strafrechtsgeschichte, XVIII.

3 Robert Muchembled, Le temps des supplices. De L' obéissance sous les rois absolus XVe-SVIIIe siècle, Paris 1992, 117.

4 Evans, Rituale der Vergeltung, 113; Dülmen, Theater des Schreckens, 74.

5 Kaczor, Herrschaft und Verbrecher, 142.

6 Ruff, Violence, 110.

7 Evans, Rituale der Vergeltung, 73.

布雷斯劳的数据不完整，有 80 年的空缺，故而可信度会差一些。[1]

我们可以巧用这些数据来研究各类问题。比如：对敌对分子的处决，如何影响了 15 世纪的死刑数？ 16 世纪欧洲死刑数的普遍上升，是否只是当时人口激增的一个反映？针对女巫的迫害潮，在当中又起到了什么作用？

此外，这些数据只反映了城市及其管辖区的情况，在贵族统治区和教会统治区是一幅截然不同的景象。遗留下来的中世纪晚期贵族统治区的死刑资料少得可怜，不得不让人咋舌。根据特里尔选帝侯的账簿，我们可以知道，14 世纪早期在其统治区有过一些死刑案例。不过在当时，即便因发表异教邪说或造假币等重罪被判死刑，也可通过交赎罪金而被赦免。[2] 根据兰茨胡特城的书记员们的记载，我们可以知道，在 15 世纪下半叶的巴伐利亚公国，纵火、弑童、杀人罪通常都可通过交赎罪金了事。1518 年甚至有一位被判死刑的伪造文书犯通过缴纳赎罪金而逃过了死刑。公国下属的侯爵们则主推宽宥之道，更改了刑罚力度。比如在慕尼黑的集市广场，刽子手行刑时会用火烫罪犯的额头和脸颊。[3] 韦廷阿尔滕堡虽然在 15 世纪拥有死刑裁判权，但并没有任何死刑裁判的记录。即便犯了杀人罪，阿尔滕堡法庭也都只是用交赎罪金的方式来惩罚犯人。[4] 1410—1450 年间，施瓦本霍恩伯格伯爵领地遗留下来的账单

---

1 Dülmen, Theater des Schreckens, 113; Frauenstädt, Breslaus Strafrechtspflege, 249f.

2 Otto Stolz, Der geschichtliche Inhalt der Rechnungsbücher der Tiroler Landesfürsten von 1288-1350, Innsbruck 1957, 40.

3 Maria Rita Sagstetter, Hoch-und Niedergerichtsbarkeit im spätmitteralterlichen Herzogtum Bayern, München 2000, 256ff., 266ff., 289f.

4 Brigitte Streich, Das Amt Altenberg im 15. Jahrhundert, Weimar 2000, 83.

（几乎未间断）记载了该城在 15 世纪上半叶雇用了一个按劳所得的刽子手，但他似乎并无很多事可做。1441—1442 年间，他将一名女子驱逐出城，获得了 7 先令。当时的驱逐出城，类似如今的驱逐出境。另外 30 先令，他是通过一次割耳赚到的。被割耳的也是一名女子，应该是因偷盗被处此刑。3 年后，他因对一名叫米勒的犯人进行了刑讯，获得了一笔报酬。几十年的时间，账单上没有任何死刑支出。[1]

南黑森卡岑埃尔恩博根伯爵区 1415—1486 年地方法院的记录也被保留下来了。根据该记录，当地第一起死刑决议是在 1461 年。这说明，该贵族统治区开始执行死刑的时间要比当时德意志民族神圣罗马帝国的其他大城市晚大致两代人。该伯爵区 8 个地方法院在 1461—1486 年间，一共执行了 20 起死刑。相比于其他城市，这个数字少得可怜。[2] 不过，从 16 世纪开始，贵族统治区和教会统治区的死刑案开始上升，但对犯人的折磨压力并不像其他城市那么高。巴伐利亚霍恩阿绍 1571—1646 年间，只有 12 起死刑。[3] 当然，这是特例，因为只有个别统治区给我们留下了可靠数据，像维滕堡等城市便没有可靠数据。在特里尔选帝侯区，情况也类似。[4] 即便有

1 Karl Otto Müller (bearb.), Quellen zur Verwaltungs-und Wirtschaftsgeschichte der Grafschaft Hohenberg, Teil 2: Vom Übergang an Österreich (1381) bis zum Ende der Reichsstädtischen Pfandschaft (1454), Stuttgart 1959, 167, 190f., 246, 243.

2 Regesten der Grafen von Katzenelbogen, 2299 (erste Hinrichtung).

3 Stefan Breit, Verbrechen und Strafe, Strafgerichtsbarkeit in der Herrschaft Hohenaschau, Aschau 2000, 196ff.

4 Helga Schnabel-Schüle, Überwachen und Strafen im Territorialstaat. Bedingungen und Auswirkungen strafrechtlicher Sanktionen im frühneuzeitlichen Württemberg, Köln 1997, 127ff.; Lott, Todesstrafen im Kurfürstentum Trier.

数据保留了下来，一般也很难理解。比如，美因兹选帝侯区约有32万人，是当时最大的教会统治区，但在1560—1799年间，该区一共只有113起死刑案，且都是因一般犯罪而被判死刑的案例（77起为盗窃罪，36起为杀人罪）。[1]不过，这一数据并不包括对女巫和术士执行的死刑。至于有多少女巫、术士死于刽子手之手，我们也只能大约估计。女巫迫害潮，使得约324—1779名女子丧生。[2]故而，根据美因兹因“一般犯罪”而被处死的犯人数目而得出“死刑直到18世纪才在贵族和教会领地大行其道”的结论，是值得怀疑的。[3]与其他领地一样，美因兹对女巫的迫害大多在16世纪后期及17世纪早期，而女巫被处死的数字也相应居高。如果我们分别观察各大统治区在17—18世纪死刑数的上升，也许会发现地域性特征也起到了一定作用。比如，吕提希侯爵主教区的死刑数上升，其中一个重要原因便是18世纪战争时期，统治者用死刑来惩罚逃兵，而当时逃兵的数目不在少数。[4]而在巴伐利亚选帝侯区，死刑数在经历了17世纪的一段回落之后，在18世纪又开始上升，达到了一个高

1　Härter, Policey und Strafjustiz, 724.

2　Karl Härter, Zum Verhältnis von „Rechtsquellen “ und territorialen Rahmenbedingungen in der Strafgerichtsbarkeit des 18. Jahrhunderts. Vagabondage und Diebstahl in der Entscheidungspraxis der Kurmainzer Landesregierung, in: Helga Schnabel-Schüle/Harriet Rudolph (Hg.): Justiz=Justice=Justicia? Rahmenbedingungen von Strafjustiz im frühneuzeitlichen Europa, Trier 2003, 433-466, 此处 444。

3　Härter, Policey und Strafjustiz, 725.

4　Ulrich Seibert, Zur Strafgerichtsbarkeit im Fürstenbistum Lüttich, in: Helga Schnabel-Schüle/Harriet Rudolph (Hg.): Justiz=Justice=Justicia. Rahmenbedingungen des Strafrechts in der Frühen Neuzeit, Trier 2003, 369-395, 此处 379f。关于逃兵，请参考 Die Liste der Hingerichteten bei Pierre Baar, Un manuscrit de la Compagnie de Charité, in: Bulletin de L' Institut Archéologique Liégeois 89 (1977), 135-171。

值。至今，也没有研究者能对此给出一个令人满意的解释。[1]

分割点

如果将16世纪死刑增多、17世纪又逐渐下降的观点进行更仔细的推敲，便会发现一些特别之处。大部分死刑都是在16世纪末执行的。在苏黎世，死刑数最高的时期是16世纪的最后25年。[2]而在法兰克福，1581—1600年间，死于刽子手之手的共有106人，随后20年有78人，而在1621—1641年则只有28人。对纽伦堡和奥古斯堡而言，16世纪下半叶的分割点也可以确定，可通过相关数据证实。[3]根据已有数据，纽伦堡死刑数最高的时期是1571—1590年。[4]在整个欧洲，死刑数的变化轨迹都十分统一。意大利北部城市博洛尼亚在1580—1590年间的死刑数是最多的。1595年以后，死刑数便开始急剧下降。[5]在英国西北的柴郡侯爵区，可以看到，从17世纪开始，死刑数逐渐下降，1660年起甚至急剧减少。[6]菲利普·詹金斯（Philipp Jenkins）的英国死刑概论中，也提到1630年是英国死刑历史的一个转折点。从他所举的例子，甚至可以推断，并非从1630年，而是从1600年开始，英国的死刑数便

1 Nowosadtko, Scharfrichter und Abdecker, 87.

2 Wettstein, Todesstrafe, 62.

3 Dülmen, Theater des Schreckens, 113f.; Evans, Rituale der Vergeltung, 73f.

4 Grieb, Die Henker von Nürnberg.

5 Terpstra, Theory into Practice, 123f.

6 Sharpe, Punischment, 47.

已开始下降。[1]

原因

死刑形势的波动原因，至今仍不清楚。对 16 世纪死刑数的上升，研究者尚未进行过认真的思考，大多数对刑法体系的研究都未将中世纪后期及近代早期的状况进行过对比。这与历史时期的传统划分有关，未把 1500 年前后的不同发展对比纳入考虑范围。相比之下，对 17 世纪以来死刑数下降的分析研究则要好一些。英国历史学家詹姆斯・夏尔普（James Sharpe）2003 年还认为，17 世纪早期以来死刑数下降的原因依旧不明[2]。不过，其他学者已对此做出了解释。理查德・伊万斯便认为，17 世纪早期死刑数下降的原因主要是“严重破坏了欧洲的 1618—1648 年三十年战争的结果”[3]。早在 1990 年，菲利普・詹金斯便将死刑的替代刑的盛行（如罚犯人去劳教所劳作或派去橹舰上做苦役）视作死刑数下降的首要原因。[4] 不过，这两种解释都不能完全使人信服。伊万斯把原因归结于“三十年战争”，则显得有些随意，因为死刑数在“三十年战争”前就已经开始下降了。詹金斯的观点也许可信，但不够充分，因为他没有考虑到由此而引出的一个问题：为什么在 1600 年前后，判处盗窃犯去劳教所劳改或去橹舰上做苦役会成为风行的刑罚方式？

---

1 Jenkins, From Gallows to Prison.

2 Sharpe, Punischment, 47.

3 Evans, Rituale der Vergeltung, 74.

4 Jenkins, From Gallows to Prison, 142ff.

面对这些不完整或自相矛盾的解释，我们想从另一个角度来关注死刑的发展。一般来说，被处死的犯人中，占最大比例的是盗窃犯。[1]不过，这一比例从17世纪早期开始持续下降。在15—16世纪的苏黎世，超过60%的死刑犯都是因盗窃罪而被判死刑。而在17—18世纪，这一比例变为40%。类似的情况也出现在了英国柴郡。1600年前后，柴郡因觊觎他人财物而被判死刑的比例为87%，100年后这一比例降为56%。所占比例是一个相对数字，但盗窃犯被处死刑的总量下降，则是一个绝对数字，更让人印象深刻。1580—1619年间，柴郡共有294人因盗窃罪被处死，1660—1709年间仅为47人。苏黎世15—16世纪共有558名盗窃犯死于绞刑，而在随后两个世纪里，这一数字下降为189人。[2]

另一方面，被处死的罪犯中，女性的比例有所上升。根据纽伦堡现存的死刑记录，1501—1570年间，被处决的女性占比约为6%，而在1571—1660年间，这一比例上升为约15%。[3]苏黎世也经历了类似的发展，这也是埃里希·韦特施泰因（Erich Wettstein）的观点。15世纪，苏黎世被判死刑的犯人中有5%是女性，16世纪上升为12%多，17世纪为28%多，在18世纪竟高达36%。不过，死刑的绝对数值所显示的反差不那么明显，原因是死刑数在整体下降。但相关数值依旧能让人印象深刻：在苏黎世，15世纪，共有20名女性死于刽子手之手，16世纪为73名，17世纪为93名，18

---

1 Harrington, Die Ehre des Scharfrichters, 64页认为16世纪，当权者加大了对盗窃犯的打击力度，这一观点没有任何事实依据。

2 Wettstein, Todesstrafe, 72f.; Sharpe, Punischment, 47.

3 Grieb, Die Henker von Nürnberg, 343ff.

世纪又下降为 52 名。[1]

根据这些数字，我们可以知道，因不同罪被判死刑，其发展轨迹是不一致的。对女性迫害的加大，是造成 16 世纪死刑数上升的一个重要因素，而这又与新型死罪的引入息息相关；从 17 世纪初开始，死刑数下降首先要归因于盗窃犯被处死刑的数目下降。这两大发展，都能用当时的宗教狂热与社会动荡不安来解释，这也是本书的一大观点。从宗教改革开始，所有基督教派都在很大程度上加大了对淫乱罪的打击，女性首当其冲。16 世纪起，女性为掩饰婚外性关系而将襁褓中的婴儿杀害的现象极为普遍。弑童罪被视为重罪，统治者对此的惩罚非常残酷。对其他淫乱罪（如乱伦）的惩处中，很多都是女性获罪。同样，对盗窃犯打击力度的减弱，也有着宗教背景。宗教改革者将《圣经》视为法律。《圣经》中虽有严惩淫乱罪的依据，却没有规定要对盗窃犯执行死刑。从 16 世纪起，围绕盗窃犯是否应被判处死刑的讨论十分激烈。第一批劳教所的出现，便是得益于加尔文主义者对盗窃犯执行死刑持怀疑和保留的态度。这也说明，讨论的成果显著，促使人们开始探索死刑的替代刑。

通过对上述数字分析可以得出，这一切的改变，都可以用宗教因素和教会的影响力来解释。这与前人的研究是相悖的。前人主要将判决和刑罚作为一个世俗现象来研究，“都按照惯例将信仰的影响排除在外”[2]，主要致力于将死刑的历史描绘成是对犯罪的一种回应，并认为在特定时期加大刑罚力度有着客观必要性。理查德·凡·迪尔门将 16 世纪下半叶的死刑数达到高峰归根于“大量

1　Wettstein, Todesstrafe, 64.（有些比例值计算错误）

2　Schmoeckel, Die Reformation und der Strafzweck, 30.

团伙犯罪及抢劫罪盛行"[1]。这种解释很常见，但无法进行相关论证。因而，我们应试图找出其他解释，这是必要的，也是值得的。

死刑犯：被折磨而神圣的躯体

"……弗里堡刽子手的剑上印着一行字（……）：'我主耶稣，你是法官。'刽子手由此多了一个神圣的职责——毁坏犯人的躯体，将其灵魂交由上帝审判。"[2]

——加缪，1957 年

一部死刑史，必须分析死刑行刑仪制的构成以及它对死刑犯、围观观众的影响，中心点应是死刑犯所受的痛苦与折磨。这种痛苦与折磨，有时在行刑前便已开始，行刑后仍未结束。故而，除了对监狱的条件、饮食状况等进行深入的研究外，绞刑架上犯人尸体的腐烂，被偷盗、亵渎，犯人的血、皮肤、脂肪等被求知心切的解剖学家用以医学观摩、研究等，都在本书的研究范围之内。

14 世纪起，教会开始积极拯救被世俗法庭判处死刑的犯人的灵魂，这是死刑历史的一个转折点。这在很多文献中都有记载，作为怜悯的一种体现，可以被理解，但也有代价。对死刑犯进行心灵辅导，使教会成为死刑仪制的一部分，教会此前与死刑保持距离的立场从此被摒弃。[3] 最迟从 15 世纪开始，死刑犯的灵魂处理逐步成

---

1 Dülmen, Theater des Schreckens, 114.

2 Camus, Die Guillotine, 131.

3 Gauvard, Les oppositions, 39 页也是此观点。

为死刑仪制的焦点。通过对文献的仔细分析研究，可以认为：对死刑犯进行处决，虽然一直是统治者展示统治的一种方式，但其已逐渐演变为一场宗教秀，目的是震慑臣民。但这只反映了世俗当权者对臣民持一种异常悲观的态度，认为必须通过威吓来达到震慑有犯罪倾向之人的目的。本书不认同这种观点，并认为当时的死刑行刑首先是一场悲伤的宗教修身活动。17 世纪末一本心灵劝说指南便严肃认真地将通往绞刑架的梯子赞为天梯："在这里，你们的悲伤与痛苦将终结 / 这里是永恒欢乐的开端！摆在你们面前的，是通往天国的阶梯。从这里，你们可以登上天堂之路。"[1]

死刑仪制富有宗教色彩，一个先决条件是教会（主要是天主教会）对死刑仪制的系统性影响。从 14 世纪起，世俗君主与天主教会的对抗愈演愈烈。为了对抗世俗君主，教会提出应赋予死刑犯忏悔及获得灵魂辅导的权利，以期拯救犯人的灵魂。这背后，有基督教的理论支撑——死刑并不意味着生命的终结，而是现世存在到来世存在的一个过渡。因而，如果我们不探究灵魂拯救、期待来世这一宗教观点，便无法理解前现代的死刑仪制。不过，教会的灵魂拯救，代价是相当高的。根据天主教的观点，只有忏悔并认罪的死刑犯，才有机会获得灵魂拯救。至于那些被冤枉的死刑犯，他们面临的则是一个灾难性的困境：如果坚持无罪，神父便用无法扭转的地狱之灾来威胁其灵魂；如果承认有罪，灵魂能得到拯救，但现世存在则会被无情地终止。在本书后面的章节，我们会介绍一名路德教派的牧师，他非常准确地意识到了 17 世纪由此扩大的良心困境。

---

1 Althaus, Auf dem Weg zum Galgen. 477.

他认为，神父对死刑犯的折磨比刽子手要严重，因为刽子手折磨的是犯人的身体，但神父折磨的是犯人的灵魂。面对如此重的指责，我们有必要去进一步探究，神父作为死刑犯的“灵魂慰藉者”，到底对死刑犯做了什么。况且，迄今为止，这一主题在历史学被讨论得异常少。

纽伦堡——死刑之都？

本书对死刑史的研究，将在全欧洲的视角下进行，但重点是德意志民族神圣罗马帝国。法兰克帝国自由城市纽伦堡遗留下来的众多死刑文献经常被研究者援引，但这并不意味着纽伦堡是前现代死刑的中心。不错，纽伦堡与欧洲其他大城市一样，城里的死刑案比乡村更多。但法兰克的这个大都市，并没有允许在城墙内对女巫进行审判，而近代伊始其他地区许多人都沦为女巫审判的受害者。纽伦堡对死刑史的重要意义，更多在于刚刚提及的众多死刑文献。与其他城市相比，这是纽伦堡的不同寻常之处。这些文献，尚未得到足够的评估。

死刑的历史，在纽伦堡的城市面貌上留下了令人无法忽视的印记。在建于中世纪的纽伦堡市政厅地下室，人们还可以去参观那臭名昭著的地下监狱。监狱附近有一条刽子手路，上面是刽子手故居，现在也成了小展厅。不过，相比这些可供游客参观回忆死刑的地方，那些记载了执法、维法的文献更令人惊奇。除了丰富的档案文献，还有一位我们已提到的刽子手的日记，里面记载了他在纽伦堡几十年的刽子手经历。此外，还有一位也已提到的负责对死刑犯进行心灵劝说的牧师的记载，里面记载了他的死刑经验及相关判断。此外，笔者还意外地找到了其他珍贵材料：已退休的弗里德里希·冯·哈根（Friedrich von Hagen）警官多年来对纽伦堡议会的档案文献以及议会每日的决议进行了整理，并对其中与刑法相关的记录进行了评鉴。鉴于纽伦堡议会档案文献的庞杂，我们不能不说这是一项巨大的劳心劳力工程。从 15 世纪开始到 1808 年，共有约 4500 本档案簿，排列在一起长达 86 米。冯·哈根 2005 年离世后，企业家、画廊老板曼弗雷德·格里博（Manfred Grieb，逝于 2012 年）也无偿对这些文献进行了整理加工，投入了大量心力，编撰了纽伦堡议会决议档案中记载的刑法案例，完成了《纽伦堡的刽子手及其受害者》（*Die Henker von Nürnberg und ihre Opfer*）这本书，2010 年由纽伦堡城市档案馆自费出版。我们可以批判该书没有囊括与纽伦堡死刑案例相关的所有文献资料[1]，但笔者认为应特别指出这项艰难而庞大的文献编撰工作的重要性，因为《纽伦堡的刽子手及其受害者》被证实是一个宝藏，笔者从中获取了无数执法、维法的信息。在这之前，这些信息并不为人所知。如果没有弗里德里希·冯·哈根对议会档案的评鉴，没有曼弗雷德·格里博的整理加工，本书的现有结构不可能形成。

1　此处无法进行系统性的考察，但书中未记载康拉德·佐伊恩莱（Konrad Zeunlein），因有无数人为他求情（求情者中也包括受害人）而被法庭赦免死刑的案例，详见 Bendlage, Henkers Hetzbruder, 154。另外，1541 年的一个议会决议（禁止城市听差与刽子手一起喝酒），书中也未记载，详见 Bendlage, Henkers Hetzbruder, 172（196 页也有一个类似的例子）。一些议会决议如 RV 1266 和 RV 1267，在《纽伦堡的刽子手及其受害者》中均未被评估，详见 Gisela Wilbertz 对该书的评价：HZ 294（2012），508—510。

第二章　死刑如何演变为宗教秀

绞刑架奇迹

“简短来说，一个词引领并照亮了我们的研究：‘理解’。别再说历史学家都是些没有感情的冷血动物，他们至少都有理解力。”[1]

——马克·布洛赫（Marc Bloch），1942年前后

教会凭借上帝和圣徒之力，很早便开始干涉世俗法庭的各项事务。认为上帝和圣徒真实存在于尘世，可对尘世施加影响，是近代以前基督徒们不可动摇的基本信念之一。上帝和圣徒对尘世施加影响的核心，是创造各式奇迹，自然也包括奇迹般地拯救那些被判死刑的犯人。欧洲基督化伊始，便流传着各式死刑犯被奇迹般拯救的故事。此类奇迹甚至成了传教的手段。公元700年左右，圣徒伍尔弗拉姆（Wulfram）去弗里斯兰人（Friesen）那里传教，希望将其变为基督教区。当一名名为奥沃（Ovo）的年轻人被送上绞刑架时，他正好在场。他十分殷切地请求弗里斯兰公爵赦免奥沃，公

---

1 Marc Bloch, Apologie der Geschichte oder Der Beruf des Historikers, München 1985, 111.

爵没有妥协，却告诉伍尔弗拉姆："如果你的耶稣基督能够救他不死，那他就是你的了。"随后，奥沃在众人的围观下被处绞刑，在绞刑架上足足支撑了两小时，伍尔弗拉姆一直在旁边祷告，祈求上帝能怜悯奥沃。最终，奥沃脖子上的绞绳断裂，从绞刑架上掉了下来，但奥沃毫发无伤，随之被赦免，重获新生。据说，奥沃后来成为一名牧师。很多弗里斯兰人因为这个奇迹，开始信奉基督教，接受洗礼。[1]

最早关于绞刑架奇迹的记载，出现在墨洛温王朝。格雷戈尔·冯·图尔（Gregor von Tours）在其著名的法兰克历史中曾讲到安古兰附近一修道院院长是如何通过祈祷让绞绳及绞刑犯身上的链铐裂开，从而使受刑的盗窃犯免于一死的。很多圣徒都被认为与绞刑架奇迹有关。如圣徒马丁，他被认为与一次绞刑架奇迹有关，但他和其他圣徒一样，只起到了媒介作用，并非真正的行动者。在基督教的理念中，圣徒作为一个媒介，能通过祈祷来推动上帝行动。根据瓦拉奇（Walraci）的生平记载，公元600年，修道院院长瓦拉库斯（Walracus）动身赶往亚眠附近一个绞刑场，那里刚有一个犯人被绞死。虽有人阻碍，但瓦拉库斯还是急步走向绞刑架，给被绞死的犯人松绑，并将其已无生命迹象的躯体放在地上。随后，他抱着那具躯体，将自己的脸紧贴着犯人的脸，一边流着泪，一边祈祷。奇迹发生了：原本已死的犯人苏醒了。热心的修道院院长随即请求法庭赦免该犯人。法官们威胁说要对其再次执行绞刑，瓦拉库斯反驳道，法官们的机会已经过了，上帝让犯人重获了生命，这

1 Marschall, De laqueo rupto, 30. 如下未给出文献来源之处均取自这篇优秀的博士论文。

说明上帝对法官们的判决持反对意见。

在此类绞刑架奇迹中，犯人是否有罪并不重要，强调上帝的力量才重要：上帝无所不能，既能赋予有罪的杀人犯自由，也能让罪不至死的盗窃犯重获新生。有的记载称，神职人员在墨洛温王朝时期将营救死刑犯视作一项运动，不会因怕与刽子手、法官起冲突而退缩。也许，绞刑架上的奇迹故事，恰恰说明早期的教会从根本上反对死刑。这是基督教的传统，它没被遗忘，一直沿用到近代。中世纪最有名、流传最广的大众宗教读物《金色传奇》（*Legenda Aurea*，13 世纪）中，也有绞刑架奇迹故事。其中，圣州长的奇迹故事被加工后编进了 1643 年编纂的《使徒行传》（*Acta Sanctorum*）中，是当时基督教徒的必读读物。不过，中世纪后期的绞刑架奇迹故事，不再是教会批判死刑的记录。在中世纪早期、盛期的奇迹故事中，绞刑架上的死刑犯，无论有罪无罪，都能免于一死。而在 14、15 世纪，即中世纪后期流传下来的绞刑架奇迹中，只有那些无罪的死刑犯，才能获得上帝及圣徒的怜悯，避过绞刑。[1]

研究绞刑架奇迹在何种程度上影响了中世纪的死刑实践，是一个很有意思的问题，但法律文献对此鲜有记载。808 年的《新法典》（*Capitulare Noviomagense*）规定，被处绞刑的犯人如果能在受

1　Friedrich Lotter, Heiliger und Gehenkter. Zur Todesstrafe in hagiographischen Episodenerzählungen des Mittelalters, Bochum 1989, 18. 一个例外是神圣的弗朗茨·冯·保拉（Franz von Paola，1416—1507）对一个绞刑犯的拯救。行刑三天后，他将该犯人从绞刑架上解下，犯人奇迹般复活，后被保拉吸收进由他创立的米尼斯教派。可对比参考 Heinerth, Die Heiligen und das Recht, 53。

刑后活下来，便可被释放。[1]不过，这样的规定很少。最开始对这一问题进行研究的法学家中，有一位叫卢卡斯·德·帕内（Lucas de Penna）的那不勒斯人。1358年后，他对《民法大全》（*Corpus Iuris Civilis*）中的一部分进行了详细的注释。我们知道，《民法大全》是研究罗马法的一个主要文献。而帕内的注释，直到17世纪在整个欧洲都被广泛讨论。帕内在一处注释中指出，绞绳断裂导致绞刑不成功，在权衡是否应对犯人再次执行绞刑时，首先应检查绞绳断裂是上天的奇迹还是仅仅因为绳子不够牢固。如果是绳子质量问题，便应再次执行绞刑。不过，如何证明是否是绳子质量问题并不容易。帕内的结论是，在不确定时，应倾向于更有可能的一方，即上帝介入了行刑。他建议，绞绳一旦断裂，便应释放绞刑犯。为此，他引用了一个经典法律条文："在不确定时，应执行对犯人有利的刑罚。"他也用了很多奇迹故事来证明这一点。不过，他列举的奇迹故事中，是否真的只是上帝在起作用，他并没有进行研究。

如此一来，在中世纪晚期的欧洲，绞刑架奇迹的流行也就不足为奇。无论哪个犯人因何原因在受绞刑后未死，都会被释放。这种例子在欧洲各地区均有。1464年，一名盗窃犯死在了布雷斯劳的绞刑架上，此人之前已在克拉科夫受过绞刑，但当时链铐断裂，克拉科夫议会便将其释放。[2]1392年，吕贝克一个盗窃犯也躲过了绞刑，因为很多女人都为他祷告，希望他去韦斯纳克朝圣。[3]1400年，

1 Capitularia regum Francorum, hrsg. von Georg Heinrich Pertz (MGH LL1), Hannover 1835, 152.

2 Frauenstädt, Breslaus Strafrechtspflege, 29.

3 Schubert, Räuber, Henker, arme Sünder, 51f.

福拉尔贝格州的费尔德基希法庭宣布对犯有盗窃罪的三兄弟处以绞刑。行刑时，其中一人脖子上的绞绳（链铐）断裂，他从绞刑架上掉了下来。这个“绞刑架奇迹”被议会法庭视作释放该三兄弟的理由，且也有许多人为他们求情。[1] 1498 年，伯尔尼的绞刑架上也发生了绞刑犯绞绳、链铐一起断裂后被释放的事。该盗窃犯随后感谢了圣巴巴拉和圣雅各布，并表示为表敬意，他决定去朝圣。[2]

不过，绞绳的断裂只是上帝影响死刑行刑的一部分，《卢卡传奇》（*Das Wunderbuch von Lucca*）中，记有不少上帝和圣徒让刽子手的武器失效的故事。1334 年，一名法国朝圣者在卢卡被无辜地判为杀人犯。情急之中，他只好高呼“圣沃尔托”——卢卡大教堂的圣物，一幅木十字架像。奇迹发生了：刽子手的斧头变钝，怎么也砍不下该“杀人犯”的头。最终，“杀人犯”被释放。上帝的介入，有时甚至能让被处轮刑的犯人免于一死。[3] 弗洛本·冯·齐默恩（Froben von Zimmern）伯爵便在其编年史中记载了这样一个案例：一名被多个村庄共同抚养的跛子，是在受了轮刑后才成了跛子，而这在他死后才被人发现。这个奇迹故事甚至被画入了 16 世纪两幅还愿画中，是几名受了轮刑但未死的犯人为感谢圣徒而委托画师们所画。[4]

但更常见的是上帝对被处浸河刑罚的犯人的拯救。大部分被判死刑而存活下来的死刑犯，都受过浸河的刑罚。如果能活过浸河，

---

1 Scheffknecht, Scharfrichter, 43; Schuster, Stadt vor Gericht, 291.

2 Tscharner, Todesstrafe Bern, 122.

3 Heinerth, Die Heiligen und das Recht, 57f.

4 Schubert, Räuber, Henker, arme Sünder, 52.

当权者便认为是上帝在干涉，随即会将其释放。本书在对死刑方式的讨论中，会对上帝这一特别的介入方式及其原因进行相应分析。

中世纪的遗产：死刑——王侯报复、胜者司法

相对较为可信的已执行的死刑数，约从1400年起才有。那之前死刑的运用，我们依然只能猜测。对中世纪的最新研究中，恩斯特·舒伯特（Ernst Schubert）提出了“死刑作为中世纪的一种统治手段，其作用长久以来都被高估了”的观点。[1]舒伯特认为，分析中世纪的司法及地方统治部门，应更多从收入这一项着手，而不是一味地认为死刑是统治阶级扩大统治的手段。[2]舒伯特的这一论断是正确的，因为死刑裁判权是国王的主权。这个主权，国王可以出借、典当，甚至出售。中世纪对国王司法权的记载，较少强调维护法律公正等职责，主要是强调司法权带来的收入。霍亨斯陶芬王朝的弗里德里希·巴巴罗萨大帝（Friedrich Barbarossa）出台的著名的四大荣卡定义（ronkalischen Definitionen）中，便首先明确了犯人为赎罪而交的罚金金额，以及所有被判死刑、被逐出教会、犯了叛国罪的犯人的财产都归国王所有。对执行死刑产生的费用，四大定义没有提及。[3]直到1486年，达姆城的地方法院依旧不愿承担对盗窃犯执行死刑产生的费用，规定如盗窃犯有足够的经济能力，

1 Schubert, Geschichte Niedersachsens, 595 u. Anm. 133.

2 Schubert, Geschichte Niedersachsens, 595 u. Anm.601.

3 Weinrich, Quellen, 246-249.

则由其自行支付一切费用，没能力承担时，法院才支付该费用。[1]

而在 1025 年前后，沃姆斯主教伯查德（Burchard）的庄园法便很好地展示了中世纪盛期，贵族统治阶级对暴力垄断以及死刑还不感兴趣。虽然庄园法的起草者抱怨，前一年，即 1024 年达姆城共有 35 起杀人案，但庄园法对杀人犯的处置规定却异常宽容，规定如果有谁犯了杀人罪，即在对方无自卫的情况下将对方杀死，应受到烫伤两颊的处罚，并应支付给死者亲属一笔义务赎罪金，与其缔结和平，以防止报复犯罪事件的发生。对于盗窃犯，庄园法没有确定任何刑罚。当时的人为找出真相，使用较广的方式依然是传统的决斗、热铁烫、热水烫等。[2]

刑罚在当时是例外。虽然在 11 世纪，梅泽堡主教蒂特马尔（Thietmar）已懂得用死刑来惩罚在王宫犯罪的罪犯。但他在记录波兰公国对罪犯执行死刑时，却流露出了一定的惊讶。“在波兰，如果有人引诱他人之妻行淫秽之事，那他会被带到市场大桥，阴囊被钉子钉住，旁边放着一把尖刀，必须在死亡和残疾中进行艰难的抉择。谁在七旬斋后公然吃肉，牙齿将被生生拔出。”蒂特马尔将这些严厉的刑罚都归因于波兰 50 年前才开始基督化，采取严厉的刑罚有一定的必要：“比起主教的斋戒，这些暴力刑罚令更能让扎根不久的上帝之法在这些国家得到巩固。”[3]

当然，中世纪早期的民法中也已经包含了死刑。至于死刑适用

1 Regesten der Grafen von Katzenelnbogen, 2277.

2 Weinrich, Quellen, 101ff.

3 Chronik des Thietmar von Merseburg, hrsg. von Werner Trillmich (Freiherr vom Steingedächtnisausgabe 9), Darmstadt 2003, 441.

于哪些人群、使用的规模能多大，至今都还存有争议。可以肯定的是，刑罚当时与其他各种处置犯罪的方式并驾齐驱。恩斯特·舒伯特在维尔茨堡法律史学家尤尔根·韦策尔（Jürgen Weitzel）的研究基础上，提出了中世纪早期对杀人罪的三种惩处可能性：血腥复仇、支付赎罪金、执行死刑。由此可见，死刑是对不法行为的一种赎罪。[1]但在中世纪早期和盛期，死刑作为一种处罚方式，并不是无可争议的。盖尔德·艾特霍夫（Gerd Althoff）认为，相对于卡洛林王朝，奥托王朝在对策反国王的罪犯的处罚中，明显倾向于使用较轻的刑罚。值得一提的是，奥托大帝（Otto der Große）曾处死过几名企图谋杀他的叛变者，在萨克森州影响深远，民众对此的反应并不都是赞成。[2]

随着新千年的开始，追求社会和平的法律日益增多。这些法律，主要是为了限制冲突的发生、抵制贵族使用暴力。当然，在对待某些特定的重罪犯时，也有可能采取死刑。11 世纪，死刑只适用于没有自由之人。[3] 12 世纪伊始，城市和乡村都流露出对和平的向往，体刑和死刑才逐渐变得重要，但这些刑罚通常都能通过缴纳罚金而被免除。[4]从 12 世纪起，教会对有背离天主教会的行径者加大了迫害。1199 年，教皇颁布了一项命令（“Vergentis in senium”），将异教认定为与杀害皇帝罪（“crimen laesae maiestatis”）同等的大罪，从而为用死刑来铲除异教徒提供了法律依据。在对南法

1 Schubert, Räuber, Henker, arme Sünder, 18.

2 Gerd Althoff, Verwandte, Freunde und Getreue. Zum politischen Stellenwert der Gruppenbindungen im frühen Mittelalter, Darmstadt 1990, 123.

3 His, Strafrecht, Bd.1, 476.

4 His, Strafrecht, Bd.1, 344.

宗教团体阿尔比派的十字军战斗中，法国君主 1209 年起首次系统使用死刑来处置异教徒。第一个颁布法律用火刑来惩罚异教徒的世俗君主，是霍亨斯陶芬王朝的弗里德里希二世 (Friedrich II,1220 年)。此后，陆续有相关的法律颁布。1231 年，教皇格利高尔九世 (Gregor IX) 定义了宗教裁判所的职责，从而确立了一套针对异教徒的法律审判程序。[1]

在 12 世纪、13 世纪的法律文献记载中，死刑被用于铲除异教徒的数目大幅上升，使得维克多·阿赫特（Viktor Achter）在 1951 年得出“死刑的诞生始于 12 世纪、13 世纪”的结论，这也是他同名书《死刑的诞生》的标题。当然，这一观点也被人诟病。批评者认为，这容易让人误以为那之前并没有死刑。我们想在此说明，从 12 世纪起，法律文献中对贵族统治者用死刑惩罚犯罪的记载越来越多，说明死刑逐渐成为统治者的统治工具。至于死刑的实际运用规模到底有多大，文献的记载则不那么清楚。

整个中世纪对死刑的运用都有记载。当然，直到中世纪末期，死刑几乎只发生在国王和公国统治区。从中世纪早期的文献中，经常能找到国王判处罪犯绞刑的案例。[2] 但认为在中世纪盛期君主和王侯已开始定期判处犯人死刑的观点，是值得怀疑的。西里西亚公爵海因里希一世（Heinrich I，1165—1238）曾听从夫人海德维希（Hedwig）的建议，不用死刑来惩罚罪犯，而是将罪犯派去修建特雷布尼茨修道院，直到赎完罪为止。这一做法，得到了广泛的颂

1 Gauvard, Les oppositions, 32.

2 Schubert, Räuber, Henker, arme Sünder, 18.

扬。[1]此外，国王对死刑的运用程度，也不应做过高的估计。至于帝国编年史中卡尔大帝782年在弗尔登将4500名被抓获的撒克逊人在一天之内全部处死的记载，至今听起来还相当富有传奇色彩，其真实性也还存在争议。[2]

据记载，中世纪的大部分死刑案例，都与政治叛变以及军事冲突有关。899年，一名女子被绑在一根柱子上处绞刑，因为她刑讯后承认参与了给皇帝阿努尔夫（Arnulf）下毒的行动。[3]而对叛变及起义，中世纪统治者经常采取对叛变头目处以死刑的方法，来达到杀一儆百的效果。根据西西里的小编年史，1232年墨西拿城发动了针对霍亨斯陶芬皇帝弗里德里希二世的起义。弗里德里希二世在次年带领军队占领了墨西拿城，并宣称赦免所有起义者犯下的罪，但几天后便食言，处死了好几位起义者。[4]1248年，来自阿雷佐的安科纳主教马策林（Marcellin）作为教皇军领袖，在与弗里德里希二世的角逐中经历了一次惨痛失败，随后又遭到弗里德里希二世的追随者的袭击，落入了弗里德里希二世之手。被关押数月后，他被处绞刑。[5]1249年，撒丁岛国王占领了雷焦附近的一个城堡，将97名所谓的“帝国敌人”送上了断头台。[6]

由此可见，直到中世纪末期，死刑主要被王侯用于报复，是胜

---

1 Heinerth, Die Heiligen und das Recht, 41.

2 Annales regni Francorum inde ab a. 741 usque ad a. 829, qui dicuntur Annales Laurissenses maiores et Einhardi, hrsg. von Friedrich Kurze (MGH SS rer. Germ. 6), Hannover 1895, 65.

3 Annales Fuldenses, 414.

4 Heinisch, Kaiser Friedrich, Bd. 2, 22.

5 Regesta Imperii V n.13624b, 14657.

6 Heinisch, Kaiser Friedrich, Bd. 2, 259.

者的司法。13 世纪中期，康拉德·冯·艾维施泰因（Konrad von Everstein）与亲戚美因兹大主教一起，共同袭击了哥廷根公国。在此前的 1233 年，康拉德曾占领过该公国，但之后又失去了对公国的统治权。而在这次战役中，因对手布伦瑞克吕纳堡公爵阿尔布莱希特一世（Albrecht I）施计，康拉德和美因兹大主教双双落入其手。康拉德 1257 年被一条剑带绞死，美因兹大主教被关押一年后又重获自由。[1]

1382 年，巴黎居民因不满政府重新引入一项税而发动了马约丁（Maillotins）叛乱。叛乱被镇压，国王如同一个占领者，骑着马大摇大摆地进入了城门大开的巴黎城。他没有信守赦免承诺，对相关人员进行了残酷地打压。叛乱首脑银铛入狱，未经任何审判便被装在了一个大袋子中。随后，袋子被缝合，在夜晚被扔进了塞纳河。[2]1504 年，皇帝马克西米利安（Maximilian）的军队打败了以约翰·皮恩兹恩劳尔（Johann Pienzenauer）为首的金色骑士，成功保卫了库夫施泰因城堡。马克西米利安很快将皮恩兹恩劳尔以及其他 17 位骑士斩首。[3]很显然，当时的统治者无须担心这会违反相关的法律。在所谓的保基尔舍（Baumkircher）战役中，弗里德里希三世（Friedrich III）同意与对手保基尔舍在格拉茨进行谈判，并承诺保基尔舍可自行带随从前往。1471 年 4 月 23 日，保基尔舍在两位贵族以及若干随从的陪同下到达了格拉茨，但仅仅几小时

1　Schubert, Geschichte Niedersachsens, 559.

2　Jacques Debu-Bridel, Les journées de Paris. Bd. 1: De Phlippe Auguste à Louis XI, Paris 1960, 151.

3　Regesta Imperii XIV n. 21360.

后，他们便被投入监狱。当晚，弗里德里希三世在无任何正当司法程序的情况下，让人将保基尔舍以及一名贵族随从斩首。虽然有批评者指责这是随意司法，但这并没有给弗里德里希三世带来任何后果。[1]

比起王侯，城市的统治者毫不逊色。1333年，瓦尔特·冯·格罗泽克（Walther von Gerolzeck）与斯特拉斯堡、苏黎世、伯尔尼、琉森、巴塞尔等城之间出现了严重冲突。原因是瓦尔特袭击了这些城市的商人。冲突以瓦尔特的滑铁卢告终，他在阿尔萨斯的施瓦瑙宫殿被洗劫一空。而获得胜利的城市，则很快将俘虏的50多名战士悉数送上了断头台。[2]

如果将死刑视作中世纪末期王侯的报复和胜者的司法，那王侯们用死刑来调解统治区发生的一些不幸或不快就不足为奇了。1500年，萨克森阿尔布莱希特（Albrecht）公爵逝世。他被称为“宽容者阿尔布莱希特”，但民间流传着一个与该头衔不太相称的故事。在一场游戏中，阿尔布莱希特公爵输给了一个步兵好几千古尔登，后来他想和该步兵就这笔债务进行和解，但遭到步兵拒绝。盛怒之下，阿尔布莱希特叫来刽子手，命他将顽固不化的步兵带上断头台。步兵这才意识到了自己的危险处境，急忙请求阿尔布莱希特宽恕，声称愿意放弃欠款，但为时已晚。“宽容者阿尔布莱希特”并没有表现出任何宽容，步兵被带走，随之被斩首。[3]

而对不受欢迎的女性，也有人用类似的方法将其铲除。英国国

1 Heinrich Koller, Kaiser Friedrich, Bd. 3, Darmstadt 2005, 178.

2 Zimmersche Chronik, Bd.1, 383.

3 Zimmersche Chronik, Bd.1, 456.

王亨利八世（Heinrich VIII）便是一个非常著名的例子。他将自己六位妻子中的两位——安娜·博林（Anne Boleyn）、凯瑟琳·霍华德（Catherine Howard）送上了断头台，理由是她们犯了叛国罪。虽然这可能激怒了16世纪的一些同时代人，但亨利是在按中世纪的传统行事。早在公元1265年前，巴伐利亚公爵路德维希（Ludwig）便因让刽子手杀了自己的妻子玛利亚·冯·布拉班特（Maria von Brabant）而被冠上了"严厉者"的名号。1265年11月27日，教皇克莱门斯四世（Clemens IV）宣布赦免路德维希，称他无须再为了赎罪而兑现建立嘉都西会修道院的承诺，原因是他在弗尔斯特费尔德修建了熙笃会修道院，已经进行了足够的忏悔。[1]此外，根据历史记载，巴伐利亚公爵都是危险的情人。巴伐利亚至今还流传着一个故事，故事发生在15世纪。理发师之女阿格尼斯·贝尔瑙厄（Agnes Bernauer）曾是巴伐利亚公爵的儿子的情人，俩人感情甚笃。巴伐利亚公爵恩斯特看在眼里，急在心上，趁着儿子出门在外，便与身边的谋士商讨应如何阻止这对门不当户不对的结合，得出的结论是：将阿格尼斯处死。死刑决议很快下达，刽子手奉命对阿格尼斯执行浸河的刑罚。雷根斯堡记录官安德烈斯（Andreas）描述了1436年10月12日这段发生在施特劳宾的多瑙桥上的浸河过程。刽子手将阿格尼斯投入水中之后，"她用那条没被绑住的腿，游了一段。在接近河岸时，她用沙哑而凄凉的声音叫着：'救命！救命！'刽子手见状，忙沿多瑙河岸，朝她跑去。因惧怕恩斯特公爵责罚自己办事不力，他用一条长杆将阿格尼斯的头发缠住，然后

1 Regesta Imperii V n. 9613.

用力将其按入水中”[1]。1662年，巴伐利亚一名史书记载者在评价这件残忍之事时，用了极大的赞扬来结尾：“巴伐利亚公国欠恩斯特公爵一个感谢，是他保护了这个高贵的姓氏没有受到卑贱的亲戚或是低下的阶层的玷污，今天……才有着全欧洲最高贵、最负盛名的血统。”[2]

帝国自由城将死刑裁判权掌握在自己手中，对死刑史有着重大影响。这些帝国自由城一方面着手建立公民自治机构，另一方面也试图将统治权纳入城市议会之手。1331年10月19日，波西米亚国王约翰（Johann）授予了布雷斯劳议会死刑裁判权。这之前，高级司法权（死刑裁判权）掌握在议长手中，虽然议长必须是布雷斯劳公民，但形式上并不听命于议会。[3]而在纽伦堡，根据1219年弗里德里希二世授予的一项特权，出身王室的议长同时握有高级司法权和低级司法权。议会的目标便是从王室拿到司法权，因为司法权被视为维护权力和统治的一个核心工具。1480年，纽伦堡一名法学家认为，皇室司法权（“merum und mixtum imperium”）即为绞刑架和绞绳。[4]

14世纪，纽伦堡议会基本掌握了低级司法权。通过抵押的方式，贵族大家族成员格罗斯（Groß）在1339年拿到了议长之职。虽然该职位之后曾短暂回到了纽伦堡城堡军事长官的手中，但1385年又沦为了纽伦堡城的抵押品，几年后被长期抵押。最终，

1 Huber, Agnes Bernauer, 55.

2 Huber, Agnes Bernauer, 89.

3 Rudi Klamt, Die Strafrechtspflege des Breslauer Rates während des Mittelalters, namentlich über excessus, Breslau/Würzburg 1941, 44.

4 Frommer, Strafrechtsgeschichte, XIII.

在 1427 年，边境总督弗里德里希将城堡转让给了纽伦堡城，一并转让的还包括纽伦堡城堡军事长官的各种权力。由此，纽伦堡议会终于掌握了议长的职位，尽管在形式上，议会还不是高级司法权的所有者。[1]

而帝国自由城康斯坦茨的例子，则说明议会掌握高级司法权是城市宪法史上很多代人努力的结果。与纽伦堡一样，13 世纪前半叶，国王在康斯坦茨设立了一个帝国总督府，享有死刑裁判权。直到 14 世纪，该职权一直被图尔高的牧师或康斯坦茨的贵族垄断。1360 年，通过抵押，康斯坦茨的贵族宾得（Bünd）成了帝国总督。随后，康斯坦茨城以 400 古尔登的价格，从宾得手中买到了该职位。1384 年，市长康拉德 · 曼戈尔特（Konrad Mangolt）成为帝国总督，并正式被奥地利的利奥波德（Leopold）公爵授予死刑裁判权。国王鲁普莱希特（Ruprecht）则在 1401 年授予了康斯坦茨城十年自主裁判死刑的权力。1413 年，国王西格斯蒙德（Sigismund）把该权力延长为无限期。1417 年，西格斯蒙德国王将康斯坦茨的高级司法权延伸到了郊区城市彼得斯豪森。而记录在册的康斯坦茨的首批死刑决议，也出现在了这一时期。1430 年，康斯坦茨议会已牢牢掌握了死刑裁判权。[2]

我们可以列举很多城市，但结果几乎都一样。先通过抵押从城市上层阶级手中拿到总督职位，然后市长和议会再通过各种途径取得死刑裁判权。1387 年，国王文策尔（Wenzel）在一个特令中，

1　Henselmeyer, Ratsherren, 23f.; Frommer, Strafrechtsgeschichte, XIII.

2　Schuster, Stadt vor Gericht, 45ff.

确定了法兰克福拥有独立死刑裁判权。[1]1400年，国王将同样的权力授予了苏黎世城市议会。[2]1415年，圣加仑获得了死刑裁判权，而艾希施泰特在1446年才拿到这一权力。[3]

而这当中的润滑剂，无一不是金钱。与每个统治头衔一样，死刑裁判权意味着实实在在的金钱，故而会被买卖、抵押。1386年，因奥地利公爵利奥波德逝世，巴塞尔没有了帝国总督，该职位重新回到了帝国手中。巴塞尔议会很快派遣代表团去拜访国王，允诺给国王文策尔提供超过1000古尔登的借款，随后国王便将总督职务授予了巴塞尔议会。此外，巴塞尔还应向利奥波德公爵的儿子们支付7000古尔登，以拿到小巴塞尔的司法权。[4]很显然，这些城市这样做，不是为了盈利，更多是因为死刑裁判权是证实统治权和自治权的一个佐证。不过，并不是所有城市获取死刑裁判权的路途都一帆风顺。普莱斯堡自14世纪末执行了首批死刑后，其死刑裁判权就一直饱受争议。15世纪，该城不得不多次申请获得死刑裁判权。[5]1432—1433年间，维尔茨堡虽暂时拿到了高等司法权，但主教作为城市首脑，又将其赢回。1455年，主教甚至否认该城拥有逮捕嫌疑人之权。[6]科隆的情况则一如既往，十分混乱。直到16世纪，死刑裁判权仍掌握在主教手中。不过，主教的这一权力，也受

---

1 Meinhardt, Das peinliche Straftrecht, 22.

2 Wettstein, Todesstrafe, 59.

3 Moser-Nef, St. Gallen, Bd. 5, 25; Helmut Flachenecker, Eine geistliche Stadt. Eichstätt vom 13. bis zum 16. Jahrhundert, Regensburg 1988, 121.

4 Hagemann, Basler Rechtsleben, 151f; Ochs, Basel, Bd. 6, 531.

5 36 Ortvay, Pressburg, Bd. 2/II, 143f.

6 Sprandel, Würzburger Ratsprotokoll, 18.

到了科隆城市议会的监督。

至于这些大城市1400年以来为何要经常执行死刑，至今还没有一个令人信服的解释，我们只能找一些笼统的原因。14世纪起，自由城、帝国自由城在很大程度上实行的是居民自治的政策，追求的是一种与贵族统治区不同的社会模式。如果沿用马克斯·韦伯（Max Weber）“国家是拥有合法使用暴力的垄断地位的实体”的理论，那这些城市便是中世纪末期国家概念逐渐形成的首批先行者，因为城市政策最重要的目的是维护权利与和平。为让和平无条件实现，必须通过当权者的强迫措施来打击任何形式的暴力和自行司法的行径，其中一种措施便是刑罚。但如果认为中世纪死刑案例增加只是当局对暴力行为的一个反击，便想得太简单了。因为当时被判死刑的主要是盗窃犯，维护权利与和平首先意味着要稳固和维护现有的财产分配。“城市开始……陆续通过制定和管理规章制度渗透至公民的各个生活领域，以达到公平、和平以及共赢的目的。”[1]一般来说，中世纪晚期的城市历史，都被描绘成一部成功史。“中世纪城市是现代国家的胚胎，在中世纪森严的等级社会中，城市在宪法、管理、资产阶级、组织机构、警力、财政、社会经济、福利事业等领域都展露出了现代国家典型特征的苗头。”[2]

死刑是中世纪晚期城市现代化的阴暗面。威廉·埃贝尔（Wilhelm Ebel）将中世纪晚期视作“现代统治国家的温室”。城市作为统治者，是刽子手职业诞生的直接推动者。刽子手作为职业，首次

1　Isenmann, Die deutsche Stadt, 448f.

2　Hugo Preuß, Die Entwicklung des deutschen Städewesens, B.d. 1: Entwicklungsgeschichte der deutschen Städteverfassung, Leipzig 1906, 5.

被提及是在13世纪末的奥古斯堡和吕贝克。14世纪，关于刽子手的记载日益增多。但即便是法兰克福这样的大城市，直到1373年也没有自己的刽子手。很多城市直到16世纪，都是通过租借邻近大城市的刽子手来执行死刑。[1]如沙夫豪森城便经常求助于康斯坦茨和苏黎世。纽伦堡和慕尼黑的刽子手也经常被请去邻近城市的刑场帮忙。此外，中世纪末期，刽子手这一职业开始有了专职分工。中世纪早期，刽子手还得负责监管屠宰场，捉拿流浪狗，监察赌场、地区妓院等。到了中世纪晚期，刽子手只需折磨、处死罪犯。[2]这一专职分工的过程，是证明15世纪死刑数急剧上升的又一有力佐证。

死刑的历史，直到16世纪都是恐惧与冲突的历史。主要体现在如果赦免犯人死刑的请求被拒绝，可能会引起外交和政治冲突，这种冲突的后果比处死犯人的后果要严重得多。商人、议员、记录官赫克托·穆里希（Hektor Mülich）记载了15世纪一些案例，其中一个案例讲的是巴伐利亚公爵与帝国自由城奥古斯堡因一个司法判决而对立的故事。1418年，巴伐利亚公爵的一名仆人在列希菲德抢劫了奥古斯堡的屠夫，被奥古斯堡处以绞刑，导致此后十年时间巴伐利亚公爵都对奥古斯堡心怀不满。之后，奥古斯堡又处决了公爵的另一名手下，使得公爵一直怀恨在心，直到公爵逝世。[3]哥廷根当局因逮捕、处决了一名犯人，甚至引发了战争。1481年，哥廷根议会逮捕了一名制造假币的男子，邦君、布伦瑞克吕纳堡公

1 His, Strafrecht, Bd. 1, 506.

2 Nowosadtko, Scharfrichter und Abdecker, 52ff.

3 Schuster, Verbrechen und Strafe, 56.

爵威廉二世（Wilhelm II）对该男子的行为显然知情，公然威胁哥廷根议会：如果哥廷根议会胆敢审判此人，哥廷根将成为邦君的敌人。对此，哥廷根议会并未过多理会，而是宣判对该男子执行火刑。行刑后约两月，哥廷根城谣言四起，称邦君将兑现承诺——成为哥廷根的敌人，将从六处火烧哥廷根，让哥廷根化为灰烬。很快，哥廷根议会出台了应对条例，全力禁止居民集会。双方的协商历时好几个月。1482 年，在中立土地上进行的首次和平谈判宣告失败。直到 1482 年 7 月，敌对状态才被化解。[1]

统治者一直害怕遭报复，害怕判决可能带来麻烦，最直白的体现莫过于设立一个专门的宣誓机构。一直到 17 世纪，每个出狱的犯人都必须书面承诺出狱后将不会进行报复。除了害怕报复，统治者也害怕有拯救犯人的行动。1427 年，巴黎城宣布对该城市的敌人苏瓦吉·德·弗里蒙维拉（Sauvage de Fremonville）处以绞刑。不过，行刑过程非常奇怪。法官和刽子手都非常着急，甚至不让苏瓦吉忏悔，直接将他送上了绞刑架。在行刑过程中，绞绳断了。按照当时的惯例，绞绳断裂时应赦免绞刑犯，但法官却令刽子手再次行刑。这一次，苏瓦吉死了。记录官解释了行刑者为何着急行刑、违背惯例的原因——行刑前，就已存在苏瓦吉会被解救的风险，苏瓦吉有很多位高权重的亲戚，这些亲戚必定会设法营救他。[2] 1501 年，慕尼黑居民斯蒂芬·茨维科普夫（Stephan Zwickopf）因严重虐待妻子被灼瞎，随后与兄弟西格蒙德（Sigmund）一起离开了慕尼黑，两人都称慕尼黑城和公爵剥夺了他们的权利，将与慕尼黑城

1　Lubecus, Göttinger Annalen, 225f.

2　Alexsandre Tuetey (Hg.), Journal d' un bourgeois de Paris, 1405-1449, Paris 1881, 223f.

势不两立，这也是这两兄弟多年来袭击抢劫慕尼黑商人、在慕尼黑郊区放火以及做出其他不利于慕尼黑之事的原因。[1] 16 世纪初，即便是纽伦堡这样强大的城市，也得考虑处死某个犯人可能带来的政治和军事后果。1501 年，纽伦堡议会为防止汉斯·冯·泽肯多夫（Hans von Seckendorff）派兵来解救被判死刑的贵族强盗乌尔里希·布卢门沙因（Ulrich Blumenschein），行刑时特意在纽伦堡城前设立了巡逻骑士，因为泽肯多夫此前费了很多功夫来营救布卢门沙因，但都未成功。1508 年，在维尔茨堡主教的请求下，纽伦堡逮捕了抢劫犯康茨·勒斯勒尔（Conz Rössler）。主教示意将勒斯勒尔判处死刑，罪名是破坏城邦和平。但做出决定前，纽伦堡议会成员商议：如果判处死刑，万一引起周边骑士阶层不满，引发暴力冲突，纽伦堡城是否可以接受。最终，议会决定判处勒斯勒尔死刑。同时，议会给周边的骑士们寄了两封说明信。而对有权势的邻居——勃兰登堡-安斯巴赫的边境总督，议会还专门派人去陈述判处勒斯勒尔死刑的原因。[2]

类似的外交斡旋四年后再度出现。塞巴斯蒂安·冯·泽肯多夫（Sebastian von Seckendorff）被判死刑时，前面提到的汉斯·冯·泽肯多夫又一次进行了干预，并且是以全族的名义进行的。他声称，全族人在安斯巴赫对塞巴斯蒂安·冯·泽肯多夫一案进行了紧急商议后，委派他与纽伦堡对话。因此前从未有泽肯多夫的家族成员死于刽子手之手，故而他请求释放塞巴斯蒂安，称边境总督也对拘禁塞巴斯蒂安的事很恼怒，奥廷的一个伯爵也对此事进

1 Schattenhofer, Das alte Rathaus, 303.

2 Grieb, Die Henker von Nürnberg, 4, 22.

行了干预。纽伦堡向伯爵做出了口头和书面回答，称基于对高贵的泽肯多夫一族的一贯尊敬，纽伦堡原本倾向于满足其要求，释放塞巴斯蒂安。但塞巴斯蒂安口出狂言、藐视法律，实在让人无法容忍，纽伦堡议会只能坚持原判。几周后，塞巴斯蒂安被处死。据说临死前，他还希望有人来营救他。[1]

教会掌控死刑仪制

1268 年 10 月，康拉丁（Konradin）在那不勒斯被处死时，还是个年仅 16 岁的少年，也是霍亨斯陶芬王朝最后一名成员。在几名高级贵族以及一支雄壮军队的陪同下，这名霍亨斯陶芬的继承者试图夺回意大利南部的统治权。失败后，康拉丁及随从被交到了来自安茹的意大利南部新首领卡尔一世（Karl I）手中，并被判处死刑。卡尔一世为了彰显自己的权力，直接让康拉丁在市集广场受刑，在众目睽睽之下将康拉丁处死。但卡尔一世想要的只是敌人康拉丁的死，康拉丁的灵魂则不应受到伤害。康拉丁以及一同被逮捕的奥地利的弗里德里希（Friedrich），先在圣方济会一名神父处进行了忏悔，接受了圣餐。神父在一个小教堂为他们唱了两首忏悔诗歌，做了一个安灵弥撒。法官当众宣读了对康拉丁的死刑决议后，康拉丁跪下来祈祷，在胸前画了三次十字架，并向刽子手保证会原谅他对自己行刑。至于康拉丁最终如何被处死，相关的记录并不十分确定，较一致的推断是剑刑。不过，康拉丁的尸体并没有进入墓

1 Grieb, Die Henker von Nürnberg, 26f., 347; Gerhard Rechter, Die Herren von Seckendorff. Burkard von Seckendorff zu Merkendorf.

地，而是被埋到了近海的沙里，堆了一堆石头胡乱了事。[1]

康拉丁的案例在当时并不典型，因为直到中世纪晚期，世俗机构对死刑犯的灵魂拯救并没有多大兴趣。根据西多会的恺撒流斯·冯·海斯特巴赫（Caesarius von Heisterbach）的记载，弗里德里希二世曾拒绝让一名被判死刑的骑士获得圣餐。该骑士被处绞刑数日后，亲戚将他从绞刑架上解下来时，惊奇地发现他竟然还活着。奄奄一息的他请求派神父来为他祷告，并授予他圣餐。这两个要求被满足后，他心满意足地死去了。也是在13世纪，圣方济会僧侣沙林贝纳·冯·帕拉马（Salimbene von Parma）记载了多位教皇追随者被保皇派首脑在雷焦处死的事件。被判死刑后，这些人提出了向神父忏悔并获得圣餐的请求，但遭到了粗暴的拒绝。保皇派首脑认为，他们作为教皇的追随者已够虔诚，没必要忏悔。即便没忏悔，没获得圣餐，通往天堂的路也依旧为他们敞开着。[2]

早在中世纪早期，教会就反对剥夺罪犯获得圣餐的权利。630年，兰斯一个宗教会议决定，即便是杀人犯，只要对犯下的罪表示忏悔，也应享有获得圣餐的权利。847年，美因兹一个宗教会议指出，与基督一起被钉在十字架上的，有一名知错的好罪犯，说明罪犯也有在最后一刻悔改的权利。这些宗教会议决议都引用了《以西结书》第33章11节的内容："上帝说：我不喜欢看到不信上帝的人去死，而喜欢看到那些不信上帝的人迷途知返，获得新生。"这不是从根本上反对死刑，因为上帝所说的新生指的是永生——永久的生命。因而，只要被处死刑的罪犯能获得圣餐，通往永生的路没

---

1 Karl Hampe, Geschichte Konradins von Hohenstaufen, Leipzig 1942[3], 317ff.

2 Schuster, Hinrichtungsrituale, 223.

有被封闭，教会便承认世俗统治者有处死罪犯的权力。[1]

围绕死刑犯灵魂拯救的讨论，从14世纪起逐渐增多，我们不应将此视作偶然，因为14世纪的死刑数大幅度上升。对死刑犯是否有忏悔权，许多地方甚至进行了几十年的斡旋。早在14世纪初，阿维尼翁教皇克莱门斯五世（Clemens V）在维埃纳的神职大会上，便批评那些拒绝给死刑犯提供圣餐的做法应受到谴责（“abusum damnabile”），认为审判者最少要给死刑犯提供忏悔的机会。不过，1317年发布的这个教皇令并没有引起世俗统治者的重视。[2]教会虽好几次请求法国国王卡尔五世（Karl V）承认死刑犯的忏悔权，但卡尔五世直到1380年去世时都无动于衷。直到他的继任者卡尔六世（Karl VI）上台，情况才得到了改观。

卡尔六世1397年2月12日颁布了一项国王令，规定死刑犯行刑前有忏悔权。[3]美国历史学家保罗·弗里德兰（Paul Friedland）认为，这项国王令朝死刑仪制的标准化迈进了一大步。[4]但我们会看到，死刑犯拥有忏悔权，在中欧大范围得到承认还需要大约一百年的时间。行刑仪制向宗教仪制靠拢，在各地区走的是不同的道路，它囊括了整个欧洲，只有西班牙例外（直到16世纪，西班牙还拒绝给死刑犯提供圣餐）。由于相关的研究还不够深入，我们无

1　Prosperi, Consolation or Condemnation, 109f.

2　Mireille Vincent-Cassy, La confession des Condamnés à mort. L’ exceptiion française du XIV siècle, in: Sergio Gensini (Hg.): Vita religiosa e identità politiche. Universalità e particolarismi nell’ Europa del tardo medioevo, Pisa 1998, 382-401, 此处 384。

3　Huizinga, Herbst des Mittelalters, 25.

4　Friedland, Seeing Justice Done, 89.

法给出相应的解释。[1]不过，1397 年的国王令作为开端，为死刑全方位仪制化、教会化打下了基石。首批措施很快出台。同一年，曾因行刺差点被处死的贵族皮埃尔·德·克朗（Pierre de Craon）命人在巴黎绞刑架旁建了一个石十字架，标注出了祷告僧侣在死刑犯面前举十字架的区域。[2]

先于 1397 年国王令的，是巴黎大学总务长让·格尔森（Jean Gerson，1363—1429）写给法国国王的一封言辞激烈的信。格尔森在信中教导国王，世俗权利不应与上帝之法背道而驰。上帝之法规定，每个犯了死罪的基督徒都有权在将死时进行忏悔。否认这个权利也是犯罪，会受到诅咒。没有哪个王子或法官，可以在不犯罪、不受到诅咒的情况下否定死刑犯享有忏悔权。不承认忏悔权的人，都是处于基督教之外的异教徒。[3]

在德意志民族神圣罗马帝国的城市中，死刑犯的忏悔权也在慢慢渗透。在吕贝克，对死刑犯进行的有组织的心灵拯救很早就开始了。1377 年，吕贝克议会批准了多明尼哥会要求修建一座小教堂供死刑犯忏悔并满足他们获得圣餐的请求。[4]在其他大部分城市，对死刑犯的心灵拯救直到 15 世纪才开始。1434 年，两名死刑犯请求康斯坦茨议会行刑前赐予他们圣餐。议会批准了这一请求。在随后的议会会议中，圣餐作为主题被提上了日程，大部分议会成员都

---

1 Prosperi, Consolation or Condemnation, 113f.

2 Bée, Le spectacle, 852.

3 Schuster, Stadt vor Gericht, 270.

4 Peter Brandt, Die evangelische Strafgefangenenseelsorge. Geschichte – Theorie – Praxis, Göttingen 1985, 58.

赞成给死刑犯提供圣餐。[1]

法兰克福为死刑犯提供忏悔可能的最早记录，是在 15 世纪 30 年代早期。根据法兰克福议会的决议文书，无法证明当时的统治者对此有特别的兴趣。我们经常可以读到“如果死刑犯要求向牧师忏悔，便应满足其要求”的语句。直到 1461 年，死刑犯获得圣餐都是可能的。但 15 世纪末，这一惯例被改变，死刑犯的圣餐请求经常被拒绝。1506 年，一名死刑犯请求获得圣餐，遭到议会拒绝。与此同时，忏悔从之前的权利变成了义务。犯人如果拒绝忏悔，会被记录在册。1488 年，一名死刑犯拒不忏悔，但他还是被送往牧师处，由牧师对他进行心灵劝说。故而，1471 年一名死刑犯请求忏悔被拒绝的记载，多半是记载有误。不过，这在史书记载中也时有发生。[2]

在斯特拉斯堡，死刑犯的忏悔权是得到承认的。不过，圣餐用的圣饼只是给死刑犯展示一下，并不分发给他们。1485 年，在著名的明斯特牧师盖勒・冯・凯塞尔斯贝尔（Geiler von Kaysersberg）的倡导下，相关机构出具了鉴定，讨论死刑犯是否有接受圣餐的资格。其中，海德堡大学一名赞成者的鉴定起到了至关重要的作用。从 1485 年起，如果负责忏悔的神父确信死刑犯有悔过之心，那死刑犯在忏悔后便可获得圣餐。[3]

与 16 世纪不同，中世纪后期的心灵劝说者不一定站在世俗司法这边。只有一次，是在 1518 年，纽伦堡议会曾委托负责死刑

1　Schuster, Hinrichtungsrituale, 225.

2　Rau, Beiträge zum Kriminalrecht, 25ff.

3　Israel, Johannes Geiler, 267.

犯心灵劝说的牧师尤尔克（Jörg）让一名盗窃犯招供更多犯罪事实。至于尤尔克有没有帮这个忙，我们就不得而知了。[1]神职人员使死刑进程陷入停滞，倒是有很多记载。1532年颁布的《加洛林纳法典》（*Constitutio Criminalis Carolina*）便提到许多负责死刑犯心灵劝说的神职人员不可靠，习惯引导罪犯在忏悔时改口，不再认罪。[2]伟大的法学家古斯塔夫·拉德布鲁赫（Gustav Radbruch）对这一章节的评价恰如其分："与坚持暴力惩罚的世俗当权者相对的，是心灵劝说者。他们总得坚持点中世纪遗留下来的对死刑犯的怜悯。"[3]

当然，神职人员作为世俗统治的对立者，留下的痕迹并不深。他们时不时会干扰行刑，目的是希望当权者能赦免死刑犯，在一定程度上影响了当权者展示权力。1461年，斯特拉斯堡几名议会成员聚在一起，讨论该城死刑犯的忏悔情况，因为他们对倾听死刑犯忏悔的神父起了疑心。死刑犯一般是在行刑前一晚向神父忏悔，但这让情况变得错综复杂，经常出现死刑犯忏悔后公开否认自己罪行的状况，引起了很多民间非议，认为议会将犯人屈打成招，迫使犯人承认了并非事实的罪行。为杜绝非议，议会决定，死刑犯的忏悔将不再在监狱进行，而是行刑前几小时在绞刑场附近的小教堂进行。也有成员对此提出了反对意见，理由非常奇特：如果让死刑犯在刑场附近忏悔，很难估计犯人要向神父忏悔多久。如果时间长，又是冬天，马很容易冻僵或生病。只可惜，这名动物爱好者没

1 Grieb, Die Henker von Nürnberg, 32.

2 Buschmann, Textbuch, 116 (Art. 103); 137 (Art. 103).

3 Radbruch, Ars moriendi, 134.

能推翻议会的决定。1461 年起，死刑犯的忏悔地点改为了刑场附近。[1] 1492 年，法兰克福一名叫莱昂哈德（Leonhard）的磨坊帮工因犯盗窃罪被判浸河。行刑前，赤脚会神父听取了他的忏悔，时间约为一小时。随后，刽子手将他的双手绑住，把他带到了桥上。他的膝盖、手臂和脖子也被绑得严严实实。像以往一样，刽子手正打算把他从桥上扔下水，绝望的莱昂哈德在此时向神父喊出了忏悔之语，神父随即跪在地上，双臂朝上，大声请求市长赦免这个年轻的生命。神父的干预取得了成效，行刑被中止。[2]

15 世纪末，死刑仪制的宗教渗入已全部完成。1532 年的《加洛林纳法典》规定，行刑路上，应一直有人在死刑犯前面举着耶稣受难像。[3] 除了有十字架陪伴，还有僧侣跟在死刑犯后面唱赞美诗，神父则走在最前面。大约从 1500 年起，巴黎的死刑行刑队伍一般都会在上帝之女修道院停留，修女们会给死刑犯们提供葡萄酒、面包等。这样的场景，很难被描绘成恐怖表演，围观的观众则可能认为这是耶稣基督走在苦殇路上（via dolorosa）的再现之景。即便给死刑犯的葡萄酒和面包并非真正的圣餐，但也能让人想起上帝的血和肉。[4] 在弗里堡，行刑队伍会在慈悲小教堂停留，死刑犯可以在此做最后的祷告。[5]在纽伦堡，行刑队伍会在中途停留两次。1508 年，纽伦堡议会派人翻新了方济各会（赤脚修士）教堂外墙的一幅画，

1 Brucker, Straßburger Zunft-und Polizeiverordnungen, 21. Wunderbarer Kommentar dazu bei Schubert, Räuber, Henker, arme Sünder, 43.

2 Rau, Beiträge zum Kriminalrecht, 20.

3 Buschmann, Textbuch, 137 (Art. 102).

4 Friedland, Seeing Justice Done, 102.

5 Gyger, L' Epée et la corde, 209.

死刑犯可以停下来对着画忏悔。洛伦佐教堂也有类似的一幅画。[1]斯特拉斯堡的城门前有一座小教堂，死刑犯便是在那里接受最后一次圣餐。而绞刑场附近的圣米歇尔教堂，则是1461年起死刑犯忏悔的地方。[2]

监狱里、去刑场的路上、刑场附近，随处可见小教堂和十字架的身影，突出了基督教对死刑仪制的渗透。1492年，法兰克福议会决定在绞刑场旁边竖立一个十字架。[3]1483年，巴士拉议会宣布出资请画师给关押死刑犯的埃泽尔塔牢（Eselsturm）画两幅基督受难图。[4]1508年，慕尼黑议会委任该城最有名的艺术家简·波拉克（Jan Polack）在死刑犯关押室的墙上画一幅耶稣受难像。1554年，慕尼黑议会又让米歇尔·尤加斯特（Michael Ölgast）翻新了这幅画。[5]

在这些宗教元素的包围下，死刑行刑演变成了一场神圣而虔诚的庆典。1475年，路德维希·冯·卢森堡（Ludwig von Luxemburg）站在了巴黎刽子手面前，他被判犯了叛国罪。整个行刑过程，可以说是一场大型祷告。在刑场附近，路德维希双膝着地，面向观众进行了长长的演讲，还多次因流泪而不得不中断。演讲时，一名神父将一个十字架举在他面前，他多次虔诚地亲吻了十字架。演讲结束后，路德维希站了起来，开始向周围的军官求助，请求他们在国王面前为他求情，希望国王能赦免他。随后，他请求围观的民众为他的灵魂祈祷。接着，他又跪了下来，双眼随即被蒙上。他继续

---

1 Müllner, Annalen, Bd. 3, 405 (anno 1508).

2 Israel, Johannes Geiler, 265.

3 Rau, Beiträge zum Kriminalrecht, 20.

4 Hagemann, Basler Rechtsleben, 202.

5 Schattenhofer, Das alte Rathaus, 299.

与神父们对话，向上帝祈祷，并又多次亲吻了十字架。最后，在紧张的气氛中，剑子手的剑一挥而下。据说，当时有超过 20 万观众在场。[1]

1505 年，在法兰克中部的施瓦巴赫，刽子手将芭芭拉（Barbara）押往刑场。芭芭拉被认定为女巫，被判处火刑。她坐在一辆推车上，脖子、身体和脚都被绑着。法官宣读她供认的罪状以及法院的判决后，她开始干扰行刑，用裂开的嘴唇称那些罪状都不是真的，她什么罪都没犯，她是屈打成招等等。不过，这些辩驳对她并没有什么帮助。在众人的注视下，两名证人证明芭芭拉认罪纯属自愿，并非屈打成招。之后，刽子手继续着行刑的准备活动。芭芭拉又大叫了一次，冷笑着抱怨自己受到了不公正处罚。最后，她似乎又认命了，变得一言不发。刽子手将她松绑，把她带到柴堆上，在她头上、胸脯上撒了一种粉末，这样火会烧得更旺，她会死得更快。记录官在记录这一可怕的场景时，只想到了这样一句话："她是一位美丽的女子，有着美丽的身体和洁白的乳房。"而随后进行的，便是纯粹的宗教秀了。

从记载中可以读到，芭芭拉被推向火堆前，陪伴的三位神父中有一位说道："好女人，坚定地相信基督教，作为一个基督徒死去吧。"芭芭拉答道："我想作为一个基督徒死去。"三位神父齐声说道："当火点燃时，和我们一起祷告，大声喊'纳匝勒人耶稣——犹太人的王，主啊，请你宽恕我吧。"芭芭拉点点头。直到大火将她的声音淹没前，她都在祷告。她这样做是想表明自己是个好基督

1 Friedland, Seeing Justice Done, 123f.

徒，是在向基督祷告时死去的。[1]

刑场在中世纪晚期逐渐演变为一个圣地。绞刑架和轮子代表了基督徒的悔恨和恭顺，死亡之路则被理解为仿耶稣之路。斯特拉斯堡记录官雅各布·特翁尔·冯·柯尼希斯霍芬（Jakob Twinger von Königshofen）在14世纪末期记录了圣阿博加斯特（Arbogast）之死，称这名618年死去的主教，为了追随耶稣的足迹，明确要求死后要安葬在斯特拉斯堡的绞刑架山上。而对同样神圣的弗朗茨·冯·阿西西（Franz von Assisi），也有传奇记载。据称，他也希望自己死后能安葬在阿西西刑场，他的圣墓教堂后来也建在了那里。[2]

基督教渗入到死刑仪制，产生了一定的后果，对不同死刑方式的解释也产生了影响。死刑犯成了可怜的罪人，违反了上帝之法，犯下了罪过，故而必须要赎罪，净化灵魂。1507的《班贝格刑法条例》（Bambergensis）中有一张木刻版画，描绘了一个死刑犯的刑场之路（见图3）。画中，法官走在最前面，手中拿着一根棍子。这根棍子，他随后会在死刑犯面前折断。法官的身后，跟着死刑犯。死刑犯的手被紧随其后的刽子手用绳子绑在了背后。死刑犯旁边，是一名手举耶稣受难十字架的神职人员。那句规劝死刑犯在受刑时应努力在上帝心中留下好印象的话，“你在行刑中表现出的耐心，将会对你有所裨益，你就顺从地去吧”，便是从他口中说出来的。按照这个说法，死刑给死刑犯提供了与上帝和好的机会：接受死刑，可以赎罪。在一个基督受难的布道中，神父盖勒·冯·凯塞

1 Heinrich Deichsler' s Chronik, 693, Z. 31-38.

2 Israel, Hinrichtung, 672.

尔斯贝尔以轮刑为例，阐明了在天主教教义中，受苦是赎罪的组成部分。对一个杀人犯实行轮刑，应先把犯人的四肢用轮子砸烂，然后将犯人翻过来，肚朝下、背朝上，用轮子将其背部砸成两半，因为“这样才能让他完全没有罪恶。”[1] 盖勒认为，通过忍受轮刑的痛苦，死刑犯的罪恶可以得到消除。杀人犯犯的是大罪，必须用特别的赎罪方式来抵罪。轮刑意味着必须忍受缓慢而残忍的死亡，是唯一一条将杀人犯从罪恶中解放出来并获得灵魂拯救的路。按照这种思路，我们需要将死刑方式分为多个等级，才能根据犯罪大小来对罪犯进行合适的惩罚。

法官对上帝的责任

“你们对别人的审判中，也包含了对你们自己的审判。”

——《玛窦福音》7.2

执行死刑的法律法规，一直到16世纪都不完善。可以说，法官们并没有真正的法律可依，也没有像样的诉讼条例可参照。13世纪以来流传下来的半私人性质的法律条文中，对相关规则、职责的规定，都是不成熟的。13世纪上半叶的《萨克森明镜》（*Sachsenspiegel*）成为德意志民族神圣罗马帝国北部的死刑裁判准则。而在帝国南部，法官们参照的是《施瓦本明镜》（*Schwabenspiegel*），是由奥古斯堡一匿名的圣方济会成员起草的。很显然，当时对此类法

1　Schubert, Räuber, Henker, arme Sünder, 94.

律文本的需求很大。早在 14 世纪，这两部带有私人性质的法律文本便被灌上了“皇帝法”的美称，流传甚广。《施瓦本明镜》已证实的手抄本约有 350 本。博登湖旁的大都市康斯坦茨在 15 世纪初获得死刑裁判权后，特令人在 1449 年制作了《施瓦本明镜》的副本。尽管制作成本高昂，制作过程烦琐，但康斯坦茨城决意拥有一部随时可用的死刑法。茨维考城 1348 年制作了一本带插图的城市法典，当中的死刑条例，便是参照《萨克森明镜》制定的。

我们在这些法律文本中找不到很多对死刑的描述。《施瓦本明镜》强调所有世俗司法权都由国王授予，国王是判决公民人身和财产的唯一法官。国王授予的死刑裁判权，参照了当时的法律和习惯。制定《明镜》的人知道，好习惯与好法律一样有价值。至于如何量刑，《萨克森明镜》和《施瓦本明镜》均没有给出任何依据，只是规定杀人犯、叛徒、纵火犯应判处轮刑，异教徒、巫师应判处火刑，盗窃犯所盗财物超过一定价值则处绞刑，强奸犯应判斩首等。对女性的刑罚，两部明镜的记载都很少。《施瓦本明镜》规定，不判处 14 岁以下的罪犯死刑。《萨克森明镜》则规定，不得判处孕妇死刑，精神病患者也应得到赦免。

直到 16 世纪，法官们都是司法的门外汉。他们之所以能成为法官，主要是因为他们是王侯或城市议会成员，拥有一定的经验。对于能决定人生死的陪审团来说，这远远不够。法官在判决时需要一定的依据，而当时的法律条例只是概要性的、轮廓性的。法官们的审判依据主要是他们对上帝的责任。这个责任，不仅在法律文书、牧师的布道中，在法庭上也经常被提及。1540 年前后，萨克森城市马林贝格市政厅刻印的一排文字这样告诫议会成员：“法官宣读审判的同时，他自己也会被上帝审判。”[1] 法国 13 世纪的一本法律文书这样告诫法官：“将一个人送上死亡之路前，你得有耐心，不能操之过急。如果你消灭的是上帝创造的东西，做的是上帝不想做的事，那你受到的惩罚也将很大。”[2]

那什么是上帝不想做的事呢？《萨克森明镜》已经告诫了法官，上帝的法庭会对他们进行审判，故而他们在审判时应小心谨慎，不要惹怒上帝，上帝的法庭才会宽容地审判他们。[3] 15 世纪下半叶的《索斯特刑法条例》（*Soester Gerichtsordnung*）规定了法官的职责，“他应正襟危坐，审判时要格外谨慎，要想到上帝将对他进行最后的审判”[4]。16 世纪早期，艾森纳赫记录官约翰纳斯·普尔戈尔特（Johannes Purgoldt）起草了一部法律文书。在文书首页，普尔戈尔特呼吁法官和陪审团应好好珍惜上帝赐予他们的司法权，避免不公正审判。如果不维护法律，他们将迈上一条通往永久地狱的道路。[5] 普法侯爵区的诺伊施塔特 1493 年的城市法规定，“每一个坐在法庭上的议会成员，都应该依法行事、公平公正，这样才能在上

1 “Iudex in ipso momento, quo iudiciam dicat, ipso deo iudicatur.”, Andreas Wacke, Rechtssprechen im Angesicht des Jüngsten Gerichts. Nach Gemälden und Inschriften in Ratsstuben und Gerichtssälen, in: Louis Carlen (Hg.): Forschungen zur Rechtsarchäologie und Rechtlichen Volkskunde, Bd. 224, Zürich u.a. 2007, 43ß56, 此处 52。议会 1540 年左右建成，即萨克森进行宗教改革四年后。

2 Hetzel, Die Todesstrafe, 104.

3 Eike Repgow, Sachsenspiegel. Landrecht, hrsg. von Karl August Eckhardt, Hannover 1933, 51f.

4 Theodor Georg Wilhelm Emminghaus, Memorabilia Susatensia, Jena 1749, 396.

5 Friedrich Ortloff, Sammlung deutscher Rechtsquellen, 2. Das Rechtsbuch Johannes Purgoldts und statutarische Rechte von Gotha und Eisennach enthaltend, Jena 1860, 144.

帝的法庭从容不迫地接受上帝的提问并做出回答”[1]。14 世纪中期，萨克森的城市法为让法官在法庭近距离感受到上帝的存在，提出了这样一个建议：“法官审判时，上帝也在同一时间同一地点对法官和陪审团进行审判。故而，每个市政厅的法官都应在脑海中先想象，耶稣基督的严厉法庭是何等景象。”[2]

事实上，在欧洲中部，市政厅、法庭等世俗法庭的图画逐渐多了起来。1507 年《班贝格刑法条例》最早的印刷版中，目录中有一张木刻画，展示了耶稣基督作为法官出现在天堂穹顶的场景（见图 1）。木版画的标题直指依照死刑条例进行审判的法官，告诫他们“应时刻牢记最后的审判，这样才能保持公正”。标题下面，引用了《圣经》里的一句箴言，以明确标题的含义：“你们对别人的审判中，也包含了对你们自己的审判。”（《玛窦福音》第 7 章，第 2 节）[3]

世俗法庭的图画，提醒着法官应谦恭、谨慎，因为在他们的法庭之上，还有一个法庭：上帝的法庭——一个知道真相、会追究世俗法官责任的法庭。按照这个想法，康斯坦茨议会 1420 年所做的一个决议便犯了思想上的错误，甚至可以说是狂妄的自负。该决议命画师在康斯坦茨议会厅的四面墙上，画上最后的审判的场景，这样每个议会成员便能时刻看到它，审判时按上帝之法来审判。而这

1 Eberhard Isenmann, Ratsliteratur und städtische Ratsordnung des späten Mittelalters und der frühen Neuzeit. Soziologie des Rates – Amt und Willensbildung – politische Kultur, in: Pierre Monnet/Otto Gerhard Oexle (Hg.): Stadt und Recht im Mittelalter, Göttingen 2003, 215-479, 此处 318。

2 Alexander von Daniels/Fr. von Gruben (Hg.): Das sächsische Weichbildrecht. Weltchronik und Weichbildrecht in 136 Artikeln mit der Glosse, Bd. 1, Berlin 1858, 256.

3 Bambergische Halßgerichtsordenung (Bambergensis), Bamberg 1507; online: http://www.uni-mannheim.de/mateo/desbillons/bambi/seite15.html.

是在说明，兼任法官的议会成员，是上帝司法的承载人。这样的阐释，显然引起了某些人的不满。因为没过多久，康斯坦茨议会又做出了一个新决议。新决议对世俗司法与上帝司法之间的关系陈述得更恰当，认为在议会厅的四面墙上画上最后审判的场景，目的是让每个坐在那里的议会成员在看着画的时候，“会敬畏上帝……会想着应按照上帝的旨意来进行公正审判”[1]。

敬畏上帝，在当时的人看来是合理的——残忍的法官应受到上帝的惩罚。在当时，有些法官对判处犯人死刑有些抵触，很可能便是出于对上帝的敬畏。16 世纪初，乌尔里希·藤勒（Ulrich Tenglers）批判了当时许多贵族不愿判处犯人死刑的现象：虽然上帝将公正之剑交给了贵族，但在很多地方，贵族都过不了良心这一关，无法进行公正的判决。有些贵族甚至羞于审判、惩处违法犯罪之徒。[2]1460 年，在隶属利珀的博伦博格城，一名因亵渎圣餐而被判死刑的女子，在行刑前否认了自己的罪行，这让判处她死刑、手握死刑裁判权的利珀贵族伯恩哈德（Bernhard）对自己的判决产生了怀疑。伯恩哈德曾因英勇善战，获得了“好战者”的别称。但这次，他的内心很焦灼，忙唤来谋士商议对策。作为最高法官，他判处了该女子死刑，但他觉得自己的灵魂会因此受到牵连。另一段更详细的匿名记载则称，伯恩哈德关心的还有：如果冤枉了一个无辜的人，上帝的法庭会不会审判他。[3]在他看来，这是可能的。1412年，

1　Otto Feger (bearb.), Vom Richtebrief zum Roten Buch. Die ältere Konstanzer Ratsgesetzgebung. Darstellung und Texte, Konstanz 1955, 84-86, Zitat 86.

2　Tengler, Layen Spiegel, f. 133r.

3　Franziska Hüther, Gottvertrauen und Barmherzigkeit. Zur Frömmigkeit Bernhard VII., in: Lippische Mitteilungen 81 (2012), 79-100, 此处 84。

丹麦女国王玛格利塔占领了弗伦斯堡城后，判处了多名议会成员轮刑，理由是这些人对她不忠。据记载，接下来发生了一件怪事。一名被判轮刑的议会成员，在刑场上预言：女王做出此等不公之事，三日之内将随他而去，因为上帝将对她进行审判。这一预言变成了现实。行刑结束后，女王乘船离开了弗伦斯堡，但却死在了船上。大家都认为，这是上帝在惩罚她做了不公正的判决。[1]

近代以前的法官，都害怕上帝因自己判决有误而恼怒，并将此视为一个具体的威胁。1556 年，哥廷根市长汉斯·克根（Hans Koglln）在审判一名犯了弑童罪的女子时，因与该女子关系密切，在审判时非常随意，竟令她免于刑罚。记录官弗朗西斯库斯·卢贝库斯（Franciscus Lubecus）以及哥廷根市民一致认为，上帝为此用了特别的方式惩罚克根——他后来失明了。[2]1554 年，一名贵族宣判一名犯了偷盗罪、年仅 12 岁的马厩小厮死刑。马厩小厮被处绞刑后，发生了一件怪事：该贵族几天后骑马经过刑场时，小厮的尸体还在绞刑架上腐烂，而在贵族经过的那一刻，尸体的鼻子开始出血。当时很多人都看呆了，贵族也被吓坏了，随之一病不起。后来虽勉强康复，但从此再未幸福过。[3]贵族被吓成这样，是可以理解的：在中世纪，尸体流血是证明犯人蒙冤的一个较普遍的佐证。中世纪的人认为，如果杀人犯靠近了被杀害者的尸体，尸体便会开始流血。

---

1 Helge Blanke, Gewaltausübung und Strafrechtspflege im Lichte der spätmittelalterlichen Grafschaftschronistik Nordwestdeutschlands, in: Hans Schlosser (Hg.): Herrschaftliches Strafen seit dem Hochmittelalter. Formen und Entwicklungsstufen, Köln 2002, 247-284, 此处 261f。

2 Lubecus, Göttinger Annalen, 412f.

3 Zimmersche Chronik, Bd. 4, 203; Lubecus, Göttinger Annalen, 348.

目击者认为，年轻小厮的尸体鼻子出血，正好证明了这一点。

1515年，哥廷根进行了一场贝壳法庭[1]审判。一场城市起义被镇压后，市长埃里希（Erich）公爵命议会找出此次起义的头目并对其进行惩处。最终，议会抓捕了两名男子，但显然证据不足。议会宣判这两名男子死刑后，哥廷根流言四起，称这两名男子根本无罪。执行剑刑时，刽子手的剑两次都挥偏了，没能将两人的头砍下，而是砍到了两人的胸和后背上，这下流言就更厉害了。据记载，当时围观的民众认为，这是证明两名男子无辜的另一佐证，是赤裸裸的谋杀。民众激动得要袭击刽子手，在安保人员的阻挠下，民众才被喝退。记载称，监管一切的上帝也对这样的误判非常恼火：这场饱受争议的行刑过了约14天，一场大雷雨袭击了哥廷根，一道闪电正好击中了市政厅法庭的外墙。记录官弗朗西斯库斯·卢贝库斯认为，这是上帝的旨意，那道闪电象征了一把剑，目的是告诫法官要公正审判，否则上帝会带一把更利的剑来审判当权者。[2]16世纪初，法兰克埃本豪森城的法官、陪审团以及来自维尔茨堡的侯爵主教作为审判者，竟发布公文，称处死某人或误判某人，相关的责任、心理负担等都由原告承担。[3]此类公文在16世纪显得有些奇怪，因为公文同时指出，只有当蒙受损失的原告来法庭控告被告的情况下，法庭才会对被告进行宣判。这在中世纪很常见，但在

1 贝壳法庭（scherbengericht），也叫碎片法庭，是以前希腊的一种为了排除异己（政治势力强的人），而请选民将异己的名字刻在贝壳或陶片上，选民刻的最多的那个人就要被驱逐的法庭。——译者注

2 Lubecus, Göttinger Annalen, 310.

3 Christiane Birr, Konflikt und Strafgericht. Der Ausbau der Zentgerichtsbarkeit der Würzburger Fürstbischöfe zu Beginn der Frühen Neuzeit, Köln 2002, 204f.

16世纪已不复存在。我们应同意克里斯蒂亚娜·比尔（Christiane Birr）的观点，即这些官员用这种方式为自己开脱，与中世纪晚期的传统有关。

法官应如何行事，才能避免受到上帝的惩罚？1210年，教皇英诺森三世（Innozenz III）认为，世俗审判如并非报复或仇恨行为（比如说丹麦女王的案例），而是深思熟虑后做出的死刑判决，便不需用死来抵罪。[1]此外，法官不应狂妄自大，肤浅地认为凭着自己有限的判断力，定能查出事情的真相，将所有罪犯绳之以法。我们之前提到，1395年起担任巴黎大学总务长的神学家让·格尔森在给法国国王的信中，呼吁国王给予死刑犯忏悔权。很多人反对死刑犯行刑前忏悔，一个重要理由是死刑犯很可能会因此得到逃离世俗惩罚的机会。至于是通过哪种方式得到这种机会，格尔森没有提及。他是指死刑犯向神父忏悔后可能自杀？还是说死刑犯希望忏悔后得到神父的同情，为其求情使其免于一死？格尔森没有在这些细节上做过多停留，而是用了一个值得注意的理由来反驳那些反对死刑犯死前忏悔的人——上帝根本不想让世上所有罪恶都在尘世被惩处，因为如果这样，上帝在天国便无人可以审判。[2]类似的论据，在1400年左右起草的《巴伐利亚王侯明镜》（*bayerischer Fürstenspiegel*）中可以找到。《巴伐利亚王侯明镜》规定，人不仅受到人类法的约束，也受到上帝法的约束。许多罪犯应交由万能的上帝去审

1 Henricus Denzinger, Enchiridion Symbolorum. Definitionum et declarationum de rebus fidei et morum, Freiburg 1937, 198.

2 Jean Gerson, Œuves Complètes, Bd. 7, Paris 1966, Nr. 323, 314f.

判，因为不是所有罪犯都能通过人类法得到惩罚。[1]

世俗法官们依据司法条例进行判决，一般倾向于谨慎小心。1527 年，伟大的人文主义者伊拉斯谟·冯·鹿特丹（Erasmus von Rotterdam）便持这一态度。他认为，如果罪犯可以通过其他方式得到拯救，那信仰基督教的王侯们便不应采取死刑的方式。[2] 著名的布莱克斯通错误比——“宁可放走 10 个有罪之人，也不应让 1 个无罪之人受折磨”是威廉·布莱克斯通（William Blackstone）18 世纪给英国法律注释时提出的。在当时，这是非常先进的理念，起到了风向标的作用，但它归根结底还是一个中世纪的观点。最早提出该观点的，应该是 12 世纪犹太学者摩西·迈蒙尼德（Moses Maimonides），这一观点在中世纪流传甚广。[3] 1436 年的一个法律文本中可以读到“与其冤枉 1 个无罪之人，不如放走 10 个有罪之人”的话。[4] 1452 年，纽伦堡议会加大了对统治区罪犯的惩处，一些侯爵提出了抗议。纽伦堡议会回答说，议会惩罚的是犯罪之人，无罪之人很快会被释放。只有在犯罪事实无可争议时，议会才会判犯人死刑，“况且我们也是宁愿放走 10 个有罪之人，也不愿杀害 1 个无罪之人”[5]。1418—1446 年任伯尔尼议会议长的鲁道夫·霍赫梅斯特（Rudolf Hochmeister）也坚持类似的理念。除了不喜欢用酷

1　Gerd Brinkhus, Eine bayerische Fürstenspiegelkompilation des 15. Jahrhunderts. Untersuchungen und Textausgabe, München 1978, 158.

2　Hetzel, Todesstrafe, 109.

3　Alexander Volokh, N Guilty Men, in: University of Pennsylvania Law Review 146/1 (1997), 173-216.

4　Brant, Der Richterlich Clagspiegel, fol. 133v.

5　Hampe, Malefizbücher, 95.

刑，他还认为，“即便放过 10 个坏人，也比伤害 1 个无辜者的身体和尊严要稳妥、神圣”[1]。

谁说中世纪就一定残忍？20 世纪 60 年代中期的一次死刑听证会上，一名死刑支持者被问到是否赞同美国第二任总统约翰·亚当斯（John Adams）“宁可放掉 10 个罪犯，也比杀害 1 个无辜者要好”的观点时，他没表示理解，而是有些愤怒地答道：“不，我觉得这个观点是荒谬的。”[2]

（统治者的）宽宥之德

中世纪晚期的世俗法官，并不想成为严厉的法官。在中世纪，审判意味着行使统治权，而法官希望成为基督式的统治者。基督式的统治者，并不倾向于严格，而更倾向于宽宥。这一点，我们应赞同法国女历史学家克劳德·格瓦（Claude Gauvard）的观点。她指出，宽宥是中世纪晚期受到上帝启发的杰出统治者的美德。[3] 人文主义者雅各布·温普菲灵（Jakob Wimpfeling）1498 年给王侯的指南中这样说道：“对王侯来说，宽宥是必需的，宽宥让他变得和上帝很像……因而他是善良的、宽容的。对臣民所遭受的痛苦，他是同情的。他会减轻对罪犯的惩罚，会帮助穷人摆脱贫穷，会宽

1 Tscharner, Todesstrafe Bern, 123.

2 Reid, Have a Seat, Please, 111.

3 Claude Gauvard, L’ image du roi justicier en France à la fin du Moyen âge d’ aprè les lettres de rémission, in: La Faute, la répression et le pardon. Actes du 107e Congrès national des sociétés savantes. Section de Philologie et histoire jusqu’ à 1610 Vol. 1, Brest 1982, 165-192, 此处 172。

宥战败的敌人，会想到上帝的宽宥之德。上帝不会允许统治者霹雳式地报复敌人。统治者会像希望上帝对待自己一样，去对待臣民。”[1] 1561 年皮埃尔·德·龙沙（Pierre de Ronsard）起草的《法兰西王侯明镜》（*französischer Fürstenspiegel*）呼吁年轻的国王卡尔九世（Karl IX）：“陛下，请追随上帝的脚步，是上帝将权杖交给了您，给您加冕，使您成为国王。如果有人请求您仁慈，那您就仁慈。但那些愚蠢的狂妄之徒，您一定要惩罚他们。”[2] 13 世纪的维也纳诺伊施塔特城市法规定，在严厉执法的同时，不能忘了宽宥和仁慈。1429 年，国王西格斯蒙德在给乌尔姆城的信中写道，无论什么情况下，宽宥都应受到赞扬，应与严法宽严相济。[3] 法国国王收到的请求信中，大多是希望国王不要严格按照法律行事（rigueur de justice），而应尽量宽宥（miséricorde）。

这是一幅奇特的画面。在中世纪，法律、公正常被与严厉、无情画上等号。可以认为，（僵硬的）法律指明了违法犯罪需付出的代价，但法官有时可进行适当减免。弗莱堡宗教改革城市法规定，法官应按法律或宽宥原则来审判。[4] 法律给出的是最大的惩罚，而公正只掌握在无所不知的上帝手中，法官眼界有限，故而应仁慈、温和、合理地进行审判。这也解释了为何在中世纪（以及中世纪以后）对宽宥进行解释非常流行。宽宥不只是基督教的美德，宽宥权

---

1 Joseph Freundgen (Hg.), Jakob Wimphelings pädagogische Schriften, Paderborn 1898.

2 Pierre-François Tissot, Leçons et modèles de littérature française ancienne et moderne, Bd. 2, Paris 1836, 186.

3 His, Strafrecht, Bd. 1, 399.

4 Nüwe Stattrechten und Statuten der loblichen Statt Fryburg im Pryszgow gelegen. Online: http://www.koeblergerhard.de/Fontes/NueweStattrechtenFreiburg1520.html

也是统治权的象征。王公能决定人的生死，不仅能判人死刑，也能让应判处死刑的罪犯活下来。因而，赦免权最初应是王公的权力。1270年左右，中世纪最有名的神学家托马斯·阿奎那（Thomas von Aquin）在他的《神学大全》（*Summa Theologica*）中强调，只有拥有广泛权力（plena potestas）的王公才有权给罪犯减刑。[1] 15世纪的一个弗兰德法律文本明确规定，只有王子有减刑权和赦免权。15世纪末，法国国王成功将赦免权垄断在了自己手中，王公贵族们被削掉了该权力。从此以后，法国士兵和作家都将国王的赦免权视作“国王主权的一个最美标志”。[2]

然而，德意志民族神圣罗马帝国的国王却没有如此显赫的地位。15世纪提出的“贵族特别赦免权”也遇到了诸多阻挠。14、15世纪，许多城市获得了死亡裁判权后，对王公贵族再三通过赦免权来对城市司法施加影响的做法也愈加反对，而王公贵族、非王公贵族最终也未能完全如愿。

贵族特权与城市司法独立之间的矛盾，可以用弗莱堡的一个案例来很好地说明。在冯·齐默恩侯爵的家族记录中，弗洛本·冯·齐默恩侯爵记载了16世纪初，弗莱堡一名年轻男子因偷了银杯而被告上法庭。虽然他年纪尚轻，此前也没有任何违法犯罪的不良记录，但议会法庭依旧判处了他绞刑。齐默恩侯爵虽对此感到惋惜，但同时也指出，弗莱堡帝国自由城和其他邦国的法律都很严，即便是犯了轻微盗窃罪，也要判处死刑。弗莱堡的居民对该死刑决议颇为不满，认为判罚过重。弗莱堡的神职人员以及弗莱堡大

1 此处及如下未列出文献出处的例子均摘自 Schuster, Stadt vor Gericht, 274ff。

2 Davis, Der Kopf in der Schlinge, 77.

学的成员最后想了一个办法来阻止死刑行刑。他们请两名大学生、冯·齐默恩侯爵以及另外一名年轻侯爵，用他们的自由权和贵族身份（illustre personae）将死刑犯解救出来。行刑那天，这两名贵族带领许多大学生围在了救济院门口。当时弗莱堡有个传统，死刑犯临死前要在救济院喝告别饮料——醋栗酒。随后，两名侯爵展开了行动——将死刑犯的绞绳剪断。死刑犯随后宣称救济院为自己的教会避难地。议会议长目睹了侯爵如此无理的行径后，马上鸣钟召集所有议员开会。议员们对大学生介入司法十分愤怒，但两位侯爵在面对议会的质问时，却显得相当自信，称如果弗莱堡城对他们的贵族身份以及自由权的使用不认可，那他们便会将此事上报国王，请国王来定夺。议会和议长这才做出了让步，最后还请求他们以后少用自由权来解救犯人。[1]

掌握民众的生死权，和死刑裁判权一样，是贵族特权。贵族为展示基督教的仁慈，有人求情时，有时不得不赦免犯人。这一点，在王侯入城时表现得尤为明显。经常会有被驱逐出城的人守在城门前，等待王侯到来，以便和王侯一起入城。我们可以从国王鲁普莱希特（Ruprecht）访问施派尔的记载中，来对此进行具体的了解。鲁普莱希特国王未到达前，便有一大群被驱逐出城的人在各大城门前等着他。国王到达时，这些人朝他的马跑去，抚摸着他的马，与他一起入城。入城后，他们向鲁普莱希特国王述说自己被驱逐的原因，并请求赦免。鲁普莱希特国王赦免了一部分人，也拒绝了一部分人的请求。不过，各大城市并不想让君主和王侯随意领着被驱逐

1　Zimmersche Chronik, Bd. 2, 582f.

者入城。1442 年，国王弗里德里希三世访问科隆时，在城门前迎接他的不仅有各类望族，还有五六个杀人犯。这几名杀人犯牵着国王的马进了城。不过，他们只能在城里停留 3 天（同一记录官在别处记载的是 7 天），看看是否能与被杀害者的亲属讲和。根据记录官沃纳·奥维施托尔兹（Werner Overstolz）的记载，国王弗里德里希三世也流露出了为死刑犯求情的意愿。不过，当时并没有死刑犯关押在案。至于那些因欠债被关押的犯人，如果未得到债主同意，国王也不能赦免他们。[1] 1473 年，弗里德里希三世访问了巴塞尔，当时有 37 名被驱逐出城的人随他一起入了城。弗里德里希三世随后请求巴塞尔议会赦免这些人。众所周知，国王的请求等同于命令，如果不想全部满足皇帝的请求，则需要一定的技巧。巴塞尔议会最后同意，让其中 22 人留在城里，至于其他 15 人，议会向弗里德里希三世陈述了他们所犯之罪后，弗里德里希三世收回了赦免请求。12 年后，这位哈布斯堡国王去了纽伦堡，同样的戏也上演了。很多被禁止入城的男女，都在他到达时涌到他身边，请求他的赦免。弗里德里希三世请求纽伦堡议会允许自己带着这些人入城，纽伦堡议会也表现出了友好的姿态。进城之后，弗里德里希三世和纽伦堡议会进行了无数政治商谈，谈得最多的话题是跟随他一起进城的罪犯的问题。议会一改此前的友好，变得强硬起来，完全不想满足国王的大赦请求，在场的议会代表发表了必须严惩这些罪犯的演讲：纽伦堡人口众多，肯定会有这样那样的犯罪案件，这些犯罪行为应该得到惩罚，“因为如果不惩罚，就没有办法统治，而国王

1 Die Chroniken der deutschen Städte vom 14. bis ins 16. Jahrhundert, Bd. 12, Leipzig 1875, 365-367.

陛下肯定也知道这一点”。不过，为了表达对国王的敬意，议会愿意赦免 21 名罪犯，其他的都是犯了重罪之人，要将其罪行一一陈述，需占用很长时间，故而就不一一陈述了。议会请求国王，不要再提出其他的赦免请求。弗里德里希大帝友好地表示，自己对议会的赦免决定很满意，不会再有其他赦免请求。[1]

很显然，围绕赦免进行的斡旋是一根难啃的骨头，需要外交技巧。很少有王侯能像大主教尼古劳斯・冯・库士（Nikolaus von Kues）那样直截了当。1451 年，他宣告马格德堡居民，跟着十字架（也就是他）走，便可一同进城。1414 年，国王西格斯蒙德访问伯尔尼时，几名杀人犯以及一些被驱逐出城者跟着他进了城。被驱逐出城者向西格斯蒙德国王陈述了被驱逐的理由后，国王摆摆手说：“你们走，我不会赦免你们。”

中世纪末期，城市逐渐形成。1384 年，新当选的主教尼古劳斯带着被驱逐者进城，康斯坦茨议会只好接受，因为尼古劳斯此前是康斯坦茨的市长。不过，议会警告一同进城之人，第二天必须离城，不得拖延。施瓦本的乌尔姆城 1407 年决定，无论是皇帝还是国王，都只能在首次访问该城时带着被驱逐者一起进城。至于这些城市能否真正执行这些决议，是很成问题的，因为是否满足统治者的赦免请求，意味着是否尊敬王侯。因而，更有意义也更普遍的做法是：满足王侯的部分赦免请求，在较敏感案例中请求王侯收回赦免请求。原因是从中世纪末开始，城市议会实际上已是司法的裁决者。在涉及高级政治家的案例中，城市议会视自己为司法决断者的

1　Die Chroniken der deutschen Städte vom 14. bis ins 16. Jahrhundert, Bd. 11, Leipzig 1874, 523-525.

态度就更明显了。1469 年，纽伦堡一位相当有名望的贵族尼克拉斯·穆费尔（Niklas Muffel）因私吞钱财被告上议会法庭。作为纽伦堡的首席税务官，穆费尔掌管着纽伦堡的财政，是议会的高级成员，故而对他的审判受人瞩目。议会最终宣布，判处穆费尔绞刑。随后，有很多人为穆费尔求情。主教费拉拉（Ferrara）作为教皇使者，全力为穆费尔奔走说情。此外，巴伐利亚公爵、勃兰登堡边境总督夫人也为其说情。如此特别的案例，让人很难相信这些请求最后都会被拒绝。[1] 当时流行一句俗语："庶民犯罪——绞刑，大夫犯罪——零刑。"

贵族们认为，为同僚求情理所应当。根据记录官海因里希·戴克斯勒（Heinrich Deichsler）的记载，1490 年纽伦堡贵族弗里茨·冯·格希（Fritz von Gich）被处决前，有 30 名贵族为他求情，依旧无济于事。格希被捕后第 13 天，议会派刽子手将其斩首。对于贵族求情者（包括班贝格主教），议会寄去了拒绝信，信中不乏对贵族的尊敬之语。[2] 即便如此，贵族请求赦免犯人的现象依旧没有得到遏制。一来贵族坚持自己的这项特权，二来请求赦免在民众中也非常流行。

奥古斯堡居民、商人、记录官布克哈德·津克（Burkhard Zink）记录了 1446 年 5 名男子因犯罪而面临被挖眼的惩罚。宣读审判决议后，法官问这 5 名男子行刑前是否想获得圣餐（因为他们能否熬过挖眼的折磨，还是个未知数），其中有 2 人拒绝，这 2 人很快便受了刑。另外 3 人则"非常敬仰上帝，称即便颜面扫地，也

1 Müllner, Annalen, Bd. 2, 580.

2 Heinrich Deichsler' s Chronik, 557.

想获得圣餐，无论上帝以后想怎么样，他们都会愉快地接受”。他们因此获得了 3 天延缓期。根据津克的记载，这在当时很普遍。当时，2 名织工因偷盗也被抓捕，随后被判绞刑。但接下来发生的事，实在令人匪夷所思，按津克的说法“应该是上帝的旨意”。巴伐利亚公爵夫人安娜来到奥古斯堡，向议会提出赦免这 2 名织工及那 3 名面临挖眼的犯人的请求，得到了 200 多名奥古斯堡居民以及奥古斯堡所有高级教士的支持。随后，这 5 人在承诺不再接近奥古斯堡城十英里的地盘后被释放。津克将此事视为奇迹，“如果这 3 个犯人心中没有上帝，他们的眼睛肯定会被挖”。相反，如果另外 2 名罪犯没有拒绝圣餐，肯定也不会受刑。[1]

15世纪末期，戈特弗里德・沃纳・冯・齐默恩男爵（Gottfried Werner von Zimmern，后成为公爵）在苏黎世圣母大教堂被姐姐们抚养成人。根据齐默恩家族的记载，在此期间，苏黎世法院曾审判一名声名显赫的苏黎世人死刑。许多公民认为判罚过重，因为该犯人只犯了小罪，故而请求齐默恩男爵在刽子手将该犯人带去刑场时，将其从绞绳上解救出来。齐默恩当时虽还是个孩子，但还是答应了这一请求。拯救行动得到了很多成年人的支持。齐默恩一行人出现时，民众都自愿往边上站，给他们留出一条路，以便拯救死刑犯。据说刽子手当时也很高兴，还说了这样的话：“尊敬的男爵，你们带他走吧，我不会阻止的。”被释放的死刑犯则热烈地拥抱了年轻的齐默恩男爵，随后急忙去了最近的教堂，在圣坛前跪下，感

---

1 Chronik des Burkhard Zink 1368-1468, in: Die Chroniken der schwäbischen Städte. Augsburg II (Die Chroniken der deutschen Städte vom 14. bis ins 16. Jahrhundert, Bd. 5), Leipzig 1866, 184-186.

谢上帝对他的拯救。议会最终也放弃了对该死刑犯的刑罚。[1]

这些案例会给人这样一种印象：绝大多数情况下，民众都支持赦免死刑犯，有时甚至会给死刑犯亲属一些如何扭转犯人生死命运的建议。1494年，两名盗窃犯被判死刑，有人便建议其中一名盗窃犯的妻子，去找正在附近停留的萨克森公爵阿尔布莱希特（Albrecht）身边的贵妇，劝说公爵为其说情。最后，公爵求情成功，使该盗窃犯免于一死，而另一名盗窃犯则死在了绞刑架上。[2]

1503年，纽伦堡议会的议长夫人在最后一刻为塔楼看守、盗窃犯恩德雷斯·恩格尔哈特（Endres Engelhart）说情成功。当时情况非常危急，教堂马上就要鸣行刑钟，恩德雷斯差一点被带去刑场。至于议长夫人为何要为他奔走求情，他又为何会被释放，我们都无从得知。我们只知道，恩德雷斯有犯罪前科，5年前被判绞刑，因为有人为他求情，将他从绞刑架上救了下来，他才免于一死。[3]同样，雕塑家怀特·施托斯（Veit Stoß）的赦免案也很惊人。1503年，施托斯因证书造假在纽伦堡被告上法庭。为他求情的人很多，很多都很有影响力，其中包括维尔茨堡主教。他大力为施托斯奔走，并取得了成功：议会法庭撤销了挖眼的刑罚，宣布改让刽子手用铁块烫其双颊。根据记录官海因里希·戴克斯勒的记载，从来没有刽子手“这样轻烫过”罪犯。[4]除了体刑，施托斯还被判终身不能离开纽伦堡。对一个声明远在纽伦堡之外的艺术家来说，这肯定是非常痛

1 Zimmersche Chronik, Bd. 2, 374.

2 Schuster, Verbrechen und Strafe, 60.

3 Heinrich Deichsler's Chronik, 663.

4 Heinrich Deichsler's Chronik, 667.

苦的限制。虽然施托斯最后获得了皇帝马克西米利安的赦免信，但纽伦堡认为这是在干涉纽伦堡内政，故而不想接受皇帝的赦免令。

城市并不反对贵族的赦免请求，只是试图对其行为进行控制。1450 年，第戎城将所有囚犯送出城，原因是奥尔良公爵此前宣布在访问第戎期间，也将正常行使赦免权。[1] 1447 年，希尔德斯海姆城以雷霆之速处决了一名街头抢劫犯，因为希尔德斯海姆议会得到消息，布伦瑞克公爵夫人想为该抢劫犯求情。1492 年，同样的事情再次发生。希尔德斯海姆法庭得知，公爵海因里希请求赦免一名街头抢劫犯的信已在路上，便在宣布判处该抢劫犯死刑后，直接对其行刑了。[2]1430 年，诺德豪森议会决定马上处决一名盗窃犯，理由很明确：为防止有人求情。[3]1516 年，奥古斯堡议会决定推迟传统的圣高卢驱逐。议会将驱逐名单制好后，决定在停留在奥古斯堡的皇帝离开前，暂停所有驱逐，“这样皇帝与议会便不会因赦免之事而起冲突”。1532 年，德意志帝国议会在雷根斯堡召开。雷根斯堡议会决定，帝国议会召开期间，只在晚间执行死刑，以免参会的王侯为犯人求情。[4] 法学家让·帕蓬（Jean Papon）于 16 世纪记载了很多法国城市在国王到来之前都有将所有囚犯送出城的习惯，以免出现国王请求赦免犯人之事的现象出现，扰乱法律秩序。[5] 对纽伦

1 Lawrence M. Bryant, The King and the City in the Parisian Royal Entry Ceremony. Politics, Ritual and Art in the Renaissance, Genf 1986, 25.

2 Schubert, Räuber, Henker, arme Sünder, 302; His, Strafrecht, Bd. 1, 397.

3 Schubert, Räuber, Henker, arme Sünder, 60.

4 Die Chroniken der deutschen Städte vom 14. bis ins 16. Jahrhundert, Bd. 15, Leipzig 1878, 122f.; Schubert, Räuber, Henker, arme Sünder, 302.

5 Petry, Les Grandes mangent les Petits, 194.

堡首席税务官克拉斯·穆费尔的迅速处决，便是在勃兰登堡-法兰克的边境总督安娜（Anna）打算求情前进行的。[1]1442年，弗里德里希三世访问科隆时，看到的是一个空空如也的监狱，应该不是偶然。

尽管如此，贵族依旧坚持自己的权力。16世纪，贵族依旧能使死刑犯免于死刑。1523年，纽伦堡出现了一个奇特的双重特赦案例。盗窃犯汉斯·维德克（Hans Waideker）原本被判绞刑，后又被改判较轻的剑刑。在宣判剑刑的当天，巴伐利亚公爵身边几名贵族为维德克求情，议会为表示对公爵赦免特权的尊敬，决定释放维德克。[2]1574年，巴伐利亚公爵、莱茵河畔的法尔茨伯爵，以及其他贵族一起，为一名被纽伦堡法庭证实犯了乱伦罪，名叫米歇尔·施泰因豪泽（Michael Steinhauser）的罪犯说情。两年后，两名波兰贵族请求释放一名弑童女犯。1586年，纽伦堡两名杀人犯得以免于一死，原因是在纽伦堡停留的马克西米利安大公爵为他们求情。当时的人，也承认精神巨匠有请求赦免的特权。1553年，菲利浦·梅兰希顿（Philipp Melanchthon）便因此救了一名死刑犯。[3]1592年，纽伦堡刽子手回忆了斯托费尔·韦伯（Stoffel Weber）被赦免之事，称自他1577年任刽子手以来，还有4例死刑犯因有人求情而被免除死刑的类似的案例。[4]1610年，纽伦堡牧师哈根多恩（Hagendorn，1605年起负责死刑犯的心灵劝说）回忆起了卡斯珀·施魏因拜因（Caspar Schweinsbein）被赦免之事，称

1 Frommer, Strafrechtsgeschichte, XXX.

2 Grieb, Die Henker von Nürnberg, 37f.

3 Hampe, Malefizbücher, 83.

4 Keller, Maister Franntzn, 32.

自己接手该职以来，共有四名死刑犯获得赦免，但施魏因拜因是最有资格被赦免的。[1] 有时，偶然也能使死刑犯免于一死。1551 年 12 月 22 日，汉斯·施魏策尔（Hans Schweizer）本应被处决，但刽子手被借调到了别的城市，加上当时有 100 多封为他求情的信，议会协商后派人通知求情者，死刑并没有执行，并称议会会考虑赦免之事。施魏策尔本应被处决的前一小时，议会让牧师通知施魏策尔，行刑被推迟了。[2] 施魏策尔便这样逃脱了被处决的命运，因为并没有他被处决的相关记录。

总体来说，16 世纪死刑犯因有人求情而获得赦免的案例在减少。1554 年，纽伦堡议会拒绝了由啤酒制造商会、贵族以及其他人组成的求情团赦免汉斯·克拉瑟（Hans Krasser）的请求，但并未给出具体理由。最终，克拉瑟因杀人罪被斩首。[3] 在汉斯·莱考夫（Hans Leickauf）的案例中，陪审团也好言拒绝了皮工业者以及其他人的请求，坚决执行原判。[4]1557 年，芭芭拉·施温特（Barbara Schwendter）的家人、亲戚及整个家乡小镇都为她求情，但仍无济于事。法庭认为她犯的罪太可怕，应该被处决，以起到警示他人的作用。最后，芭芭拉被处浸河的刑罚。[5]

16 世纪起，即便高级贵族为犯人求情，也渐渐不起作用。迄今为止，对 15 世纪以来法庭因人求情而赦免犯人的历史发展，并

1 GNM, Hs. 3857, f. 70v.
2 Grieb, Die Henker von Nürnberg, 72.
3 Grieb, Die Henker von Nürnberg, 76.
4 Grieb, Die Henker von Nürnberg, 85.
5 Grieb, Die Henker von Nürnberg, 82.

没有相关的研究。[1]但根据现有资料可以知道，赦免和求情失去了其重要性。中世纪的赦免传统，在16世纪受到了质疑。1560年，施瓦茨堡伯爵君特四十一世(Günter XLI)宣布，如果有被驱逐出城者胆敢追随旧习俗，在他与卡塔琳娜·冯·拿骚（Katharina von Nassau）的婚礼当天围在新娘身边请求怜悯，企图在未来伯爵夫人的保护下进城，将会被逮捕，并会被立刻再次驱逐出城。[2]随国王王侯一同进城并请求赦免的习俗，在16世纪也不复存在。1637年，纽伦堡议会拒绝了勃兰登堡边境总督夫人、霍恩洛厄伯爵、伯爵夫人的赦免请求，并书面向其告知必须维护司法，不能答应其赦免请求的理由。[3]

赦免犯人的案例数量回落，应该与法学家对司法的影响越来越大有关。卡尔·舒尔（Karl Schué）的说法是："随着罗马法的渗入，法学家们越来越觉得，与法律相距甚远的赦免权与严格无私的司法系统格格不入。"[4]直到20世纪，法律史学家们还一直保持着该传统，认为贵族为罪犯说情、请求赦免罪犯是不对的。在他们眼里，为犯人求情、赦免犯人是病态的，是违背司法公正的封建非分要求。因而，旧的宪法史都将英国国王对罪犯的众多赦免，视作统治权的极端滥用。[5]一直到近代，文献中经常出现这样一句表述，

1 *Bauer, Das Gnadenbitten* 一书属于例外，该书187页认为从16世纪初起，阿尔贝格的费尔德基希出现了赦免限制。不过，Bauer的这一观点是基于少数案例得出的。15世纪，该地区共有9名犯人被赦免，16世纪只有3名。

2 Thüringische Staatsarchiv Rudolstadt, Kanzlei Sondershausen. Nr. 0591.

3 Grieb, Die Henker von Nürnberg, 216.

4 Schué, Das Gnadebitten, 145.

5 相关例子请参考 Helen Lacey, The Royal Pardon. Acess to Mercy in Fourteenth Century England, Woodbridge 2009, 3。

“赦免在中世纪末期已蜕化变质”。[1]我们姑且不提每次赦免都意味着挽救了一个生命，但上述说法忽视了一个事实：王侯的赦免请求虽遭到了抵制，但这并不影响城市法庭和议会自身进行大范围赦免并向其他城市或更高级的统治者提出赦免请求。赦免在前现代是统治者的一个重要统治手段，统治者无法将其放弃。况且，针对赦免进行的斡旋都很具政治性，是外交的一个重要组成部分。

虽然从 16 世纪起，越来越少的死刑犯能通过提出赦免请求而逃脱死刑，但对赦免的司法解释一直都很流行。怜悯与仁慈作为基督教的美德，非常重要，想将其全盘抹去根本不可能。我们会看到，16 世纪起，赦免披上了一件不同的外衣。

赦免先于司法：结果

议会法庭、城市议会在同意赦免犯人时，身份是司法裁决者，展示的是统治权。赦免本城居民或答应行会以及城市其他组织的赦免请求，会带来感激和服从。如果不从基督教的怜悯来看待赦免，更多地将其视作行使统治权，便会发现：提出赦免请求，有时也是为了使本城的居民、奴役免受其他城市法庭的审判。

1452 年，奥古斯堡议会请求纽伦堡议会，赦免在纽伦堡被逮捕的奥古斯堡居民卡斯珀・纳格尔（Caspar Nagel）。在请求信中，奥古斯堡议会承诺，如果纽伦堡议会能答应其请求，奥古斯堡议会日后定会“报答”。至于是什么报答，从两年后斯特拉斯堡议会写

1　Schué, Das Gnadebitten, 179; Bauer, Das Gnadenbitten, 86.

给纽伦堡的一封信中便可推断出。信中说，如果纽伦堡议会能做出让步，同意赦免斯特拉斯堡居民卡斯珀·贝格尔（Caspar Beger），那以后纽伦堡有类似的请求，斯特拉斯堡议会也会做出同样的让步。[1] 因而，答应其他城市、其他统治者的赦免请求，可以保护本城居民不受他城法庭的审判。此外，答应赦免请求也是维护政治版图的一种方式。1456 年，时任主教议员的骑士西格蒙·德·冯施泰因（Sigmund von Stain）"恳求"康斯坦茨议会，释放他因打架斗殴而被关押在监狱的奴仆，议会则"满怀敬畏"地满足了他的请求。[2]1440 年，在奥地利公爵的请求下，康斯坦茨释放了一名因盗马被判死刑的盗窃犯。很显然，答应他城的赦免请求，能促进城市间的睦邻友好关系，是一种特别的外交手段。

宽宥、仁慈、温和是 1500 年左右的法官乐于向世人展示的面貌。不过，有时法官和统治者宣称自己的政策有多温和，在实践中便有多残忍，尤其是宣判那些犯了今天看来都是小罪的罪犯死刑时，便显得尤为残忍。法官们如此严厉残忍，针对的是谁？相关的研究很少，结论也不明确，但却指向了同一个方向。中世纪后期的帝国自由城康斯坦茨，15 世纪被判处死刑的犯人当中，不到百分之十是康斯坦茨居民。而在苏黎世，仅约三分之一的死刑犯是该城的纳税居民。[3] 按照这个数据，中世纪末期死刑针对的主要是外来

1 Henselmeyer, Ratsherren, 139.

2 Schuster, Stadt vor Gericht, 291.

3 Hans-Jörg Gilomen, Soziale Beziehungen im spätmittelalterlichen Zürich. Neue Forschungen, in: Hans-Jorg Gilomcn/Katja Hürlimann/Pascale Sutter (Hg.): Soziale Beziehungen im Spätmittelalter und der Frühen Neuzeit/Sociabilité au Bas Moyen Age et aux temps modernes (=Traverse, Zeitschrift für Geschichte 9, 2002), 13-23, 此处 16.

人员、穷人。著名人文主义者康拉德·策尔提斯（Konrad Celtis）在15世纪末也是这样的观点。他在描述纽伦堡时，记录了弗里德里希三世1471年访问纽伦堡的情景。在看到如此多的居民后，弗里德里希三世问："像纽伦堡这样的大城市，如何能保证没有骚乱和暴动？"旁边的首席税官答道："这得通过好言相劝、重度金钱处罚和身体处罚来达到。"康拉德·策尔提斯是这样分析这一简短回答的：纽伦堡本城的居民，通过好言相劝便能使其走回正途；而低一级的臣民，好言相劝不管用，要通过金钱处罚和身体处罚，才能阻止其犯罪。[1]

按照这一观点，呈现在我们面前的，是一个特别的等级司法，但它绝对不是残酷无情的。早在1890年，布雷斯劳法官、历史学家保尔·弗劳恩施德特（Paul Frauenstädt）便认为，中世纪末期的门外汉法官比较人性化。弗劳恩施德特不像同时代的其他学者，习惯强调中世纪的阴暗面，而是用如下话语评价中世纪的刑法和法官："15世纪的资产阶级，在那个年代以自己的方式行使司法权，比此后坐在陪审团席上、知识渊博的继任者要开明得多。那些继任者，只继承了前任的错误，好的方面则丝毫未继承到。对重罪和轻罪没有任何区别，都一样严格，一样残酷"[2]。这可不是对16世纪以来的职业法官的赞扬。我们是否应该一改我们的历史观，不应一味认为中世纪就一定残忍？是否应认为从近代开始，死刑司法变得越来越严厉了呢？

1　Henselmeyer, Ratsherren, 13.

2　Frauenstädt, Breslau Strafrechtspflege, 249.

第三章　受尽折磨之躯

狱中

“要了解一个地方的文明程度，看看它的监狱就知道了。”[1]

——匿名

一般认为，前现代的警察机构并非那么脆弱无力。在抓捕犯人时，使用暴力是常事。这也是该时期常被诟病之处。法国历史学家雅克·希福洛（Jacques Chiffoleau）认为，在中世纪的阿维尼翁，使用暴力是该城城市民兵的标签。[2]事实上，有时城市民兵在执行公务时过于残忍。1469年，哥廷根抓捕了3个造伪币者。抓捕时起了冲突，警力人员使用了武器，导致2个嫌疑犯受到致命的刺伤。[3]而在1312年的巴黎，3个城市民兵在抓捕2名神职人员时，将他们绑着在地上拖着殴打，虽然当时这样对待盗窃犯和杀人犯很普遍，但这3个城市民兵随后还是被撤职了。他们获得这一下场，原因不在于他们在行使职权时的残忍，而在于被逮捕者的身份：神

1 该名言的首创者存在争议，有人认为是陀思妥耶夫斯基，也有人认为是丘吉尔。

2 Chiffoleau, Les Justices du Pape, 66f.

3 Lubecus, Göttinger Annalen, 205.

职人员不受世俗司法的管辖，城市民兵无权将其逮捕。[1]而纽伦堡的城市民兵和警力人员也没有好声誉。17世纪初，杀人嫌疑犯汉斯·诺伊鲍尔（Hans Neubauer）被逮捕时，10名警力人员一拥而上，导致汉斯受了重伤，在地下监狱疗养了好几周后，才被刽子手处以剑刑。[2]1615年12月7日，纽伦堡的警力人员抓获了一名年轻的盗窃犯。在抓捕过程中，盗窃犯极力抵抗，试图逃脱，弄伤了一名警力人员。随后，他便被其他警力人员打得遍体鳞伤，不得不治疗好长一段时间。[3]

我们有充分的理由来进一步研究死刑犯的关押条件，因为"一般来说，死刑犯等待行刑的过程，与死并无两样，相当于经历双重死亡，而第一重死亡比真正受刑时经历的第二重死亡要痛苦得多"[4]。在此，我们应当指出，在前现代社会，几乎没有死刑犯需要等待几年甚至几十年才能等到行刑。虽然这在如今许多国家和地区都很普遍，但在当时，死刑犯等待死亡的痛苦可以在几周甚至几天内结束，死刑犯在狱中自杀的案例比比皆是。而关押条件的好坏，也能减少或加大死刑犯的痛苦程度。

乌尔姆多明尼哥会修道士菲利克斯·法布里（Felix Fabri）1484年访问了潟湖岛上的城市威尼斯。他特别满意的是威尼斯的监狱。中世纪晚期的监狱与现在不同，都建在城市中心区，没有隔离在社会之外。法布里称，从威尼斯的监狱可以很好地看到中心广

1 Esther Cohen, Peacable Domain, Certain Justice, Hilversum 1996, 41.

2 GNM, Hs. 3857, f. 65v.

3 GNM, Hs. 3857, f. 102v.

4 Camus, Die Guillotine, 117.

场。铁窗是开着的，光线可以照进来。犯人通过窗户，可与外界取得联系，可以把手伸出去，可以和外面的人聊天。贫穷的犯人经常通过窗户，请求外面的人布施。法布里也看到了手工业者在监狱中劳作，有钱的商人借掷色子、下棋打发狱中时光，其家人则站在外面等着与他们聊天等场景。

根据法布里的记载，监狱的守卫并不十分认真，犯人要想逃出监狱也相对简单。只有那些重刑犯、死刑犯才会被看管得很严。[1]与这样祥和的监狱氛围相比，德意志民族神圣罗马帝国的监狱则差得多。在众多的“德意志式残忍”（inter multas crudelitates teutonicorum）中，有一种残忍特别突出——监狱的残忍。根据法布里的记载，德意志的监狱非常不人性，不仅暗、湿、冷，有时还遍布蛇、蟾蜍，非常可怕。犯人也被与世隔绝，没有人安慰。当然，这还不包括那些最残忍的折磨者对他们进行的各种恐吓与折磨。[2]

法布里的这个论调，影响了人们对中世纪末期至近代早期几个世纪监狱的看法。我们听到的，阴暗、湿冷、拥挤的地下监狱，“是几百年里，无数被冷酷无情的司法审判入狱的不幸者的牢笼”[3]。甚至在不久前，中世纪晚期阿尔卑斯山北部的监狱还被描绘成是阴暗湿冷、遍布害虫之地。[4]这些评价是在什么基础上得出的？我们必须或者应该相信法布里的描述吗？

与威尼斯一样，德国城市的监狱位置也很中心，大部分是在市

1　Geltner, Medieval Prison, 97.

2　Geltner, Medieval Prison, 166.

3　Schattenhofer, Das alte Rathaus, 300. 类似的例子请参考 Dülmen, Theater des Schreckens, 197。

4　Isenmann, Die deutsche Stadt, 514.

政厅或者钟塔里。在诺德灵根和奥克森富特，监狱设在市政厅的石阶下。在埃尔福特，监狱设在刽子手住所旁或在钟塔里留出房间作为监狱。现今能参观的监狱有纽伦堡和雷根斯堡的地下监狱，可以让人很直观地了解这些地下监狱压抑的关押条件。这些城市设立地下监狱，应该是 14 世纪开始的，只比这些城市获得死刑裁判权略早一些。普莱斯堡便是 1370 年开始着手在市政厅地下修建监狱的。而纽伦堡的地下监狱，据记载是在 1340 年修建的。[1]

前现代的监狱只是半封闭的，这对了解前现代的监狱状况来说很关键。对有特权的囚犯来说，监狱的门甚至是大开着的。1499 年，慕尼黑议会下达了逮捕议会成员的逮捕令，但同时又规定，关押议员的单间不应上锁，一日三餐应通过门而不是送餐口送进去。如有人去探望，无须批准，即刻便能进去。而那些有名的囚犯，有时甚至还配有专门的仆役。在慕尼黑，关押的方式有很多种，有些甚至令人匪夷所思。例如 1596 年，安德烈亚斯·泽霍夫（Andreas Seehofer）与议会起了冲突，随后议会罚他每天早上 7 点在无人陪同的情况下去议会的钟楼里思过。两小时后，市长亲自去接他出来，这样他到第二天早上 7 点前又是自由身。[2] 而在 1500 年前后，关押方式不仅多，有的也非常奇特。

对死刑犯的关押，则要严格一些，但也不是让他们待在暗无天日的监狱里等死。他们可以和亲属、朋友以及路过的行人聊天。探监的规定，各个地方都不同。比如说维尔茨堡，只允许犯人的朋友

---

1 Ortvay, Pressburg. Bd. 2/II, 155; Frommer, Strafrechtsgeschichte, XXIV.

2 Schattenhofer, Das alte Rathaus, 310.

给犯人带来食物，其他人不得探监。[1] 在圣加伦，议会 1583 年发布了一项司法条例。该条例规定，开庭前必须用一切方式保证犯人与其他人之间的距离，因为如果议会将罪犯关押在市政厅，并判处其死刑，市政厅前经常会被围得水泄不通。从现在起，只有神职人员和看守可以接近犯人，且市政厅的所有门都应特别加固。[2] 虽然有此类规定，但囚犯依旧可以得到外面人的帮助。1597 年，克劳斯·海恩莱（Klaus Hainlein）便在他姐姐探监时秘密拿到了一把锤子。他砸开身上的镣铐后，成功逃出了监狱。[3]

在纽伦堡，囚犯与外界的联系，同样受到统治者的控制。探监需得到批准，通信和其他联系方式也一样。议会专门安排人检查进出监狱的信件，只有在确认内容无碍后才将其转交。[4]1607 年，陪审团决定，同意被关押的怀特·弗拉登（Veit Fladen）在有受法庭信任的看守在场的前提下，可以获得妻子、子女以及姐妹的探视。不过，这一探视是诀别，因为两天后弗拉登的头便被一剑砍下。[5] 有时，陪审团也会拒绝犯人亲属的探视请求。1537 年，一名囚犯的亲属请求探视，便没有获批。在囚犯芭芭拉·施林普芬（Barbara Schlümpfin）的案例中，便存在很多不同之处。她虽被关在地下监狱，却提出了各式申请。如申请派公证人到监狱来帮她立遗嘱；申请让她的儿子洛伦兹（Lorenz）来探视；申请被押往刑场时，身上绑着的不是绳子而是丝带；申请死后葬在她选好的墓中等

1 Sprandel, Würzburger Ratsprotokoll, 176 (1470).

2 StadtASG, Ratsprotokolle 1583, fol. 54rf.

3 Schrott, Um Galgen, Rad und Schwert, 225.

4 Grieb, Die Henker von Nürnberg, 40.

5 Grieb, Die Henker von Nürnberg,174, 379. 111、126、153 等也有其他的例子。

等。陪审团几乎无一例外地满足了她所有要求，只有在让她儿子来探视这一点上，陪审团出于无法解释的原因没有同意。但陪审团并没有直接告诉她这一残酷事实，而是派人骗她说她儿子出远门了。[1]

当然，对地下监狱探视者的控制，有其局限性，也一直存在漏洞。1616 年，纽伦堡陪审团成员一起商讨地下监狱的膳食问题，发现牢饭是由厨子的女儿送到监狱来，而不是按照规定由监狱的看守去取。陪审团再次提醒看守，不得让任何人接近犯人。1557 年，议会对看守在没有经过上级批准的情况下放了许多人进监狱探监一事进行了调查。1668 年，纽伦堡陪审团查出，因弑童罪被逮捕的玛格瑞塔·伊恩辛尔（Margaretha Irnsinger）被很多人探视过。陪审团不仅下令严查玛格瑞塔行刑的那天早上被哪些人探视过，还下令以后务必要杜绝此类"不法行为"。[2]然而，议会试图限制囚犯与外界联系，并不太成功。1691 年，纽伦堡议会还抱怨："太多人去了地下监狱探望一位女杀人犯，这些人的思想会受到女杀人犯的荼毒。监狱看守以后得格外注意，如果有人来探望，应马上拒绝。除了当局允许的那些人，其他人一概不得探望犯人。"[3]

18 世纪前，囚犯有时甚至会通过监狱的墙来与外界交流，这在今天是无法想象的。一名牧师这样描述一位女死刑犯的最后时刻："我在她那里待到了大约晚上 11 点，因为她一直都在聊上帝。在门前、狱中……市政厅前（监狱在市政厅里面），都有许多人在听她说话。最后，她对身边所有正直的人都说了晚安，说了好多

1 Grieb, Die Henker von Nürnberg, 48, 200.

2 Grieb, Die Henker von Nürnberg, 83, 187, 243.

3 Grieb, Die Henker von Nürnberg, 260.

遍。”随后，一名女基督教徒来到监狱，要求探视她，安慰她的灵魂。[1]监狱的墙具有穿透性，对很多囚犯来说也许都曾是一个慰藉，不过这也可能成为囚犯的灾难。根据记录官塞巴斯蒂安·费舍尔（Sebastian Fischer）的记载，1534年，伯尔尼逮捕了一名威胁要将整个村庄付之一炬的嫌疑犯。此类威胁在16世纪很受当局重视，因为当时的社会和宗教都处于转型期，各种颠覆理论在许多地方大行其道。这些颠覆理论背后的支持者，是各种黑暗势力。许多纵火犯在这些黑暗势力的支持下，到处作恶。伯尔尼议会将该嫌疑犯关在了钟楼里，为时整整一年。但他拒不认罪，就算受了刑也不认罪。不过，他变得越来越没有耐心，每次听到有行人经过钟楼时，他都开始辱骂上帝。与外界的这种交流，成了他的灾难：法庭最终宣判他犯有渎神罪，判处他浸河的刑罚。[2]

在前现代社会，监狱的墙的穿透性，经常比我们想象的要好。有的监狱甚至连门都没有，犯人想要逃脱有时很容易。[3]一般来说，那时监狱的门窗都不够结实，看守人有时也不可靠，监狱的墙也不能让想越狱的罪犯打消越狱的想法。法兰克的奥克森富特有一个监狱建在市政厅楼梯下。下了楼梯，是一个地下室——地下凯特琳（tiefe Katherin），是用来关押死刑犯的监狱。在维尔茨堡，享有死刑裁判权的主教议长在马琳山设了一个监狱。此外，维尔茨堡也将许多钟塔用作监狱，当然也有建在市政厅下面的地下监狱。1464

1　Moser, Selige letzte Stunden, 94.

2　Fischer, Chronik Ulm, 69f.

3　Isabel Mathieu, Prisons et prisonniers en Anjou au bas Moyen Âge, in: Annales de Bretagne et de Pays de l’Ouest 112 (2005), 147-169, 此处 161–164。

年后，维尔茨堡在市政厅旁边又建了一个监狱，称为囚房（Stockhaus）。[1]但这些地上监狱显然都不够牢固。1568 年，奥克森富特一名石匠不得不再次将监狱墙上的大洞堵住，这个洞是一名囚犯在越狱前凿开的。[2]

要想冲破当时监狱的墙并不难，因为当时的房子普遍都存在漏洞，监狱也不例外。找到漏洞的囚犯，便可以逃脱惩罚。[3]1588 年，弗朗茨大师在处决一名间谍犯时，回忆起几年前被关押的另一名间谍犯。他被罚到水塔上拔丝来抵罪，但他不想老老实实地拔丝，而是在盘算如何越狱。他用拔出的金属丝编了个梯子，然后用这个梯子成功越狱。[4]1603 年，潘克拉茨·策克（Pankraz Zeck）在上法兰克的谢施利兹被捕。被捕前，他曾三次从监狱中逃脱。[5]16 世纪末，汉斯·科尔布（Hans Kolb，作为一名不同寻常的罪犯，他还进行了富有攻击性的自杀尝试，本书后面的章节还会提到）从法兰克的柯尼希斯霍芬的塔牢逃脱。他踢落墙上一块石头，从石头洞中逃了出去。再次被抓后，他用绳子将自己吊住，从塔牢中跳了下来。跳下来时摔得很重，他不得不在附近躲了一天，等有足够力气时才继续逃亡。第三次被捕后，他被绑在了一张长凳上。他将壁炉的一块瓷砖打碎，从里面取出了一块木柴，然后点燃了长凳，随后成功逃脱。最后一次，他被关在了纽伦堡的地下监狱，等待着被执

1 Sprandel, Würzburger Ratsprotokoll, 176f.

2 Margit Kaluza, Das neue Rathaus in Ochsenfurt. Das Gebäude und seine stadtgeschichtliche Bedeutung, Ochsenfurt 1985, 10.

3 Keller, Maister Franntzn, 60.

4 Sprandel, Würzburger Ratsprotokoll, 178.

5 Keller, Maister Franntzn, 24f.

行死刑。1598 年 7 月 11 日，弗朗茨大师先用轮子将他的手脚砸烂，然后重击了他的胸部。他重伤而死，尸体随即被火化。[1]

当然，囚犯也会试图通过使用暴力来获得自由。1497 年，维尔茨堡两名囚犯在听差给他们送餐时对其进行了袭击，攫取了听差的武器，杀死一名听差，另一名听差虽活了下来，但也受了重伤，两名囚犯则毫发无损地逃脱了。[2]不过，囚犯的越狱行动，并非每次都能成功。1437 年，奥古斯堡的巴托尔梅·苏尔策（Bartholme Sultzer）因犯了强奸罪被钉在了墙上。随后，他试图在墙上烧出一个洞，以便逃脱。但结果是致命的：他被火烧出的烟呛死了。[3]1484 年，一名监狱看守被关押，他的朋友试图用一根绳子将他从维尔茨堡的塔牢中救出，但也没有成功。[4]

相比塔牢以及其他建筑，地下监狱要坚固些，因为地下监狱专门关押重刑犯，特别是死刑犯。死刑犯在地下监狱被审讯，必要时被刑讯，当然也有牧师对其进行心灵劝说。不过，就算是地下监狱，也不能完全杜绝囚犯的越狱行为，特别是在监狱看守疏忽大意时。1578 年，盗窃犯汉斯·莱恩纳（Hans Reinla）便从纽伦堡地下监狱成功逃脱。当时负责看守他的是一名年事已高的法院差役。有一天晚上，差役喝了点酒，将蜡烛吹灭后便睡着了。汉斯趁机溜了出来，将差役反锁在了囚室。汉斯知道，几年前地下监狱铺了一条通往动物园大门的路。这条路通常被一扇铁门封住，但在那

---

1 Schrott, Um Galgen, Rad und Schwert, 225.

2 Engel, Rats-Chronik, 57.

3 Chronik des Hector Mülich, 77; Murray, Suicide, 100.

4 Sprandel, Würzburger Ratsprotokoll, 176.

个闷热的六月晚上，差役为了让囚室通风，将这扇门打开了。汉斯通过了这扇门，找到一把凿子，将另外一扇门也撬开了。他带着这扇门，继续前进。在到达圣泽巴尔德教堂的地下时（距地下监狱约 250 米），他将那扇门用作梯子，然后用凿子敲打顶部，将几块石头敲碎后打开了一个洞。天亮前一两个小时，他从这个洞中逃出。记录官在记载这一事件时，没有掩饰自己对这个越狱犯的崇敬："据说，该盗窃犯在越狱那天吃了双份面包，还对其他囚犯说过'他们晚上会睡得很沉、很死'之类的话。"[1] 我们不知道汉斯在那一晚是否真的给看守和其他囚犯下了药。又或许是其他囚犯说了谎，为的是让人相信他们对此事的确一无所知，以免再次被审问。

有些较早的文献也将前现代的监狱描述成阴暗潮湿的地下监狱。13 世纪的《施瓦本明镜》便建议通过关押拷打嫌疑犯、让他们挨饿受冻，来达到使其认罪的目的。[2] 把关押作为一种折磨手段，从 15 世纪起虽未被全部取缔，但已遭到普遍唾弃。1532 年的《加洛林纳法典》强调，监狱只是关押犯人的地方，应停止将监狱作为折磨罪犯之所的错误做法。[3] 16 世纪中期，巴伐利亚法学家安德雷亚斯·佩尔内德（Andreas Perneder）警告说："监狱原本就只是关押罪犯而非折磨罪犯的地方。"[4]

这个说法有点夸张，因为在中世纪末期，已经出现了将关押作

---

1 Hampe, Malefizbücher, 85-87, 引言为 87。

2 F. L. A. Freiherr von Lassberg (Hg.), Der Schwabenspiegel oder schwäbisches Land- und Lehen-Rechtbuch nach einer Handschrift vom Jahr 1287, Tübingen 1840, 161 (§ 375 Landrecht).

3 Buschmann, Textbuch, 175 (Art. 218).

4 Perneder, Von Straff und Peen, f. 3v.

为惩罚的做法，虽然这一做法还不普遍。中世纪末期，大部分囚犯都是因为无法支付债务而被强制关押的。14 世纪的佛罗伦萨，著名的监狱斯丁谢（Le Stinche）64% 的囚犯都是负债者。[1] 朱莉·克劳斯特勒（Julie Claustre）研究了 1488 年至 1489 年巴黎著名的夏特勒监狱（Chatelet）的囚犯名单。1900 名囚犯中，三分之一都是负债者，[2] 这些负债者所受的待遇并不差。在法兰克福，因负债而被关押的犯人每个月都会被体检一次，为的是确认他们是否受伤，是否被虐待。每两个礼拜，他们有权利刮一次胡子，每四个礼拜洗一次澡。[3]

被关押的犯人中，第二大群体是调查犯。他们的犯罪嫌疑通常很大，所受的待遇通常比其他犯人好，因为他们处境差，有时甚至会被刑讯，是自杀率最高的囚犯。当局害怕被关押的死刑犯生病死亡，因为这样会出现对当局不利的流言，也会导致死刑犯原本要受的刑罚无法执行，故而没人愿意让囚犯在关押期间受到伤害。我们可以认为，监狱的卫生条件与当时大多数人的居住条件相似。当然，监狱也不是舒适之处。但如果条件确实很差，当局也会做出反应。1468 年，维尔茨堡议会意欲出台新的监狱法，得到了议长的

---

1 Geltner, Medieval Prison, 51.

2 Julie Claustre, Le petit peuple en difficulté. La prison pour dettes à Paris à la fin du Moyen Âge, in: Pierre Boglioni / Robert Delort / Claude Gauvard (Hg.): Le petit peuple dans l' Occident medieval. Terminologies, perceptions, réalités. Actes du congrès international tenu à l' Université de Montréal, 18–23 octobre 1999, Paris 2002, 453–466. 此处 453。作者也提到了其他的数据：根据 Robert Muchembled 的统计，15 世纪在阿拉斯只有五分之一的囚犯是因无法支付债务而被关押。

3 Georg Ludwig Kriegk, Frankfurter Bürgerzwiste und Zustände im Mittelalter. Ein auf urkundlichen Forschungen beruhender Beitrag zur Geschichte des deutschen Bürgertums, Frankfurt am Main 1862, 465.

支持，因为“囚犯普遍反映，盐、萝卜、卷心菜等不足……根本吃不饱”。[1]1622年，施佩尔议会成员巡视了该城的监狱。与很多城市一样，施佩尔几座塔楼都被用作关押犯人。此外，在穷人避难所、医院以及市政厅的地下各设有一个监狱。几乎每个监狱都缺少壁炉和像样的厕所，有些单间的窗户铁栅栏是坏的，红塔牢（roter Turm）甚至连门都没有。[2]面对这样的景象，当局也试着做出反应，在寒冷时节有时会将囚犯移到温暖些的地方。比如17世纪早期，一个囚犯便是因此从塔牢移到了差役房。[3]

监狱看守

1589年，纽伦堡发生了一件怪事。10月23日，所有人的注意力都在因弑父罪而被判死刑的弗朗茨·索伊波尔特（Franz Seuboldt）轰动的处决上。根据一天后塔牢看守加布里埃尔·赫罗尔特（Gabriel Heroldt）的说法，弗朗茨被处决的当天，一名名为汉斯·莱歇尔（Hans Reichl）的年迈男子溜进了赫罗尔特负责看守的弗洛施塔牢（Froschturm），将其被关押的妻子救了出去。事实上，赫罗尔特并没有将塔牢封闭，卡塔琳娜·莱歇尔（Katharina Reichl）可以在里面自由活动。纽伦堡城随后下令对这对在逃夫妻进行通缉。三天后，汉斯·莱歇尔出现了。他称自己将妻子从塔牢中救出来，是因为赫罗尔特试图强奸她。纽伦堡议会对此事非常重

1 Sprandel, Würzburger Ratsprotokoll, 178.

2 Harster, Speier, 88f.

3 Schrott, Um Galgen, Rad und Schwert, 226.

视，赫罗尔特也被关入了铁窗。在随后的刑讯中，赫罗尔特承认自己强奸了卡塔琳娜。不仅如此，他还承认自己曾多次性侵一名 13 岁的少女。最终，莱歇尔夫妇被无罪释放。同年 11 月 18 日，弗朗茨大师用一把剑结束了赫罗尔特的生命。[1]

就算如此严厉的刑罚，也不能完全阻止监狱的看守人员腐败。看守人员常犯的罪是受贿、渎职。1555 年，纽伦堡议会对地下监狱看守的女仆展开了调查，因为她并未将监狱的单间上锁。[2]1550 年，囚犯内汗·尤德（Neham Jud）答应看守，如果看守放松对他的关押，便送给他一个银杯，看守同意了这桩买卖。之后，内汗在地下监狱不仅可以自由活动，还可以煮犹太食物。[3]1554 年末，地下监狱看守马尔克斯·克耶纳（Marx Kyener）因玩忽职守倒了大霉。他被关进地下监狱，接受了多次审讯。陪审团想知道他为何每晚都喝得烂醉，导致第二天日上三竿了还躺在床上睡大觉，不按时去当差。而且，他还不负责任地把地下监狱的钥匙给了女仆，让她去看管囚犯。陪审团将此视作赤裸裸的丑闻，故而未对克耶纳手软。克耶纳的妻子也被关押受审。此外，陪审团还逮捕了其他两位看守，其中一位甚至被严刑逼供。[4]

1557 年，克耶纳的继任者汉斯·奥特（Hans Ott）引起了议会的注意。7 月 5 日，议会对他进行审讯，因为他在白塔（Weißer Turm）酒馆吃饭吃到了深夜两点，喝了很多酒。三天后，议会决

1 Keller, Maister Franntzn, 27; Grieb, Die Henker von Nürnberg, 148–150.

2 Bendlage, Henkers Hetzbruder, 196.

3 Grieb, Die Henker von Nürnberg, 64.

4 Grieb, Die Henker von Nürnberg, 75f.

定接受他和他妻子的道歉，但给了他口头警告，警告他以后喝酒要适量，不要和不入流的人交往，并会派人监视他，如果他再失职，便会对他不客气。三个月后，汉斯·奥特被逮捕，因为他不顾规定允许了好几个人进了地下监狱探监。经过调查以及对其他看守的审讯，奥特被证实受贿。酒馆老板瓦伦丁·德尔雷德（Valentin Derrleder）承认，原本他也要被关押，但他用金钱贿赂了奥特，所以被免于该刑罚。14 天后，新看守汉斯·厄勒（Hans Öler）接替了奥特的职位。[1]

对于雅克·希福洛“监狱的看守普遍腐败”的论断，已有的文献无法证实。[2] 记录在案的案例非常少。当局怀疑监狱看守腐败，倒是一直都存在，这也是当局派人严厉监视看守的原因。如果一名囚犯成功越狱，看守人员也会被怀疑。1593 年，班贝格附近的一个法庭听差被告上法庭，因为有人怀疑他收受了一名囚犯的金钱，帮助其越狱。1607 年，班贝格地下监狱的看守自己也成了地下监狱的囚犯，因为他让一个被关押的农场帮工逃出了监狱。议会决定，将这名失职的看守驱逐出班贝格城。在将那名逃跑的农场帮工带回来之前，他不得踏进班贝格城。[3]

“醉”犯

一般来说，死刑犯的待遇会更好些。行刑前几日，死刑犯的膳

1 Grieb, Die Henker von Nürnberg, 82f.

2 Chiffoleau, Les Justices du Pape, 80.

3 Schrott, Um Galgen, Rad und Schwert, 225–227.

食费通常比其他囚犯高出 3 倍之多。[1] 1500 年左右，康斯坦茨议会颁布了一项监狱准则，也涉及了囚犯的膳食问题。相比于其他囚犯，死刑犯有一个特权：除了食物和水，他们还可以获得葡萄酒。一个死刑犯每日预算的开销是一先令，即 12 芬尼，而其他囚犯每日预算开销只有 8 芬尼。当然，所有囚犯均可在自己承担费用的前提下，通过看守点单，让人将食物送进监狱。[2] 不过，大部分犯人都没钱，只有少数犯人点得起单。此外，各地监狱膳食的标准也不尽相同。在沙夫豪森，监狱看守拿到的犯人的膳食费，有时是附近的康斯坦茨的两倍。[3] 当然，看守也不一定会把膳食费都用在犯人的膳食上。无论是 12 芬尼还是 8 芬尼的膳食，其质量我们都无从得知。1616 年，纽伦堡陪审团警告负责给监狱做饭的厨子："要把饭做好些，这样囚犯才能好好享用。" 1550 年，纽伦堡的监狱看守被人诟病，因为他把原本该给囚犯吃的食物和饮料送到了神父那里，导致囚犯们饿肚子。[4]

康斯坦茨的监狱准则规定死刑犯可以获得葡萄酒，不只展示了对死刑犯的宽容大度。一方面，酒精可以促使犯人多说话，更快招供；另一方面，喝酒能让犯人暂时忘却自己即将死亡的命运。监狱中葡萄酒的支出是很大的。根据监狱看守的账单票据，被处剑刑的汉斯·皮尔格尔（Hans Pirgel）在行刑前两周多时间，每天都喝了 1 品脱的葡萄酒。1579 年至 1580 年，纽伦堡地下监狱 3 名弑童女

1 Schattenhofer, Das alte Rathaus, 319.

2 Schuster, Stadt vor Gericht, 200f.

3 StadtA Schaffhausen, A II.05.01.041/047, 050.

4 Grieb, Die Henker von Nürnberg, 64, 187.

犯被关押期间，喝了 22—26 升啤酒，最后一餐中还有葡萄酒。行刑那天早上，城市账单中也有这 3 名女犯人喝了汤、葡萄酒的费用。总的来说，在这些案例中，死刑犯整体膳食的花销，约有三分之一都用在了葡萄酒上。不过，这还不是行刑前的所有酒精消费。心灵劝说者探访死刑犯前后，也得给他们提供面包和葡萄酒。至于给看守送的肉、面包和啤酒的费用，则由该城市来承担。[1]

如此看来，葡萄酒和啤酒所起的作用不小。酒精是一个经常会提到的话题。《加洛林纳法典》第 79 条便警告不要在行刑日给死刑犯喝过多葡萄酒，因为“这会让犯人丧失理智”。法学家贝内迪克特·卡普佐夫（Benedikt Carpzov，1595—1666）敦促心灵劝说者要注意：“死刑犯不能吃喝过多。如果喝得酩酊大醉，便没法集中注意力听神职人员祷告。”[2]但这些警告显然并未起到什么作用。死刑犯在踏上最后一程时，并不总是清醒的。我们已经说过，纽伦堡给死刑犯提供的最后的早餐里，包含了葡萄酒。从法兰克福市长的差役支出簿中可以知道，1435 年死刑犯在行刑前可以获得葡萄酒。[3]慕尼黑的财政账单里，也经常有死刑行刑前葡萄酒支出一项。葡萄酒装在所谓的“可怜罪犯酒瓶”中，专门有人提着。死刑犯在去往刑场的路上，如果想喝便可以喝。[4]喝点酒，能在一定程度上抚慰死刑犯。如果死刑犯因承受不了死刑压力而面临崩溃，可根据需要提高葡萄酒的剂量。我们在讲述米歇尔·小根佩尔的案例时说过，

1 StaatsA Nürnberg, Rst. Nbg., Rep. 54a II, Stadtrechnungsbelege, Bündel Nr. 151，288.

2 Benedikt Carpzov, Peinlicher Sächsischer Inquisitions-und Achtprozeß, Leipzig 1693, 193.

3 Rau, Beiträge zum Kriminalrecht, 24.

4 Schattenhofer, Das alte Rathaus, 322.

死刑犯如果在行刑前特别沮丧，议会便会提供给死刑犯一些葡萄酒。这其中有一个现象，也许会让两性史研究者感兴趣：女死刑犯如果在行刑前显得沮丧，并不会得到额外份额的葡萄酒。我们在文献中也没有发现喝醉了上刑场的女死刑犯。在纽伦堡的监狱账单票据中，也没有相关的支出。我们只知道：一名地下监狱的看守，曾因让一名女犯人喝了过多的葡萄酒而被警告。这间接说明，并不是所有女死刑犯都愿意清醒地踏上死亡之路。[1]

1585 年 10 月 21 日，弗朗茨大师绞死了 4 名盗窃犯。这 4 人因在一次黑死病泛滥时，盗取罹难患者家中的财物而被判死刑。弗朗茨并没有记录行刑那日发生了什么特别的事。但第二天，纽伦堡议会却着手对行刑展开调查，因为行刑当日出了状况：无论是法官宣读死刑判决，还是在去往刑场的路上，或者是在刑场上，这 4 名盗窃犯都“放肆无礼，反应迟钝”。原因很快被调查清楚：这四名犯人当时都喝得酩酊大醉。法庭随后传唤了地下监狱的看守，以了解地下监狱按什么规则给死刑犯提供葡萄酒的。法庭认为，应重新给地下监狱制定一个规则，避免死刑犯因喝醉而要泼皮误事的情况再次出现。[2]

这一问题在接下来的时间里未得到完善解决。1613 年，盗窃犯格奥尔格·默茨（Georg Mertz）踏上了他的最后一程。对这次行刑，弗朗茨大师只记录了“默茨神情古怪，摇着头只是笑，不想祷告，只是说信仰帮助了他”[3] 的话。纽伦堡牧师哈根多恩对默茨进

1 Knapp, Lochgefängnis, 17.

2 Grieb, Die Henker von Nürnberg, 141; Keller, Maister Franntzn, 18.

3 Keller, Maister Franntzn, 73.

行了心灵劝说。根据他的记载，一开始默茨很愿意祷告，表现得很虔诚。但随着行刑日的逼近，他变得越来越偏执。刽子手将他从地下监狱带出去接受绞刑时，“他的‘酒神精神’便开始活跃了”。哈根多恩用这知识分子的语言，描述了默茨大醉的事实。“上法庭前，他大叫了一阵，我不得不扶住他，警告他要自重。开庭后，他表现得如傻子一般，一会儿摆右手，一会儿摆左手，一会儿龇牙咧嘴，一会儿吐舌头，我不得不两次警告他……法官宣读审判后，他弯下腰想给法官行个礼，却差点摔个脚朝天。”这说明当时他已经喝得烂醉，几乎站不住了。审判结束后，默茨被带去了刑场，但过程也不简单。默茨到处乱吼，踉踉跄跄，哈根多恩牧师不得不扶着他。虽然哈根多恩也多次警告他要收敛，但收效甚微。在市政厅前，他甚至跳了起来，“乱骂乱叫，如同疯了一般”。最后，他索性赖着不走了。刽子手只好将他绑在一把椅子上，让人把他抬去刑场。烂醉的默茨继续大喊大叫，用力踢着椅子，摇头晃脑，甚至还称围观的群众为天使。最后，抬他的人看他在椅子上不安分，便想把他放下，结果他一屁股摔在了地上，他马上又开始谩骂。哈根多恩牧师失去了耐心，满脸怒气地对着默茨训斥道：“你担心你的身体？你还是担心下你的灵魂吧！”在绞刑架上，除了一件事（随后会细说），其他的还算正常。默茨请求周围的人原谅，并开始和牧师一起祷告。祷告结束后，刽子手用绞绳一把了结了默茨。被惹怒的哈根多恩牧师用如下的话结束了对此次行刑的记载：“愿上帝怜悯他，原谅那些将他灌醉之人。”[1]

1 GNM, Hs. 3857, f. 84vf. Hampe, Malefizbücher, 20f.

1616年，盗窃犯莱昂哈德·多耶莱恩（Leonhard Deuerlein）被判剑刑。也许在走出地下监狱时，他便已喝醉了。去刑场的路上，他又喝了不少酒。牧师告诫他祈祷时间已到，多耶莱恩回答说他不想祈祷，祈祷是牧师的事，毕竟牧师也拿了祈祷的钱。不仅如此，他还摆出一副要跟守卫打架的阵势。在刑场上，他请求喝水、喝葡萄酒。刽子手将他的头砍下来时，他手里还握着葡萄酒瓶。哈根多恩对此次行刑的记载与默茨的一样："愿上帝怜悯他，原谅让他喝得那么多的人。"[1]至于是谁让他喝那么多酒，至今仍不清楚。议会对此也没有进行过相关的调查。酒很受纽伦堡地下监狱看守的喜爱。虽然议会规定，看守不得给犯人提供一升以上的葡萄酒，但在格奥尔格·默茨和莱昂哈德·多耶莱恩的案例中，看守给他们的酒远远超过了这个量。[2]

关押期限

关押作为体刑或死刑的替代刑，时间可以很长，但不多见。1514年末，纽伦堡贵族、议长安东·特策尔（Anton I. Tetzel）因受贿和叛国罪被判死刑。直到1518年初被处决前，他一直被关押。[3]1583年，颇有名望的纽伦堡市民哈斯德鲁巴尔·罗森塔勒（Hasdrubal Rosenthaler）因叛国罪和挪用公款罪被告上法庭。不过，因纽伦堡议会所有成员以及众多贵族为他求情，法官最终判处

1 Hampe, Malefizbücher, 74.

2 Knapp, Lochgefängnis, 17.

3 Frommer, Strafrechtsgeschichte, XXV.

他终身监禁在弗洛施塔牢。监禁产生的一切费用，都由罗森塔勒的家庭承担。根据记录官的记载，罗森塔勒便是这样被关在弗洛施塔20多年（其他人说是15年）。[1]不过，最迟从1614年起，罗森塔勒开始被软禁在他父亲的房子里，只有在去教堂时方可离开。[2]

同样作为贵族的汉斯·施特罗默（Hans Stromer）1554年也被判终身监禁。直到去世，施特罗默一直被监禁，时间长达38年。他之所以能被纽伦堡人记住，据说是因为他在被关押期间，消费了无数烤肠。[3]这些例子涉及的都是纽伦堡的上层人士，这并非偶然。议会没有判处他们死刑，主要是考虑到他们的亲属。1532年，奥古斯堡城出现了一桩历时数年的布料贸易诈骗案。诈骗案首犯是染工汉斯·斯塔普夫（Hans Stapff）。他造成了高达6000古尔登的损失，但法庭没有判他死刑。记录官克莱门斯·森得（Clemens Sender）是这样解释的：斯塔普夫有几个成年的儿子，都很虔诚，受人尊敬，而且与当地的望族也有姻亲关系。为了使这些姻亲关系不受影响，法庭决定不判处他死刑。不过，法庭也不想放弃刑罚。斯塔普夫被释放后，议会在市政厅前当众宣布：斯塔普夫将被软禁在家，死前不得越出家门槛半步。[4]

因盗窃罪被起诉的沃尔夫·凯斯勒（Wolf Kessler）则要幸

---

1 Georg Wolfgang Karl Lochner, Zur Sittengeschichte von Nürnberg in der zweiten Hälfte des 16. Jahrhunderts, in: Zeitschrift für Deutsche Kulturgeschichte 1 (1856), 221–236, 此处 233。

2 Hampe, Malefizbücher, 83.

3 Frommer, Strafrechtsgeschichte, XXV.

4 Die Chronik von Clemens Sender von den ältesten Zeiten der Stadt bis zum Jahr 1536, in: Die Chroniken der schwäbischen Städte. Augsburg IV (Die Chroniken der deutschen Städte vom 14. Bis ins 16. Jahrhundert, Bd. 23), Leipzig 1894, 339.

运些。他被逮捕、接受刑讯后没几天，议会决定宽大处理，不判他死刑，而判他终身监禁，但他的母亲必须承担监禁产生的一切费用。1518 年 5 月，凯斯勒被关进了弗劳恩舒尔德塔（Frauen-schuldturm）。14 个月后，议会基于凯斯勒的母亲、妻子的求情，同意释放凯斯勒。不过，将他释放前，议会警告他："如果在母亲、妻子那里行为不端，他将立刻被逐出城。"[1]

被判死刑的犯人，无须关押很久。关押期限视审讯进展而定，法官在审讯结果的基础上进行审判。根据 16 世纪一位法学家的意见，犯人被判死刑时，关押时间不应超过两年。超过两年，则应将犯人无罪释放。[2]在流传下来的文献中，我们没有找到这种案例，重刑犯监禁的时间通常很短，一般很少超过几天或几周。一旦证据充足，犯人被逮捕后没几天便会被处决。1460 年，在帝国自由城康斯坦茨，盗窃犯路德维西·梅格（Ludwig Meger）在狱中一共只待了一天半便被处以绞刑。[3]如果证据缺乏、犯人收回供词或者法官在处理盗窃案时欲引出整个盗窃团伙，犯人被关押的时间可能会持续数周或数月。[4]此外，16 世纪犯人的关押时间一般比中世纪晚期长。不过，这纯属个人印象，并没有确实的研究结果可以证明。但笔者有很好的解释：死刑案的程序越来越规范，法庭也越来越多地要求在审判时应有相关的法学鉴定。那些关押时间长的犯人中，

1 Grieb, Die Henker von Nürnberg, 32, 34.

2 Perneder, Von Straff und Peen.

3 Schuster, Stadt vor Gericht 202f.

4 Schrott, Um Galgen, Rad und Schwert, 122f.; Fischer, Chronik Ulm, 69; StaatsA Nürnberg, Rst. Nbg., Rep. 52b, ASTB 226aa.

很多都因证据不足而被无罪释放。[1] 因为在没有目击证人的情况下，除非对犯人严刑逼供，否则要找到证据会尤为困难。

寻证与逼供

中世纪晚期，查明真相的那些老方法虽未被人们淡忘，但已普遍过时了。中世纪早期和盛期，法庭有时还会用那些老方法来查明真相。比如说让起诉者和被起诉者决斗，获胜者则赢得诉讼。另一种方法是让被告手握热铁，如果被告没被烫伤，那就证明其无罪。此外，还有近代早期迫害女巫时盛行的“水试”（Wasserprobe）、“尸架试”（Bahrprobe）等。尸架试是杀人凶手从被杀者的尸架旁走过，死者的尸体便会开始流血。虽然直到近代早期，人们都普遍相信这种方法，但它还是被另一种更“理智”的方法——逼供——系统地取代。

如果认为在合法逼供出现前，不存在对嫌疑犯使用暴力的行为，那就太幼稚了。不过，对此并没有相关的文献记载。中世纪真正合法的逼供，源于宗教裁判所对异教徒和异端分子的处罚。[2] 首次记录在案的逼供出现在意大利的法律文献中，时间约为 1228 年，地点是维罗纳。在阿尔卑斯山以北，首次经过法院授权使用暴力的行为出现在 14 世纪上半叶，几乎都在主教城，如奥古斯堡、科隆、

1 Schuster, Stadt vor Gericht, 202.

2 Thomas Scharff, Seelenrettung und Machtinszenierung, in: Peter Burschel / Götz Distelrath / Sven Lembke (Hg.): Das Quälen des Körpers. Eine historische Anthropologie der Folter, Köln 2000, 151–171, 此处 153ff.。也请参考 Martschukat, Inszeniertes Töten, 33f。

雷根斯堡、斯特拉斯堡、施派尔等。[1] 纽伦堡使用逼供最早在 1371 年。在某些城市，比如汉堡或是诺德林恩，逼供在中世纪晚期才出现。哥廷根历史学家恩斯特·舒伯特指出：1500 年左右，逼供作为查明真相的基本方法，得到了大范围普及。[2]

中世纪晚期最著名的法律文本之一——《诉讼明镜》（Klagspiegel），是 1436 年由施瓦本哈尔的记录官康纳德·海登（*Conrad Heyden*）编撰的，其中有两处逼供条例。该法律文本影响了之后的所有法律文本。截至 1612 年，共被印刷了 20 多次。在"职责"一章中，谈到了为查明真相何时可对嫌疑犯进行逼供，认为"对嫌疑犯进行轻微恐吓不包含在内"。海登认为，过轻的刑罚根本没用，但逼供也应谨慎，不能过分。海登的这些建议读起来很讽刺，但应该是经过深思熟虑后的结论。在当时的社会，要找到证据，方法很少，除非作案者被抓现行或有目击证人，还有就是作案同伙的证词以及被告的招供。1503 年，班贝格主教恳请纽伦堡议会判处一名被监禁的犯人死刑。议会的回答是：法庭只能宣判已认罪的犯人死刑，如果犯人只存在重大犯罪嫌疑，是不能判死刑的。[3]

让嫌疑犯在刑讯下招供，虽然合法，但也必须遵循一定的规则。根据《诉讼明镜》，只能对 14 岁以上的人进行逼供，逼供时也应"理性逼供"，且逼供的刽子手要"进行人道的把握"[4]。纽伦堡 1521 年的一个文本也规定，"逼供应谨慎，如果太过，便与杀

1 Schild, Folter, Pranger, Scheiterhaufen, 89.

2 Schubert, Räuber, Henker, arme Sünder, 160.

3 Knapp, Lochgefängnis, 28.

4 Brant, Der Richterlich Clagspiegel, fol. 108v, 128v.

人犯无异，会受到惩罚”[1]。将逼供控制在合理范围之内，是当时几乎所有法律文本的倡议。16 世纪前半叶，巴伐利亚法学家安德雷亚斯・佩内尔德建议在处理金钱财物案例时，只在非常极端的情况下才采取逼供，前提是要有重要的旁证，证明嫌疑犯有罪。如果没有，便不允许逼供。就算采取逼供，也应适度，不可过分。意志力薄弱者在受刑后什么都会承认，这是可以预见的，故而应谨慎处理逼供后获得的招供，检验其可信性。[2]

一般来说，通过逼供获得的招供，在嫌疑犯未被绑时重复招供后方有效。1521 年，纽伦堡就死刑的相关规定进行了商讨。纽伦堡的法学家出具了一份鉴定，强调了招供的重要性，也端正了通过逼供获得的招供的价值，明确了如果嫌疑犯在逼供下认了罪，3 天后法官应在嫌疑犯未被绑的情况下对其再次进行审问。如果届时嫌疑犯不收回招供，且证据“如正午的太阳那般清楚”时，才能对其进行审判；但如果嫌疑犯收回招供，便不能再对其逼供，除非有新证据出现。[3]

1532 年的《加洛林纳法典》则将中世纪晚期的《诉讼明镜》中的这些思想固定化、通用化了。这部帝国法典的一个重大成就在于将逼供规范化，这也是 16 世纪欧洲刑罚的一个趋势。几年后，即 1539 年，维莱科特雷诏书规定了法国对犯人逼供的准则。1567 年，《新法律汇编》（*Nueva Recopilación*）规定了西班牙在这方面的准则。1570 年，菲利普二世（Philipp II）颁布了一部适用于荷兰

1 Knapp, Lochgefängnis, 45.

2 Perneder, Von Straff und Peen.

3 Knapp, Lochgefängnis, 44f.

（隶属于西班牙王朝）的刑法，里面同样详细规定了逼供的准则。[1] 按照《加洛林纳法典》，只有在嫌疑犯名声扫地且证据充分时，方可采取逼供。如此一来，逼供的门槛变得很高："简而言之，法官必须有犯人的招供才能审判，故而在一些案例中对犯人进行了逼供，这些案例如果放在今天，法官会根据已有证据立刻给犯人判罪。"[2] 这个观点，我并不完全赞同，因为名声是有活动空间的。出身不好的嫌疑犯，就算证据薄弱，当局也倾向于对他们逼供。

至于逼供的规模，我们知之甚少，因为逼供都是在公众视野范围之外进行的。[3] 已有的资料说明，16 世纪，逼供经历了一次高潮。在英国,1540 年至 1640 年的一百年，是个"逼供世纪"。不过，从 17 世纪开始，逼供逐渐变少。[4] 同时，逼供也受到了严厉的监控。15 世纪起，纽伦堡每次逼供都需陪审团批准。逼供的等级，也由陪审团规定。当局对逼供的控制很普遍。16 世纪，在对嫌疑犯严刑逼供前，法庭越来越经常要求大学出具相应的法律鉴定。[5]

慕尼黑专门在重刑犯监狱（Schergenstube）设有一间逼供室。在两名法官和一名议会成员在场的情况下，刽子手经常对嫌疑犯进行逼供，根据案例的不同来决定使用何种逼供方式。[6] 在纽伦堡的

1　Ruff, Violence, 93f.

2　Schild, Folter, Pranger, Scheiterhaufen, 92.

3　Sven Lembke, Folter und gerichtliches Geständnis. Über den Zusammenhang von Gewalt, Schmerz und Wahrheit im 14. Und 15. Jahrhundert, in: Peter Burschel / Götz Distelrath / Sven Lembke (Hg.): Das Quälen des Körpers. Eine historische Anthropologie der Folter, Köln 2000, 171–200.

4　Ruff, Violence, 93–95.

5　Schild, Folter, Pranger, Scheiterhaufen, 92.

6　Schattenhofer, Das alte Rathaus, 309.

地下监狱，也有一个专门的房间用于逼供。这个房间无窗，约十平方米，在市政厅议会厅的正下面。逼供时，两名陪审团成员通过通气管与逼供室的人交流。逼供有五级。先是简单威胁。将嫌疑犯带到审讯室，将其绑在一张椅子上后，刽子手便开始恶狠狠地向嫌疑犯讲述有什么逼供工具。如果嫌疑犯没被吓住，拒不招供，那刽子手便会采取严刑逼供。较普遍的是拇指夹、水刑、火烧腋毛等。还有一种最残酷的拉架：将嫌疑犯的双手绑在背后，固定在滑轮上，然后往上拉，嫌疑犯脚上再绑上重石，这样整个身体都会被拉开。[1]

负责逼供的多是受雇的刽子手，他们如同行走在狭窄的山脊上，时刻得小心。一方面，他们得让犯人招供，另一方面又得控制好度，不能让犯人受重伤。“二者之间进行平衡，是刽子手每次逼供时都要注意的。他得知道，什么时候用拇指夹、腿夹、绦带，又得让腱和骨头不受伤；他也得知道，拉架不能超过哪个点。此外，他也得判断，对嫌疑犯是否能严刑逼供，嫌疑犯的身体是否受得住。”[2] 尽管如此，被逼供的犯人遭受的痛苦有时令人无法想象。

1522 年，奥古斯堡商人汉斯·弗格尔（Hans Vogl）一共在慕尼黑被关押了 42 周，他被控在诺德林的展会上试图杀害慕尼黑商人汉斯·摩泽尔（Hans Moser）。弗格尔被关押期间，慕尼黑议会多次让刽子手对其严刑逼供。一天 16 次用拉架去折磨他，多的时候甚至 18 次。此外，刽子手还多次用火来折磨他，以至于“他的

1 Harrington, Die Ehre des Scharfrichters, 98ff. Dülmen, Theater des Schreckens, 32; Wilbertz, Scharfrichter und Abdecker, 79ff; Martschukat, Inszeniertes Töten, 36f.

2 Wilbertz, Scharfrichter und Abdecker, 80.

鞋底都被烧掉了”[1]。这显然得到了当局的授权，因为如果超过了当局允许的逼供尺度，刽子手会被起诉。1595年，握有死刑裁判权的上法兰克布格布拉赫伯爵将一名偷盗嫌疑犯抓捕后，让法庭当差给他上了拇指夹。然而，最后证明该嫌疑人只偷了两捆谷粒，主教的行政官于是干预了此事，指责伯爵处罚太重，应将嫌疑人释放。在福希海姆，一名城市民兵在没有接到命令的情况下，逼供了两名盗窃嫌疑犯。因为这种自作主张的行为，城市民兵被绑在耻辱柱上示众，随后被刽子手用荆条抽打出城。[2] 1555年5月，纽伦堡议会对其刽子手进行了教育，指责他将拇指棍磨得过于尖利，会给受刑者带来更多痛苦，并批评他不顾议会的多次警告，对犯人过分责打。[3]

逼供时既要适度，又要设法让犯人招供，以获得审判所需的证据。16世纪中期，茨维考的城市法改革文本认为，严刑逼供的障碍很多，如果无法跨越这些障碍，则应考虑相关的替代刑。这样有创新思想的文本，在当时是不多的。文本还指出，“如果对逼供没有把握，应派一个可信任的法庭听差去监狱和嫌疑犯喝酒。等到嫌疑犯喝得酩酊大醉时，便能问清事情的来龙去脉了”[4]。

况且，就算严刑逼供，也不一定能让犯人招供。至于在逼供室里发生了什么，文献并没有任何记载。不过，将被逼供者与被判死

1　Schattenhofer, Das alte Rathaus, 303.

2　Schrott, Um Galgen, Rad und Schwert, 20.

3　Grieb, Die Henker von Nürnberg, 80.

4　Eberhard Schmidt, Lehrkommentar zur Strafprozessordnung und zum Gerichtsverfassungsgesetz, Nachträge und Ergänzungen zu Teil II (STPO), Göttingen 1966, 162f.

刑的犯人的名字进行对比，可以发现，对犯人进行逼供，并不意味着犯人的命运就注定了。[1]受了多级逼供仍不招供的犯人大有人在。这些人经常能被释放，但是得离开所在的城市。

有时，犯人在刑讯时说的话，会危及自己的生命。1508 年，圣加伦一名男子承认多次偷盗后，还承认自己年轻时曾在布雷根茨与牛和马有过多次性行为。因为这有违基督教规，故而他一直不能释怀。法庭最后判处他剑刑。而作为兽奸犯，他受剑刑后，还得再受火刑的折磨。[2]

狱中的疾病与死亡

许多犯人被关进监狱时已有残疾，身体虚弱。有的在监狱里生病，有的自残，有的被逼供后受伤。疾病和死亡是犯人关押期间的一个棘手问题。当权者虽有死刑裁判权，可以处置臣民的身体，但一切都应在法律的框架下公开进行。只有这样，当权者统治地位的合法性才不会受到质疑。如果有囚犯死在狱中，则很可能出现流言，民众会认为是当权者非法处决了囚犯。因而，当权者对生病、体弱的犯人会比较照顾。如果犯人患有疾病，则有机会被赦免或被提前释放。[3]

1470 年，贝尔茨·韦德勒（Beltz Wedler）被捕，他的朋友请求维尔茨堡议会将他从塔牢底部移到塔牢高处去，因为他“身子非

1 Schuster, Stadt vor Gericht 204f.

2 StadtASG, Bd. 913, S. 5f.

3 Schrott, Um Galgen, Rad und Schwert, 197, 218f.

常虚弱”，3 天都未曾喝水进食。1484 年，维尔茨堡议会释放了一个被关押的看守，不仅是因为他父母的求情，还是因为他得了严重的疾病。不过，他得去市长、议会面前宣誓出狱后不会采取任何报复行为。如果因身体原因暂时不能行走，可以在病愈后再去补宣誓。[1]

如果得了严重的疾病，死刑犯则完全可能免于一死。1633 年 10 月 15 日，纽伦堡议会宣布，将不会可怜盗窃犯汉斯·莱夫（Hans Raif）和亚当·福尔哈伯（Adam Faulhaber），而会对他们执行剑刑。不过，一个月后的一封法律鉴定建议对汉斯执行绞刑而非剑刑。汉斯还供出了其他盗窃事实，但亚当拒不承认，不久后中风。陪审团认为，这是上帝对亚当的惩罚，让他既不能站，也不能走。陪审团再次询问该城的法学家对中风的亚当是否依旧可以执行死刑。虽然法学家们认为可以，但陪审团最终决定派人照顾亚当。他们先询问了亚当赖以谋生的刀匠业是否有人可以照顾他，但刀匠们都称没有这个能力。这时，亚当的两位姐妹站出来说愿意照顾他。陪审团犹豫了：是该将亚当交给他的姐妹们照顾还是让他待在监狱里，由纽伦堡城承担费用？无论如何，亚当最后未被处决。[2]

亚当因重病而逃过了死刑，有经验的罪犯深知这一点，所以经常装病来逃避死刑。1602 年，埃哈德·佩索尔特（Erhard Pesolt）因盗窃而被判死刑，他称自己得了重病，请求获得赦免。纽伦堡陪审团对此表示怀疑，故而专门派人去查佩索尔特的病是被捕前就

1 Sprandel, Würzburger Ratsprotokoll, 176.

2 Grieb, Die Henker von Nürnberg, 212f.

有的，还是只是“纯粹的装病”。[1] 1588 年，杀人团伙成员格奥尔格·迈尔（Georg Mayer）审讯时装成癫痫病患者，以博取陪审团同情。这一招果然管用，他成功地骗过了陪审团，随即被释放。他让另一名团伙成员也这样做，但不成功，事情随即暴露。1 月 11 日，格奥尔格死于轮刑。[2]

如果只是身体的残疾或轻微的不适，并不能让死刑犯免于死刑。弑童女犯中，很多刚过孕期或产褥期，身子十分虚弱。她们被判死刑后，要等到身体恢复，才会行刑。1613/1614 年，纽伦堡法庭决定将弑童犯安娜·艾梅尔（Anna Emel）从纽伦堡地下监狱移到医院调养，因为她尚处产褥期，身子非常虚弱。过了一段时间，安娜身体恢复后被带回了监狱，1614 年 2 月 8 日被施以剑刑。[3] 1587 年，格特鲁德·施密特（Gertrud Schmid）因奸淫罪和乱伦罪被判死刑，关在纽伦堡地下监狱。但因身体特别虚弱，法庭决定将她移到塔牢中去，直到她身体恢复。三周后，她死在了刽子手剑下。[4]

当时的人身体残疾很普遍，法庭也会考虑到这一点，有时会命人用推车将死刑犯送往刑场。[5] 纽伦堡陪审团经常考虑到死刑犯身体的残疾与不便，并进行了灵活处理。1568 年，被判死刑的桑姆（Thumb）只有一条腿，得用拐杖走路。陪审团认为不能让这样一

1 Grieb, Die Henker von Nürnberg, 165.

2 Keller, Maister Franntzn, 23f.

3 Grieb, Die Henker von Nürnberg, 381.

4 Grieb, Die Henker von Nürnberg, 143, 188.

5 Rau, Beiträge zum Kriminalrecht, 30f.

个犯人绑着双手走去刑场，故而决定用一辆推车送他去。[1] 1545 年，纽伦堡陪审团宣布判处彼得·佩谢尔（Peter Pecher）剑刑，但不确定佩谢尔是否能承受住死刑压力，也担心行刑时佩谢尔是否能镇定地将脖子伸得恰到好处。基于这些，陪审团 4 月 21 日决定：刽子手在行刑时应视情况而定，自行决定如何行刑。[2]

对身体或精神有疾病的死刑犯，法庭会网开一面，会减免一些附加刑。比如 1586 年被捕的强盗、盗窃犯汉斯·韦伯（Hans Weber）便患有癫痫。他伙同莱昂哈德·哈根（Leonhard Hagen）在乡村犯下了重大抢劫罪。两人在夜深时溜进农舍，将农户从床上拽起来，然后暴力逼农户告诉他们财物所在之处，并导致一名孕妇死亡。在审判汉斯·韦伯时，陪审团考虑是否要在他去刑场的路上用热钳烫他的身体，因为这可能会导致他癫痫发作。最后，陪审团决定对他（以及他的同伙）免除这项附加刑。[3] 1576 年，尤尔克·多尔曼（Jörg Dolman）在纽伦堡被判处绞刑。刽子手认为多尔曼病了很久，身子太虚弱，不适合绞刑，也怀疑多尔曼能否爬上绞刑梯。这些顾虑得到了陪审团的认可。议会法庭最后决定，对多尔曼改判剑刑，并特别允许他坐在椅子上受刑。[4] 在苏黎世，被判斩首的死刑犯应先跪下来，等待刽子手行刑。1530 年，在对一名死刑犯的判决中，法庭考虑到该死刑犯身体虚弱，决定让他坐在椅子上受刑。[5] 1600 年，纽伦堡法庭审判了一名身体状况很差的女盗窃犯，

1 Grieb, Die Henker von Nürnberg, 108.

2 Grieb, Die Henker von Nürnberg, 56.

3 Grieb, Die Henker von Nürnberg, 142.

4 Grieb, Die Henker von Nürnberg,122f.

5 Wettstein, Todesstrafe, 121.

也判处她坐在椅子上接受剑刑。[1]

如何对待犯人生病的问题，每个监狱都不同。1593 年，勃兰登堡监狱一个上了镣铐的犯人，遇到了一个有同情心的看守。因为镣铐将该犯人的手臂磨得伤痕累累，看守便将镣铐解了下来。但监狱的墙没能锁住这个犯人，他很快逃出了监狱。[2] 而对 16 世纪末的康纳德·赫兹（Konrad Hetz）来说，短暂的铁窗生涯给他带来了致命的后果。入狱前，他靠在别人家门口唱歌来维持生计。也许是因为他没有固定住所，所以他被怀疑是一起盗窃案的作案者，被关进了布格昆施塔特监狱，两条腿都被镣铐铐上了。审讯后，审讯记录被送往班贝格侯爵处。侯爵看完记录认为，审讯结果并不能证明康纳德有重大嫌疑，故而应将其有条件释放，条件是以后不得靠近布格昆施塔特城。康纳德被释放后，双腿因在牢里上了镣铐而发炎，相关记载称他的双腿“发炎得厉害”，连走路都需要人扶着。后来他来到了班贝格一家医院，两条腿都不得不被截肢。布格昆施塔特的行政长官将自己撇得很清，说他只下令将康纳德绑在铁链上，且康纳德自己对此也负有责任，因为出狱后康纳德在差役那用热水洗了已发炎的腿，因此而感染了炎症，弄得自己“这般下场”。[3]

犯人在狱中死亡的事时有发生。1460 年，布尔卡特·沃尔夫林（Burkart Wölflins）的尸体被康斯坦茨议会仆役从监狱里抬了

1 Keller, Maister Franntzn, 53. 其他例子请参考 Grieb, Die Henker von Nürnberg，352、359。

2 Schubert, Räuber, Henker, arme Sünder, 138.

3 Schrott, Um Galgen, Rad und Schwert, 218.

出来。他在监狱里待了 38 天，受了不少刑。虽然账单簿并没有透露他死亡的原因，但他的安葬费用却高达三先令，说明里面存在猫腻。[1] 1408 年，沙夫豪森的城市账单记录了一名在市政厅死亡的囚犯的膳食费。[2] 1616 年，玛格瑞塔·施默尔肯（Margaritha Schmorcken）的儿子在监狱死去已有 6 年，玛格瑞塔给萨克森君主递上了一封感人的请愿书，要求获得儿子死亡的经济补偿。玛格瑞塔称，儿子被怀疑犯了盗窃罪后锒铛入狱，在那里忍受了无法言说的痛苦："我那可怜、无辜的儿子，日日夜夜都在喊疼，那疼痛大得无法忍受……最后，他没能承受住那骇人听闻的、不人道、非基督的折磨与痛苦。他又渴又饿，还得忍受害虫的侵袭，肩膀和手都被害虫咬烂了。他死的时候非常痛苦，没有任何人在场，更别提神父了。他全身上下，不是被害虫咬烂，就是被镣铐磨烂，遍布伤痕……仆役将他从镣铐中解下来安葬时，我那可怜儿子的手没能被解下来，而是永远留在了铁铐上。"[3] 这样的描写，虚构成分不少。娜塔丽·戴维斯（Natalie Davis）曾对民众给法国国王的请愿信进行过细致的研究，里面有很多类似的故事，也被称为"档案中的虚构故事"。[4] 不过，虽有些过于夸张，但这封信的内容肯定具有一定的真实性。

对被判死刑的犯人来说，在狱中死亡并不意味着能逃脱死刑。1518 年，海因里希·凯泽（Heinrich Keiser）在哥廷根被判

1　Schuster, Stadt vor Gericht, 202.

2　StadtA Schaffhausen, A II.05.01.007.

3　Ludwig, Das Herz der Iustitia, 210.

4　Davis, Der Kopf in der Schlinge.

火刑，原因是与继母通奸。弗兰西斯库斯·卢贝库斯（Franciscus Lubecus）是这样记载的："他死在了塔牢里，所以无法在他活着时将他烧死。"[1] 如果我们以此推断凯泽死后被施以火刑，应该不会错，因为这在当时很普遍。我们之前提到过两个造伪币者，他们1468年被抓捕时，受了致命伤而死，但也没能逃脱死刑。两人的尸体与另一个未受致命伤的犯人一起被公开地烧毁。[2] 1467年，卡策内尔恩博根伯爵区一名被判处火刑的犯人在狱中自杀身亡，但法庭还是对他执行了火刑："他被带上绞刑架，尸体被火烧毁。"[3] 1572年，法兰克福当局将富有的银行家、犹太人约瑟夫（Josef）关押在了金天鹅市政厅。约瑟夫被指控伪造印章，制造了假的德国王侯债务券。6月20日，约瑟夫死在了狱中。城市议会立即召开了一次特别会议，讨论如何处置约瑟夫的尸体。议会最后决定，执行原判。根据刑罚簿的记载，议会派人将约瑟夫的尸体装在了刽子手的狗车上拉去了刑场。这是很具象征性的行为，为的是说明"犹太人与狗无异"。狗车的两边都挂着横幅，上面列举了约瑟夫所犯的罪行。随后，约瑟夫的尸体被送上绞刑架，绞刑架下燃起了熊熊大火，以将约瑟夫的尸体烧毁。[4]

此外，还有将犯人尸体抬到法庭上的做法。对此，很少有人研究过。本书开始部分介绍的赫尔曼·冯·布莱姆斯（Herman von Bremens）的案例，便提到了此类做法。1578年，一副棺材被抬

1 Lubecus, Göttinger Annalen, 314.

2 Lubecus, Göttinger Annalen, 205.

3 Regesten der Grafen von Katzenelnbogen, 2229.

4 Meinhardt, Das peinliche Strafrecht, 181.

进了汉堡的死刑法庭，里面装的是死在狱中的柯特·贝谢（Cord Besche）。法庭最后决定，将贝谢的尸体送往刑场，用一块布包起来，然后处以绞刑。3 年后，法庭宣布对一名死于狱中的叛徒实行对叛徒的一贯处决：四马分尸。[1]

自杀

1532 年，巴塞尔上演了一出家庭闹剧。一名市民先杀死了有孕在身的妻子以及孩子，然后从自家楼顶上跳了下去，了结了自己的生命。事发后，刽子手被派去处理该男子的尸体。他先将该男子带到刑场处以轮刑，然后将千疮百孔的尸体装进了一个圆桶中，扔进了莱茵河。[2]刽子手这样做，是因为在前现代的欧洲，自杀被认为是重罪，会被严惩。自杀者会被驱逐出教会，会像异教徒那样被火烧或塞到圆桶中扔进水里。此外，自杀还会给财产继承带来一定的后果。《班贝格刑法条例》规定，如果有犯人因怕被虐待而自杀，便会丧失遗产继承人，所有财产都将归法院所有。《加洛林纳法典》也规定，只有那些因抑郁症或其他疾病而自杀的人，才有遗产继承人。[3]如此，死者亲属便有足够的理由来掩盖死者自杀的痕迹。而我们也只能大概推测自杀在前现代社会的规模。

不过，狱中的自杀却很难遮掩，因而监狱也是绝大多数记录

1 Wosnik, Beiträge, 27f. 其他案例请参考该书 30f。

2 Ochs, Basel, Bd. 6, 487.

3 Schrott, Um Galgen, Rad und Schwert, 433f.

在册的自杀案的发生地。[1] 法兰克福很多犯人自杀后，需用马将尸体拖往刑场，在绞刑架下火烧尸体。这会产生费用，这些费用都被记录了下来，从而使这些自杀案被世人知晓。[2] 此外，自杀犯有时也会被直接埋在绞刑架旁。[3] 1522 年，多特蒙德议会令人将两名死在狱中的嫌疑犯送到西大门祖普洱维尔（zu Pulver）进行火化。[4] 劳夫的昆茨·赫尔哥特（Cuntz Herrgott）也经历了类似的命运。1514 年，他被关押在纽伦堡地下监狱。一天，他点燃稻草将自己烧死。随后，法庭令人将他的尸体扔进燃烧的柴火垛中。[5] 根据齐默尔的记录，企图通过自杀而躲过死刑的犯人会被移交给刽子手。刽子手会将尸体敲进一个圆桶，然后送到刑场火化。[6] 1458 年，一名被怀疑犯了盗窃罪的犯人在狱中自杀后，杜伊斯堡城拒绝为其进行基督式的安葬，直接将其安葬在了绞刑架下。[7] 纽伦堡城在近代早期也是同样的做法。1615 年，一名被判死刑的盗窃犯在行刑前第三天用裤带上吊自杀身亡。负责他心灵劝说的牧师哈根多恩对此的记载非常简短："他的尸体被拖出了监狱，带去了他所属的地方——绞刑架。"[8] 1579 年，科赫姆一名被控犯了盗窃罪的犯人上吊

---

1 Behrisch, Städtische Obrigkeit, 189.

2 Rau, Beiträge zum Kriminalrecht, 75f., 93.

3 Rau, Beiträge zum Kriminalrecht, 59, 67, 93.

4 Georg Stahm, Das Strafrecht der Stadt Dortmund bis zur Mitte des XVI. Jahrhunderts, Bonn 1909, 253.

5 Müllner, Annalen, Bd. 3, 428.

6 Zimmersche Chronik, Bd. 2, 619f.

7 Helmut Reiß, Die strafrechtliche Behandlung der Eigentums-und Vermögensdelikte nach den Strafurteilen der Praxis im Bereich der Hansestädte vom 13. Jahrhundert bis zum Erlass der Constitutio Criminalis Carolina im Jahre 1532, Kiel 1937, 210.

8 Hampe, Malefizbücher, 89; Grieb, Die Henker von Nürnberg, 382.

自杀身亡。尸体随后被拖往刑场，吊在了绞刑架上。他亲属的介入，才使他免于示众，尸体被刽子手埋在了绞刑架下。[1]

犯人自杀是一个常被讨论的话题。如果城市统治者不能防止犯人自杀，那民众会如何想？为此，城市统治者一直思考相关的预防措施。1512 年，纽伦堡议会要求地下监狱看守，在接收犯人时，应对犯人进行严格的搜查。刀、钉子以及其他可用以自残的工具，都得没收。[2] 1612 年，巴斯蒂安·格斯特恩（Bastian Gestern）在纽伦堡的地下监狱足足待了 7 周，才被送上绞刑架。在这 7 周的时间里，有一个专门的看守负责看守他，“因为他曾说，如果有朝一日知道自己要被处死，那他便会自行了断”[3]。对纽伦堡的陪审团来说，1604 年初因盗窃罪被捕的彼得·霍夫曼（Peter Hoffmann）有些特别。他不仅随身带着一个骷髅头、一个人腿骨，且精神状态也令陪审团担忧。陪审团怕霍夫曼会自残，所以加强了守卫，还派人去问霍夫曼腿骨哪来的、打算用腿骨做什么、是不是用来练魔术等。[4]遗留下来的文献中，记载了很多囚犯精神不振、法庭派专人去看守以避免其自杀的例子。[5]因杀人罪被捕的玛格瑞特·贝克（Margarethe Beck）便有两名专门的看守。玛格瑞特的双手也被绑在了一起，以免她做出自残之事。[6] 1503 年，纽伦堡议会对海因茨·杜尔纳格（Heinz Durnagel）用刑后，又派了一个专门的看

1 Lott, Todesstrafen im Kurfürstentum Trier, 210f.

2 Knapp, Lochgefängnis, 20.

3 GNM Nürnberg Hs. 3857, f. 80v.

4 Grieb, Die Henker von Nürnberg, 169.

5 Grieb, Die Henker von Nürnberg, 47; GNM, Hs. 130714, Mappe XI, fasc. 6.

6 Grieb, Die Henker von Nürnberg, 129.

守去看管他。此外，议会还令人将杜尔纳格的双脚绑住，以防他自杀。[1] 死刑犯关押的最后几天，即审判后行刑前的这几天，一般都会将犯人捆绑起来。法兰克福便是如此，通常将死刑犯绑在一张椅子上，理由很明确："这样他们便不能自残了。"[2]

1461 年，斯特拉斯堡的议员们商讨了死刑的诉讼程序。因为经常出现犯人听到审判决议后回到监狱便绝望得上吊自杀的现象，议员们认为这样会使犯人的身体和灵魂都被罚入地狱，因而今后犯人审判后都应被绑住手脚，避免他们自杀。[3] 通过芭芭拉·施林普芬的案例，我们知道，纽伦堡也有类似的规定。纽伦堡议会条例规定，宣布死刑犯的行刑日期后，应将死刑犯用镣铐锁住。芭芭拉·施林普芬因为太瘦，没有办法用镣铐，故而议会决定用腰带或其他东西将她绑起来，以避免她自残。此外，议会还派了另一个专门的看守去看管她。[4]

所有这些预防措施，都无法杜绝犯人自杀的现象。犯人选择自杀这种被社会所不容的方式来结束生命，说明犯人承受的精神压力何等之大。他们自杀的工具及方法之暴力，也说明了他们的极端困境。法国著名思想家、作家蒙田（Michel de Montaigne）记载了这样一个故事：16 世纪末，一名士兵被关押在法国一个塔牢中。一天，他从塔牢看到集市广场上竖起了一个架子，便认为这个架子是为他的行刑而准备的，故而决定自杀。但他在狱中只找到一个锈迹

1 Grieb, Die Henker von Nürnberg, 12.

2 Rau, Beiträge zum Kriminalrecht, 23; Meinhardt, Das peinliche Strafrecht, 116.

3 Brucker, Straßburger Zunft-und Polizeiverordnungen, 20; Israel, Johannes Geiler, 264f.; Schubert, Räuber, Henker, arme Sünder, 108, 321.

4 Grieb, Die Henker von Nürnberg, 199 (1620).

斑斑的旧钉子，他费劲全力将钉子刺向自己的喉咙，刺了两次后，又用钉子扎破了自己的肚子，才陷入昏迷。虽然他被守卫及时救活，但最后还是没能逃过被处死的命运。[1] 1598 年，强盗、杀人犯汉斯·科尔本（Hans Kolben）为躲避死刑，先用牙咬破了自己左臂的静脉。伤口好了以后，他又将右臂咬了很深的口子，“也许是为了让自己流血而死”。[2]

这样的绝望之举，在当时很普遍。1599 年，盗窃犯李恩哈特·施瓦茨（Lienhardt Schwartz）在关押期间不知从哪弄到了一把刀。[3] 他试图用那把刀刺破自己的肚子，但 3 次都没能穿破肚皮。随后，他将自己的衬衣撕破，试图勒死自己，但也没有成功。[4] 在英格兰的斯托克，一个囚犯用一把刀刺向了自己的腹部，受了重伤，4 天后死去。[5] 1612 年，纽伦堡一个被判轮刑的强盗用一把利器连捅自己腹部 3 次，“第 3 次时，刺穿了腹部，但并未致命”。同一年，米歇尔·小根佩尔被关在纽伦堡的地下监狱，他也试图自杀。他用了一顶破睡帽来勒死自己。[6] 1558 年，瓦伦丁·戈尔特（Valentin Golter）被处决时，胸口还贴着膏药，因为在关押期间，他用一个磨片弄伤了自己的心脏。[7]

如果没有利器，绝望的犯人会自寻工具。1569 年，一名盗窃

1 Montaigne, Essais, 215.

2 Keller, Maister Franntzn, 48.

3 Murray, Suicide, 157.

4 Keller, Maister Franntzn, 49f.

5 Murray, Suicide, 156.

6 Hampe, Malefizbücher, 27.

7 StaatsA Nürnberg, Rst. Nbg., Rep. 52b, ASTB 226aa (30.12.1558).

犯在关押期间用腰带自缢。对此，哥廷根一名记录官表示无法理解，因为这名犯人罪不致死。弗兰西斯库斯·卢贝库斯猜测说该犯人也许有前科，只是世人不知道而已。也可能是他害怕被逼供，所以自杀。[1]据记载，一个被关押的农民也曾用腰带自缢，但受空间限制，他只能躺着或坐着自缢。[2]格尔利茨一名记录官对一个园丁的自杀行为也表示出了诧异。入狱前，监狱看守对园丁进行了搜身，所有危险物件都被收走了，但他还是自杀成功。他将一根短的细带子绑在了铁窗的送餐口，将自己吊在了上面。一名记录官这样写道："理性来看，用这么短的细带子是不能勒死人的。"[3]但理性在死囚牢中并没有用，因为死刑犯知道他们最后的命运是什么。

死刑行刑与死刑仪制

16世纪早期，乌尔里希·藤勒的《俗人明镜》(*Laienspiegel*)中，有一幅著名的木版画，力求尽可能展示中世纪晚期社会的全部刑罚（见图4）。它是中世纪残酷刑法的象征，近代死刑的发展也是这一轨迹。加缪反对死刑的倡议中，便提到了黑暗的中世纪以及各式罪行博物馆（较著名的有罗滕堡、莱比锡的罪行博物馆）。这些博物馆都立足于藤勒的木版画。[4]但只要稍微看一下该木版画，便会意识到，木版画上的情景在历史上从未出现过，因为木版画力

---

1 Lubecus, Göttinger Annalen, 436.

2 Zimmersche Chronik, Bd. 2, 619.

3 Behrisch, Städtische Obrigkeit, 189.

4 Schubert, Räuber, Henker, arme Sünder, 88f.

求展示各种不同的刑罚。但问题来了，这样一个包含多种刑罚（含多种死刑方式）、有差异性的刑法系统的目的何在？木版画上，一名男子被吊在绞刑架上，另外一人被绑在地上，旁边一名男子双手高举一个轮子，正准备将他的身体砸烂。不远处，一个可怜的罪犯即将被浸河，旁边一名男子正忍受着火刑。图画中央，刽子手欲图将一个被绑在地上的犯人开膛破肚。图画前部是一名跪着的男子，神父在他面前举着一幅耶稣受难像，后面则站着一个高举行刑剑的刽子手，似乎下一秒就要将他的头颅砍下。而这幅死刑的全景画中，还呈现了其他刑罚，如砍手、挖眼、剃头、鞭打等。

要回答“一个社会为何需要这么多种死刑和体刑”这个问题，是不容易的。故而，我们在本书中只列出具有一定普遍性的观点。第一个观点是，死刑的类别可以让围观群众知道犯人所犯何罪。盗窃犯是绞刑，谋杀犯是轮刑，异教徒是火刑。但为什么是这样？恐怕中世纪晚期的人也不知道。他们肯定会说，因为一直以来都是这样。这也是当时没有对死刑种类进行过讨论的原因。中世纪晚期的法律文本也没有对此进行陈述。《萨克森明镜》和《施瓦本明镜》同样没有做出解释。法国当时的法律文本也保持了类似的沉默。[1]各种死刑的存在历史、使用频率以及判罚是否合适，是证明当时使用不同死刑的唯一依据。《萨克森明镜》的一个注释说，刽子手将盗窃犯吊在高处，很少埋葬他们，“这样每个人看到后都会心生恐惧，而不会犯同样的罪”[2]。

虽然死刑的普遍应用出现较晚，但死刑仪制却非常古老，要想

1 Cohen, Crossroads of Justice, 158f.

2 Israel, Hinrichtung, 669.

改变难上加难。以色列女历史学家埃丝特·科恩（Esther Cohen）便指出，中世纪司法在刑罚这一领域鲜有创新，基本都是沿用以前的刑罚类别。[1] 中世纪晚期的审判语言从一开始便很特别，似乎是在暗示这是古老而神秘的行为，无论是法庭还是被审判者都无法逃避。圣加伦一本犯罪簿的开头，记录了行政官当众宣布判处罪犯轮刑时应说的话："尊敬的、亲爱的朋友们，作为行政官，我把这个可怜人交给刽子手，由刽子手带去刑场，让他的身体袒露，用剑将他的头砍下，身体一分为二，大的是身子，小的是头，中间正好可以放下一个犁轮，这就是他的死亡之路。"[2] 犁轮让人倍感困惑，这样一个指令，意义何在？1554 年一名盗窃犯的死刑决议指明，刽子手应将死刑犯的双手绑在身后带去刑场，然后让死刑犯登上梯子，绞绳套在脖子上，然后拿开梯子……就这样吊在绞刑架上，鸟儿在他尸体上下飞来飞去。[3] 在康斯坦茨的死刑决议中，记载有"风在绞刑犯身上肆虐"等话语。[4]

犁轮、鸟以及风等字眼不会出现在严谨的死刑决议中，故而应用神秘的宗教概念去解释这些决议。这一领域有巨大影响力的著名慕尼黑法学家卡尔·冯·阿米拉（Karl von Amira）在 20 世纪初的一份研究中，将中世纪的死刑方式归源于日耳曼人的起源。对日耳曼人来说，死刑是对被玷污的神灵的祭奠。不同的死刑方式也可由此来解释。几年前，有学者沿用阿米拉的观点，认为绞刑是为了

---

1 Cohen, Crossroads of Justice, 83.

2 StadtASG, Bd. 914, f. 4vf.

3 StadtASG, Bd. 912, S. 134; Dülmen, Theater des Schreckens, 223.

4 Schuster, Stadt vor Gericht, 268.

祭奠日耳曼人的战神沃旦（Wotan）。沃旦同时也是日耳曼人的风暴神。将犯人吊在绞刑架上，受风的摆布，也就是受风暴神沃旦的摆布。[1] 阿米拉的一名学生甚至将轮刑解释成是为了祭奠太阳神，因为轮子被视为太阳的象征。[2] 奥托·贝内克（Otto Beneke）则认为："汉堡的绞刑犯受刑时脸朝北，与我们异教祖先的想法毫无疑问是相通的——北部的最高处是最阴暗的角落，是诅咒之所，犯人将在那里持续受冻，并忍受对日耳曼人最大的折磨——永远口渴。"[3] 另一个解释也很类似："在中世纪晚期以及近代早期，北作为午夜的一面，在人们神秘的世界观中被视作是命运之神到来之处，而命运之神要踏上的，是一条险恶之路。通过祭奠死刑犯，神灵可以被安抚。"[4] 在解释活埋这一刑罚时，历史学家们也试图用上神灵："绞刑是为了祭奠男性的风暴神、战神，活埋也许是为了祭奠女性的地神。"[5] 这与中世纪晚期的审判决议是相仿的，都带有神秘色彩。

埃丝特·科恩给出了另外一种解释。她认为，中世纪晚期欧洲对女人采取特别的行刑方式，是为了驱赶魔鬼。那时的女人被认为不干净、危险，女罪犯因而被认为要比男罪犯危险得多，所以对她们的惩罚也要采取特别的方式。人们认为，将女罪犯处死后，她们会作为幽灵继续存在，给活着的人带来伤害。那些典型的女性刑

1　Scheffknecht, Scharfrichter, 45; Schubert, Räuber, Henker, arme Sünder, 88ff.; Evans, Rituale der Vergeltung, 32ff.

2　Evans, Rituale der Vergeltung, 33.

3　Beneke, Hamburgische Geschichten, 135.

4　Scheffknecht, Scharfrichter, 45.

5　Scheffknecht, Scharfrichter, 61.

罚，比如火刑、浸河、活埋等，都是为了通过对女人的身体进行自然毁灭，来阻止其灵魂回来复仇。[1]

所有这些解释，都在一定程度上说明历史学家具有丰富的想象力，但这对分析中世纪晚期以及近代早期的行刑仪制没有任何作用。这一时期，既非日耳曼人也非异教徒在审判，审判的是虔诚的基督徒，他们不知道沃旦神，也没听说过女地神，就算知道，估计也不会将其作为审判的依据。因此，我们不应在日耳曼的诸神、潜在的幽灵、异教风俗上花太多心思。但我们可以认为，虽然行刑仪制大都恐怖血腥，但刑场的布置、行刑仪制都有着内在逻辑。

大部分城市都有多个刑场。斩首有时在城墙里面，但浸河只能在有水的地方进行，因而与城市的地形有关。但最重要的刑场，无一不是执行绞刑和轮刑的地方，几乎都在城门前。可以肯定，有些绞刑场的确在城北。如果不是，那也可以算得上是一个统计奇迹。不过，刑场设在城北，不是为了祭奠日耳曼人的神，而是出于城市地形以及方便的考虑。法兰克福的绞刑场便建在一条最重要的通路——美因茨大道上，西城门后面。而在纽伦堡，必须穿过圣母城墙，才能到达城墙前的刑场。刑场为东南方向，也在通往纽伦堡一条最重要的通路上。从雷根斯堡出发去往纽伦堡，会经过该刑场，也可以看到刑场上的尸体。

除了大的主干道，还有一处受偏爱的绞刑场之地——高地。史料可以证明，有些刑场建在了史前的坟场丘陵上，为的是突出刑场

1 Cohen, Crossroads of Justice, 95f.

的位置。[1] 为纪念基督教社会最有名的刑场，法兰克城市福尔卡赫城门前的绞刑场被称为“头颅之地”（拉丁语：locus calvariae，德语：kalvarienberg）。而其他许多城市的刑场，都只称为“绞刑山”或“绞刑丘陵”，仅仅说明了刑场位于高处，但干巴巴的没有什么诗意。乌尔姆的绞刑山在城西，雷根斯堡的在城南，海尔布隆的在城东南。

当然，刑场的选择是有针对性、目的性的。例如，博登湖畔城市于伯林根北侧的绞刑丘陵，至今都被认为是俯瞰全城的最美之地之一。绞刑和轮刑的使用，是统治权的标志，象征了人人可见的司法权。修建刑场，意味着拥有死亡裁判权。绞刑架的法语是potence，这是由拉丁语potentia（权力）演变而来的，在语言上保留了其内在联系。

无论在哪里，死刑犯的最后一程都很早。行刑日一般要先敲教堂的钟或警钟，通知居民将马上执行死刑。接着，看守或刽子手将犯人带到法官面前。虽然诉讼程序已经完成，但并非公开。而现在，法官要在所有人面前再次宣读对犯人的指控以及判决，地点一般是在市政厅的台阶上或集市广场上。宣读审判后，法官会将一根棍子折断，示意刽子手执行决议。因而，刽子手在很多地方也被称为执行者（Nachrichter）。如果对死刑犯的心灵劝说比较成功，也会出现死刑犯公开感谢法官做出了公正审判的情况。随后，死刑犯一行便踏上去往刑场的路。有时，刑场离市政厅有好几公里。在这段路上，围观的群众可以通过各种标志来辨认犯人所犯何罪。

---

1 Thomas Liebert/Markus Tarasconi, Magnetometerprospektion der ehemaligen Richtstätte auf der »Galgenhöhe« im Markt Roßtal, Landkreis Fürth, in: Jost Auler (Hg.): Richtstättenarchäologie, Bd. 3, Dormagen 2012, 80–95, 此处 93。

绞刑

盗窃犯一般被判绞刑，双手绑在身后走往刑场。1531 年，圣加伦法庭“出于宽容”，对一名盗窃犯判处了剑刑。但法庭希望围观群众能认出这是一名盗窃犯，故而示意要将该犯人“与其他盗窃犯一样，双手绑在身后”押往刑场。[1]

绞刑行刑时，刽子手和犯人先后爬上一个梯子，刽子手将绞绳套在犯人脖子上，再将犯人从梯子上推开。另外一种方法是，刽子手将绳套套好后，爬下梯子，然后将梯子踢倒。1502 年，纽伦堡记录官海因里希·戴克斯勒观看了一场绞刑。在绞刑过程中，刽子手的力道没有用对，他将犯人从梯子上推开后，犯人的身体摇摆得非常厉害。戴克斯勒认为，这种景象人们已有 100 年没看见过了。[2]

一名记录官在记录 1478 年对奥古斯堡市长乌尔里希·施瓦茨（Ulrich Schwarz）的处决时，特别指出了施瓦茨是面朝奥古斯堡城被缢死的。[3] 这样奥古斯堡的访客便可以看到绞刑架上或车轮上死者的脸。这种做法并不寻常，但有很好的理由：将被处绞刑或轮刑的犯人的尸首示众，主要是为了起到一般预防的作用。任尸体腐烂，不是因为狠毒，而是为了可以对围观者特别是外来围观者起到警示作用。当局以这种方式告诉外来者，如果胆敢犯罪，将会被严惩。这种考虑，是有其意义的。城市中犯罪的主要是外来人员，被

1 StadtASG, Bd. 912, S. 65, S. 167f.

2 Heinrich Deichsler's Chronik, 652.

3 Chronik des Hector Mülich, 437.

处决的犯人也大都是外来人员或非公民。绞刑架和车轮，通常是外来者进入城市第一眼看到的东西。我们在本书开头讲的菲利克斯·普拉特便是如此。

绞刑是普及范围最广的死刑方式，如果仅用“这是因为绞刑是专门处置盗窃犯的刑罚，而盗窃罪是被判死刑最多的重罪”来解释，便显得有些不足，因为它没有回答盗窃犯为何要被判绞刑。比较普遍的说法是，绞刑是继轮刑之后最耻辱的死刑方式，盗窃被视为歪门邪道，社会以此来表达对盗窃行为的不齿。[1]

这样一个论据，并没有完全考虑到绞刑是欧洲历史上最古老、普及范围最广的死刑方式。在中世纪早期和盛期，不仅是盗窃犯，叛国犯、异教徒以及其他罪犯也被施以绞刑。绞刑的重要性，应该是与一个非常陈腐的原因有关：绞刑的费用低廉，对刽子手的手法要求很低，一开始甚至不需要刑场，只需将犯人吊到最近一棵树上便可。绞刑的行刑技巧，通过折断犯人的颈椎使其快速死亡，是随着英国 18 世纪的“长坠落”才发展出来的。[2] 那之前，刽子手只需注意绞绳和绳套不会断裂，这用新绳子便可解决。[3]

18 世纪以前，绞刑行刑比较简单。刽子手套好绳套后，将犯人从梯子上推开，因为血无法输送到脑部，犯人很快会陷入昏迷，几分钟后便会死亡。但围观的群众却经常看到一幅不同的画面：昏迷的犯人常会阵挛抽搐，这让观众觉得犯人是在与死亡做斗争，且斗争的时间不短。因为对人体反应的这一错误诠释，出现了许多传

1 Oppelt, Über die Unehrlichkeit, 169ff.

2 Schubert, Räuber, Henker, arme Sünder, 92.

3 Marschall, De laqueo rupto, 24.

奇故事。经常有记载称受了绞刑的犯人，在未获得圣餐前，持续几小时甚至几天都没有死去。从医学上看，这是不可能的。尽管如此，刽子手有时依旧会对犯人的死亡进程进行干预，会拉住被吊着的犯人，希望以此加速犯人的死亡。[1] 犯人在绞刑架上抽搐，让绞刑变得尤为耻辱。当局让犯人的尸体在绞刑架上腐烂，以达到震慑的目的，也增添了绞刑的耻辱性。

斩首

在相关研究中，斩首通常被视作最简单、最正派、最受人尊敬的死刑方式。[2] 但不清楚的是，这所谓的简单指的是什么，因为斩首需要高超的技术手法。一般来说，斩首都是用剑。中世纪晚期和近代早期的一些行刑剑保存了下来，其大小体积都不小。科隆的行刑剑有 1.2 米长。[3] 而其他地方的行刑剑也不比科隆的短多少。[4] 且该剑的重量约 7 磅，不好拿，必须有力气，还得练习。换言之：斩首根本不是简单活。这也许是中世纪早期和晚期只有很少斩首记录的原因之一。斩首需要受过训练的行刑手，有的甚至是受过军队训练的行刑手。随着 13 世纪后半叶职业刽子手的出现，用剑来斩首

---

1 Marschall, De laqueo rupto, 25.

2 His, Strafrecht, Bd. 1, 494; Dülmen, Theater des Schreckens, 138.

3 Irsigler/Lassotta, Bettler und Gaukler, 239.

4 德累斯顿，最晚 16 世纪：105cm, Staatliche Kunstsammlungen Dresden, Rüstkammer (Inv.-Nr. VI 449); 施维茨，15 世纪中期：114cm, Kaspar Michel, Richtschwerter und Scharfrichter in Schwyz. Das Staatsarchiv hat aus dem Kunsthandel ein Richtschwert erworben, in: Mitteilungen des historischen Vereins des Kantons Schwyz 99 (2007), 183–189, 187; 埃尔福特，16 世纪：106cm, 1719 年：107.5cm, 具体信息请参考埃尔福特城市博物馆的数据。

才真正得到普及。

剑刑的规则不同，但并无相关依据。纽伦堡通常让犯人坐在一张椅子上，有时也会出现犯人站着被斩首的情况，男女不限。[1] 如果刽子手技巧高超，也会获得赞扬。纽伦堡记录官海因里希·戴克斯勒便用惊奇的笔调记录了 1501 年的一场剑刑行刑。当时，刽子手一剑砍下了两名犯人的头。5 年后，一名外来的刽子手来纽伦堡帮忙，在对 3 个犯人斩首时表现出了精湛的技艺。戴克斯勒当时也在场，对这名刽子手满是称赞："他给 3 个犯人斩首时，相当专业，出剑非常精准，一剑致命，大家都赞不绝口。"[2] 不过，如此顺利的行刑，并非每次都有。剑刑不像其他死刑方式，能一气呵成，经常出现状况。比如刽子手剑挥偏了，没砍到犯人的脖子，而是砍到犯人的头或肩膀，或者头没有完全砍下来等等。斩首原本就很血腥，如果又不顺利，场面便更血腥了。

很显然，认为斩首是最简单的死刑方式，是站在死刑犯的角度来看的。事实上，如果刽子手在斩首时能一气呵成，犯人立刻便能死去，能免去过多痛苦。此外，斩首不像其他死刑方式，没有那么耻辱，不会遭到很多辱骂，这也许与它原先是军队刑罚有关。

斩首的对象，首先是那些自卫杀人或过失杀人的犯人。此外，大部分被施以剑刑的犯人，死后都会被按基督教仪制安葬。与其他死刑方式相比，这是剑刑犯受到的优待。

---

1 Keller, Maister Franntzn, 7, 10.

2 Heinrich Deichsler' s Chronik, 637, 706.

轮刑

轮刑不是为了速战速决，让死刑犯很快死去，而是通过对死刑犯施加系统性的痛苦，让其长时间与死亡斗争，这才是轮刑的出发点所在。对犯人的残酷惩罚，是为了通过折磨犯人的身体，让犯人为所犯之罪（通常是谋杀罪或抢劫杀人罪）赎罪，属有意而为之。这种折磨，在去往刑场的路上便已开始了。

在许多地方，刽子手会按照传统，将轮刑犯绑在一块滑板上，固定在马尾巴上，然后赶马去刑场。根据康斯坦茨一名记录官的记载，一个杀人犯在被拖往刑场的路上，身上被磨掉了很多皮，但犯人却默默忍受了一切。[1] 海因里希·戴克斯勒 1493 年目睹了一个杀人犯被拖去刑场的过程。杀人犯的头被托住了，但肩膀总是碰到石子路，一路血流不止。[2] 1534 年，伯尔尼一个连环杀人犯踏上了刑场之路。刽子手赶马赶得很急，围观的人群走路跟不上，只好跟着跑起来。杀人犯的头总碰到石子路，他痛苦得大声叫喊起来。有人可怜他，将一顶帽子放在了他头下。[3] 纽伦堡记录官约翰纳斯·米尔勒（Johannes Müllner）记载了 1453 年的一次轮刑，是当时对轮刑犯的通行做法：用马将轮刑犯拖去刑场时，轮刑犯的头通常只比石子路高一点点，难免撞到路面。有时，围观者出于怜悯，会将犯人的头托起来，使头部免受伤害。[4]

1 Schuster, Stadt vor Gericht, 269.

2 Schuster, Verbrechen und Strafe, 63.

3 Fischer, Chronik Ulm, 71.

4 Müllner, Annalen, Bd. 2, 501.

被绑在滑板上拖去刑场，并不是轮刑犯在刑场路上要忍受的唯一痛苦。法院为了严惩死刑犯，经常令刽子手用热钳烫他们。本书开头所讲的所有案例中，热铁钳都被派上了用场。被热钳烫过的皮肤和肉，经常血肉模糊。1504 年的一场行刑记录称，在用热铁钳烫犯人时，出现了非常浓烈的肉烧焦的气味。[1] 轮刑犯通常会被判热铁钳烫四次，承受的痛苦有多大，我们很难估计。纽伦堡议会曾判处一个轮刑犯六次烫刑，遭到了经验丰富的刽子手弗朗茨大师的反对。弗朗茨称，对一个轮刑犯增加如此重的刑罚，就算不会将犯人烧死，至少也会导致犯人变得极度虚弱，从而使轮刑无法执行。法庭听取了弗朗茨的意见，将烫刑次数降为两次。[2]

轮刑是折磨之最。根据一些图画文献，我们可以知道，除了一件衬衣，犯人其余的衣物都要脱掉，手臂和腿固定在桩子上。有的文献记载说，轮刑时，会将犯人翻身。如果犯人被绑在桩子上，这便不可能。此外，在犯人膝下和肘子下都放置木块，也不一定能让犯人的关节早点断裂。[3] 不过，轮刑的基本流程还是一致的。刽子手用一根木棍或一个轮子，将犯人的骨头砸碎，但又不能直接让犯人死亡。先砸犯人的四肢。至于砸多少次，要视情况而定，多时可达两位数。1435 年，康斯坦茨一位匿名记录官记载了巴塞尔的一场轮刑行刑。记载十分详细：刽子手先从背面砸了犯人的右腿六次，两次用轮子，四次用木槌。接着，他连续击打犯人的背部共 16 次。但这还远非犯人要承担的全部痛苦。记录官离开时，犯人

1 Wiltenburg, Crime and Culture, 152.

2 Harrington, Die Ehre des Scharfrichters, 201.

3 Harrington, Die Ehre des Scharfrichters, 85.

还活着，这意味着折磨还将继续。[1]

这样的折磨，在当时很普遍，因为让轮刑犯慢慢死去是轮刑的一大特点。受到轮子重创后，犯人必须活着任人将其伤痕累累的身体绑在轮子上，然后慢慢地、痛苦地死去。15 世纪苏黎世的死刑条例规定：轮刑时，刽子手应先将犯人的小臂砸碎，然后再砸大腿、小腿，随即将犯人绑在轮子上，将轮子固定在一根杆上，然后将杆撑起，犯人的身体随之悬在半空。“犯人在轮子上腐烂风化，以此来赎罪。”[2]

虽然轮刑犯所受的折磨非常大，但不少轮刑犯受刑后还在轮子上存活了几十个小时，有时甚至几天。1308 年，伯尔尼一名轮刑犯受刑后，在轮子上还存活了 3 天。[3] 根据记录官克里斯托夫·西尔伯艾森（Christoph Silbereisen）的记载，骑士冯·瓦特（von Wart）受过轮刑后，全身骨头断裂，被绑在轮子上，还活了好几天，他的妻子则坐在他脚下祈祷、哭泣。[4] 1518 年，科隆法院判处 4 天前犯下双重杀人罪的约翰·布兰特（Johann Brant）轮刑。行刑后，刽子手将布兰特绑在了轮子上。根据法院的记录，受了重伤的布兰特还活了大约 24 小时，第二天早上 9 点左右才死去。[5] 1460 年，一名轮刑犯受刑后还活了“好几天”。后来几名女子实在不忍心，将他的尸体从轮子上解了下来。这几名女子因此被关押了几

1 Philipp Ruppert (Hg.), Die Chroniken der Stadt Konstanz, Konstanz 1891, 186.

2 Wettstein, Todesstrafe, 125.

3 Tscharner, Todesstrafe Bern, 106.

4 Schild, Folter, Pranger, Scheiterhaufen, 158.

5 Irsigler/Lassotta, Bettler und Gaukler, 255.

天，在宣誓不报复后，法庭才将她们释放。[1] 哥本哈根一名轮刑犯受刑后还活了 17 个小时。当时，一名目击者用几乎如释重负的口吻说："最后，终于有人将他扼死了。"[2]

火刑

火刑一般用于惩罚反基督教者，男女通用。中世纪的法庭认为，反对基督教，首罪是信仰异教。信仰异教指的是信仰基督教之外的其他宗教，也被普遍称为异端（Ketzerei）。对异教徒实行火刑的记载，最早可以追溯到 11 世纪。1022 年，法国国王罗伯特（Robert）宣布对奥尔良的异教徒实行火刑。据说王后还派人封锁审判该案的教堂，以阻止市民对这些异教徒进行攻击。当时的民众会对异教徒用私刑，并非无稽之谈。1114 年，苏瓦松一群愤怒的市民将两名被指控为异教徒的农民从监狱中劫出来后，将这两名农民烧死了。虔诚的记录官吉伯特·冯·诺让（Guibert von Nogent）在记录此事时，言语中难掩赞许，称人民用私刑的方式表明了坚决捍卫基督教、反对异教的决心。[3]1077 年，几名基督教狂热分子在康布雷主教区烧死了一个异教徒。1135 年，一个异教徒被吕奇的市民扔进了柴火垛。[4]1130 年，在无任何审判的情况下，南法异教徒彼得·冯·布吕（Peter von Bruis）被愤怒的基督徒活活烧死。

1 Rau, Beiträge zum Kriminalroman, 77, 101f.

2 Moser, Selige letzte Stunden, 45.

3 Schmitz-Esser, Zur Vernichtung von Körperlichkeit, 226.

4 His, Strafrecht, Bd. 1, 20.

1143年，科隆几名异教徒也遭受了同样的命运。

从12世纪下半叶开始，火刑逐渐成为异端分子的专属刑罚。1224年起，弗里德里希二世颁布的很多法律都规定对异端分子实行火刑。[1]中世纪晚期，对异端分子的认定，各地区有所不同。除了传统的异教徒外，法庭也越来越多地用火刑来惩罚女巫、男巫、兽奸者、同性恋者。这些人均被视作异端分子。女巫和男巫被认为是魔鬼的同盟，兽奸者和同性恋者则被认为是逆上帝而行的危险分子。中世纪法庭的书记员在描述同性恋或兽奸者的行为时，便经常用“行异端”（ketzern）这个动词。此外，纵火犯和造伪币者也会被处以火刑。我们可以将其视作一种反射性惩罚。

理查德·凡·迪尔门认为，火刑“在某种程度上是消痕灭迹、进行大清洗的一种最完整的形式”。[2]要理解这一观点，需要对销痕灭迹的范围进行解释。火刑只能让现世的存在消痕灭迹，而灵魂是无法被烧毁的。迪尔门认为，许多圣灵以及基督教殉教者也都不得不忍受火刑带来的死亡痛苦，但这并不影响他们通往上帝的路，而且也可以肯定，异教徒的灵魂在死后很快会入地狱。火刑只能烧毁异教徒的现世存在，地狱的永久之苦则无法逃脱。这样的销痕灭迹，目的是什么？鲁道夫·希思（Rudolf His）认为，这是为了“让十恶不赦的犯人完全从地表消痕灭迹”。[3]他的理由是，通过这种方式，可以彻底销毁记忆。沃尔夫冈·施尔德（Wolfgang Schild）认为，当时的人迷信火具有清洁作用，可能是其中一个原

1 His, Strafrecht, Bd. 2, 20f.

2 Dülmen, Theater des Schreckens, 125.

3 His, Strafrecht, Bd. 1, 503.

因。[1] 14 世纪末期，巴登的城市簿中，便有“通过火烧兽奸犯和巫师，可以使空气得到净化”的语句。[2] 这一观点，经常被中世纪的思想家沿用。他们有时甚至将火刑视为炼狱之火。[3] 在火烧兽奸犯时，通常会把被奸的动物放在兽奸犯旁一起火烧，与“火能净化”的观点是一脉相承的。[4]

相对于这些传统的解释，慕尼黑历史学家罗梅迪奥·施密茨-艾塞（Romedio Schmitz-Esser）提出了另一种观点。他认为，火刑行刑一般都是较大的轰动事件。萨伏那罗拉（Savonarolas）、约翰娜·冯·奥尔良（Johanna von Orléans，也被译为奥尔良的约翰娜）以及扬·胡斯（Jan Hus）等被处火刑之事，至今还留在人们的脑海里。火刑并非为让犯人人道地死亡，而是创造出了“一个负面的记忆”：“被处火刑的犯人，不像其他死刑犯会被真正忘记，而是会被人永远记住，一种负面记忆由此产生。异教分子作为离群者，一开始便被排除在基督教团体之外，生前和死后的位置并没有区别。”[5] 这种观点，应与那些传统解释一样，受到足够的重视。

分解四肢

分解四肢是一种极端残忍的刑罚，却是统治者有意为之的。分

1 Schild, Folter, Pranger, Scheiterhaufen, 170.

2 His, Strafrecht, Bd. 1, 503.

3 Schmitz-Esser, Zur Vernichtung von Körperlichkeit, 227.

4 此处可对比参照火烧一只山羊和一头奶牛的案例：Grieb, Die Henker von Nürnberg, 130, 133。

5 Schmitz-Esser, Zur Vernichtung von Körperlichkeit, 230.

解四肢的历史尚不清楚，最早的记录出现在英国国王海因里希三世（Heinrich III, 1216—1279）执政期间。1351 年出台的《叛国法》，规定了英格兰王国对叛国犯施以“绞、拖、分解四肢”的处罚。刽子手先对叛国犯执行绞刑，然后将其内脏取出，在围观者的注视下烧毁。最后，尸体被分为四部分，分别悬挂在刑场和各大城门。法国 15 世纪有几例记录在册的先斩首后分解四肢的案例。根据昂盖朗·德·蒙斯特勒莱（Enguerrand de Monstrelet）的记载，1422 年（或 1423 年）博斯克奥的领主被斩首后，四肢被分解，原因是他多年前在北法的维尔曼多伯爵区杀害了一名王室官员。[1] 1448 年，纪尧姆·马里埃特（Guillaume Mariette）先被斩首，后被分解四肢（“décapité et écartelé”）。[2] 1474 年，巴黎刽子手极度残忍地处决了让·哈尔迪（Jean Hardi）。哈尔迪被指犯了大罪：他在勃艮第公爵的授意下，给国王路易十一下了毒。哈尔迪没被斩首，而是活着被分解四肢。随后，他的尸体被烧毁，手和脚被分别挂在各大城门前示众。[3]

德语法律文本中，首次提到分解四肢是在 13 世纪末，但分解四肢首次在德意志民族神圣罗马帝国使用是在 14 世纪。鲁道夫·希思认为，在人力分解四肢出现前，是用马来分解的，但他同时也承认并没有相关佐证。[4] 从中世纪晚期开始，分解四肢也是德

1 Louis Claude Douët d’Arcq (Hg.), La Chronique d’Enguerran de Monstrelet en deux livres avec pièces justificatives 1400–1444, Bd. 4, Paris 1860, 131.

2 Vallet de Viriville(Hg.), Histoire de Charles VII, roi de France, et de son époque, 1403–1461, Bd. 3: 1444–1461, Paris 1865, 114.

3 Liskenne, Charles, Histoire de Louis XI., Bd. 2, Paris 1830, 2–4.

4 His, Strafrecht, Bd. 1 495 und Strafrecht, Bd. 2, 33f.

意志民族神圣罗马帝国对叛徒的刑罚，被纳入了《加洛林纳法典》。

分解四肢作为刑罚，执行得非常少。施佩尔没有一例分解四肢案例的记载，但有相关的刽子手工具遗留了下来。[1]而在沙夫豪森，1429 年有一名男子四肢被分解。[2]在苏黎世、伯尔尼，分解四肢的刑罚也很少见。1531 年，苏黎世一个盗窃犯、叛徒被处分解四肢的刑罚。而在伯尔尼，只有农民战争时两名领袖被斩首后四肢被分解。[3]截至 1532 年，法兰克福共有 3 例犯人先被施以剑刑、后被分解四肢的案例。1492 年的案例中，是“为了让民众恐惧，才将犯人的四肢分解”。[4]

一个较轰动的案例发生在 1463 年的维也纳。市长沃尔夫冈·霍尔泽（Wolfgang Holzer）在皇帝与公爵阿尔布莱希特五世的冲突中，为皇帝奔走，后被阿尔布莱希特捉住，判处了死刑。霍尔泽的同党都被处以剑刑，只有他被处分解四肢。据称，霍尔泽的身体被破开，内脏被取出后，霍尔泽还抬起头做了一个简短的祷告。随后，霍尔泽的四肢被刽子手悬挂在各大城门。[5]

纽伦堡可证实的分解四肢有两次。一次是 1504 年，一名为纽伦堡的宿敌——勃兰登堡-安斯巴赫的边疆伯爵效力的叛徒，先被施以剑刑，后被分解四肢，尸体的各个部分被悬挂在纽伦堡的各大城门。[6]另一例是 1584 年，已放弃纽伦堡居民权的汉斯·兰斯佩格

1 Harster, Speier, 71.

2 StadtA Schaffhausen, A II.05.01.041/051 (Ausgaben Stattgewerb).

3 Wettstein, Todesstrafe, 130; Tscharner, Todesstrafe Bern, 113.

4 Rau, Beiträge zum Kriminalrecht, 98f. 此处 98。

5 Unger, Grausamkeit, 37f.

6 Grieb, Die Henker von Nürnberg, 344.

（Hans Ramsperger）作为叛徒站上了法庭。此外，他还被指控作了很多伪证，不仅袭击过纽伦堡市民，而且还作为密探为勃兰登堡—安斯巴赫的边疆伯爵效力过。根据弗朗茨大师的记载，法庭出于怜悯，最后判处了兰斯佩格剑刑。弗朗茨将他的尸体“分成了四部分，分别挂在绞刑架的 4 个角上，头则插在了一根杆上”。[1]

很显然，分解四肢作为对叛徒的刑罚，在 16 世纪剧烈的宗教冲突中变得重要起来。16 世纪，帝国议会曾多次在奥古斯堡召开。不少叛徒、刺杀皇帝者，都在皇帝和各大王侯在场的情况下被分解四肢。[2] 所有迹象都表明，随着时间的推进，对叛徒的惩罚变得越发严厉。在中世纪早期和盛期，大部分叛徒都被处绞刑或斩首。[3] 从中世纪晚期起，叛徒开始被处分解四肢，近代伊始则越发严厉，叛徒的尸体会被完全毁坏。本书开头描述的亨宁·布拉班特的例子，便可以形象说明分解四肢是多么残忍：刽子手将布拉班特的心撕扯出来，然后用它去打布拉班特耳光，而且还不止打了一下。

对叛徒要处挖心刑罚的第一个佐证，是 14 世纪末科隆的一个法律条例。[4] 从 16 世纪下半叶开始，相关的佐证多了起来。1567 年，哥达的刽子手处决了发动叛乱的威廉·冯·格伦巴赫（Wilhelm von Grumbach）以及其同党。格伦巴赫的身体被砸成四块前，刽子手将他的心切了出来，然后用它多次抽打格伦巴赫的嘴，一边打还一边大声骂：“你看看，格伦巴赫，这就是你那虚伪的心！”格伦

1 Keller, Maister Franntzn, 24; Grieb, Die Henker von Nürnberg, 146f.

2 Die Chroniken der deutschen Städte XXXII, passim.

3 His, Strafrecht, Bd. 2, 38ff.

4 His, Strafrecht, Bd. 2, 35.

巴赫的同党布吕克（Brück）也遭遇了类似的命运。刽子手把他的心割出来打他耳光时，他“叫得十分惨烈，历时很久”[1]。

1584 年，尼德兰发动了脱离西班牙王室的独立运动。7 月 10 日，来自奥拉宁的运动领袖威廉一世（Wilhelm I）在代尔夫特被一个混入他宫城的天主教狂热分子刺杀身亡。4 天后，刺杀犯巴瑟萨·杰拉德（Balthasar Gérard）在阿姆斯特丹被残忍处决。曾创造了德语词“时刻”（Augenblick）的作家菲利普·冯·泽森（Philipp von Zesen）在描写阿姆斯特丹城时，回忆了这场轰动的处决：“杰拉德被带到了市政厅前一个血淋淋的架子上，行刺过威廉一世的右手被热铁钳烫得血肉模糊，身上 6 处最厚的肉都被烫掉了。他的身体被活生生地从下至上分成了四块，肚子被剖开，心被掏出来打脸。他死后，四肢分别被悬挂在阿姆斯特丹的四个城门上。”[2] 而此次暗杀事件的幕后策划者——西班牙的菲利普二世，在杰拉德被处决后，宣布将杰拉德的整个家族都晋封为贵族。

在近代法国，出现了一种对叛徒更厉害的刑罚。1536 年，对叛徒和刺杀国王者，不再是以前的斩首和分解四肢，而是将其四肢分别绑在四匹马上，然后让马分别往四个方向跑，由此将犯人的身体撕裂。据说 1536 年给法国皇太子弗朗索瓦（François）下毒的塞巴斯提安·德·蒙特古古利（Sébastien de Montecuculli）是第一位遭受了此极刑的人。[3] 四马分尸的高潮出现在对罗伯特·弗朗索

1　Dülmen, Theater des Schreckens, 128f.

2　Zesen, Amsterdam, 209.

3　J.-B. J. Champagnac, Chronique du crime et de l’ innocence. Recueil des événements les plus tragiques, empoisonnements, assassinats, massacres ..., Bd. 1, Paris 1833, 237f.

瓦·达米安（Robert-François Damiens）的处决中。达米安1757年试图杀死法国国王，但没有成功。法庭原本判处他四马分尸，最后用了六匹马也没有成功。直到刽子手将达米安手臂上和腿上的肌腱用刀悉数挑断后，这场轰动一时的六马分尸才得以顺利进行。[1]

中世纪对女人的处决

“……没有一个女人死在了亨茨维尔监狱的电椅上，这是真的，只有两个女人差点上了电椅。”[2]

——唐·瑞德（Don Reid），2001年

如果查看相关的资料和数据，我们会发现，中世纪晚期不倾向于处决女人。苏黎世1400—1500年被判死刑的犯人中，只有5%是女人。而在18世纪，这一比例上升了7倍多。[3]其他城市及统治区的数据也与苏黎世没有太大出入，说明这一趋势具有普遍性。1431—1440年间，纽伦堡没有一名女子死于刽子手之手。[4]在1456—1525年间的科隆，只有不到7%的死刑犯是女性。在布雷斯劳，这一数字只稍微高一点点。而在帝国自由城康斯坦茨，1430—1460年间被处以极刑的女性比例还不到2.5%。[5]

1 Michel Foucault, Überwachen und Strafen. Die Geburt des Gefängnisses. Frankfurt am Main 1977, 9–12.

2 Reid, Have a Seat, Please, 87.

3 Wettstein, Todesstrafe, 63f.

4 Henselmeyer, Ratsherren, 54.

5 Schuster, Stadt vor Gericht, 224.

对此，有一个较容易让人理解的解释：女性的犯罪率比男性要低。这在抢劫、杀人等犯罪领域是适用的，因为女人很少卷入暴力事件中。不过，我们得考虑到一个事实：中世纪大部分被处决的犯人都是盗窃犯。而盗窃犯中，男女都有，但法律对不同性别的盗窃犯处置却不同。康斯坦茨 1430—1460 年间被审判的 94 名盗窃犯中，有 21 名是女性。这些女性最后都被驱逐出城（有的是被永久驱逐），但那 73 名男性盗窃犯中，有 49 人死在了绞刑架上。[1]

还有另一种观点认为，女人在刑场会被区别对待。这一观点始于一名意大利记录官的谎言。1517 年至 1518 年，意大利人安东尼奥·德·贝亚蒂（Antonio de Beatis）陪同红衣主教路易吉·达拉哥纳（Luigi d'Aragona）去了尼德兰、法国和德国。他将此次的旅行印象写进了日记中。在纽伦堡停留时，他提到了纽伦堡的司法维护，认为纽伦堡的司法很严厉，有许多绞刑架和轮子，上面挂着被处决者的尸体，当中也有女性尸体，这让他印象深刻。[2] 该记载肯定是不真实的，因为 16 世纪后期以前，纽伦堡没有一名女子被判绞刑或轮刑。如果有，肯定会引起记录官的特别注意，城市记录或城市档案上肯定会有相关的记载，但事实上并没有相关的记载。

16 世纪以前，女人死于绞刑的记录非常少。德语区最早要追溯到 899 年，才能找到一个相关记录。富尔达的编年史记载道，899 年一个反对组织发动了叛变，后被皇帝治罪，为首的发起者和领袖都被判斩首。有一名叫露德布尔克（Rudburc）的女子也被怀

1　Schuster, Stadt vor Gericht, 221.

2　Carla Meyer, Die Stadt als Thema. Nürnbergs Entdeckung in Texten um 1500, Ostfildern 2009, 352.

疑是领袖之一，最后在上巴伐利亚艾布林的绞刑架上结束了自己的生命。[1]但这样的例子仅此一例。除了露德布尔克，16世纪德语区并没有任何其他记录在册的女子死于绞刑的案例。因而，我们必须看看其他欧洲邻国的情况，才能知道这是否只是德意志民族神圣罗马帝国的特有情况，还是具有普遍性。

1449年，一个轰动案例感动了巴黎市民。一位不知名的巴黎居民在日记中记载了1449年4月23日一名男子和一名女子死在绞刑架上的事。[2]恩古兰德·德·蒙斯特勒（Enguerrand de Monstrelet）的编年史也将此事收录了进去。根据一位匿名记录官的后续记载，当时有很多民众，特别是女子，无论年龄大小，都去观看了这场处决，因为在这之前法国从未有过女子被处绞刑的案例，这是非常轰动的事件。据说这名女子在被判死刑后，请求法庭对她实行绞刑，因为这与她家乡的风俗相匹配（其他文献解释说，她是一名吉卜赛人）。法庭同意了她的请求，认为这样能让巴黎所有的女子都长久以此为戒。不过，行刑前，该女子膝盖以下的衣物被一根绳子绑了起来。[3]

这名匿名的记录官将该案描述成法国历史上第一例女绞刑案，也有可能是弄错了。因为流传下来的文献中，有之前已出现对女人

1 Annales Fuldenses, 414.

2 Joseph Fr. Michaud / Jean Joseph François Poujoulat, (Hg.), Nouvelle collection des mémoires pour servir à l' histoire de France depuis le XIIIe siècle jusqu' à la fin du XVIIIe, Bd. 3, Paris 1851, 299.

3 Chronik Enguerrand de Monstrelet, 引自 Gessler, Mulier suspensa, 982. Armand, Les bourreaux en France, 130。对比 Camille Naish, Death Comes to the Maiden, Sex and Execution 1431–1933, London 1991, 82。

实行绞刑的案例记载。13 世纪上半叶，一名朝圣者在欧里亚克城的郊区被人从背后所杀，凶犯是两名男子和一名女子。3 人被抓获后，被判处死刑。但这之后发生了什么，各类记载众说纷纭。根据一名担保人的记载，那两名男子被绞杀，女子则被活埋。而其他人却记载说该女子也被绞死了，而且是被吊在那两名男子中间被绞死的。我们无法重塑当时的真实场景，这个案例至今都没有明确的定论。

第二个例子出现在 1398 年法兰西最高法院——巴黎议会的一个审判中，一名女子在蒙彼利埃被判处绞刑。至于是否行刑，我们不得而知。[1] 此外，还有一个简明记载说 1414 年里摩日对一名女子判处了绞刑。[2] 我们不必再细究这些模糊的佐证，结论已经很清楚：16 世纪以前，基本没有对女人实行绞刑的案例。

对此，有一个很直白的解释。有人认为，当时不对女人处以绞刑，是出于正直和礼节，是为了避免有人借机偷看女人的裙下。[3] 这种观点至今依旧存在，但无法让人信服。一方面，刽子手完全可以像巴黎的那个案例一样，将女人的裙子在踝骨处绑住，想偷看的人便无机可寻了。另一方面，如果按照这个解释，我们很难说明，为什么在道德约束更严格的 16 世纪，逐渐出现了对女人判处绞刑的做法。故而，我们应该去找其他解释。

中世纪晚期，浸河是女人最常见的死刑方式。除了浸河，还有

1　Roger Grand, Justice criminelle, procedures et peines dans les villes aux XIIIe et XIVe siècles, in: Bibliothèque de l’ École des chartes 102 (1941), 51–108, 此处 102; Armand, Les bourreaux en France, 130.

2　Gessler, Mulier suspensa, 983.

3　Harrington, Die Ehre des Scharfrichters, 113.

活埋以及火刑。火刑主要针对异教徒。异教徒在当时被认为是重犯，是男是女并没有多大影响，故而在此可以不考虑。因此，对女人处决的典型方式便是浸河和活埋。相对于其他处决方式，浸河和活埋属于偶然性刑罚，有运气成分，都可能活下来。各地的传统不同，所选择的方式也会不一样。比如雷根斯堡，虽然位于多瑙河畔，多瑙河的水也足够深，可供浸河，但活埋却是雷根斯堡对女人处决最常见的方式。[1]当然，浸河的例子也有。被判浸河的女子，手脚都会被绑住，在有些地方甚至还会被装入袋中，扔进河里。不少被浸河的女子都活了下来。1476年，马里希·哈比尔兰德（Marisch Habirland）因偷盗被罚永不得进入布雷斯劳城，如果她违法进城，便会立刻对她执行浸河的刑罚。不过，有一天她还是潜回了布雷斯劳城，与一名女同伙一起犯下了多重盗窃罪。议会法庭将她交给刽子手，令刽子手将她带到奥得河浸河。虽然她的手脚都被绑在了背后，但她就是不沉下去，而是漂到了离布雷斯劳不远的马萨尔维茨村庄，并在那里搁浅。活过来后，她马上向当时有名的朝圣地韦斯纳克的圣血教堂祷告，感谢上帝对她的救赎。而她的同党，也同样被扔进了奥得河中，很快就溺死了。1504年，布雷斯劳议会宣判一名专为神职人员拉皮条的女子浸河的刑罚。刽子手将她的手脚绑住后，把她扔进了奥得河。当时奥得河的水很浅，她“因为上帝的意愿”，没有沉下去，而是直流而下，最后被一名渔夫看到，将她打捞上了渔船，带到了陆地上。该女子随后便称是圣安娜在帮她，让她毫无畏惧地挺过了浸河，议会也随即宣布释放她。[2]

1 Knapp, Alt-Regensburg, 152.

2 Frauenstädt, Breslaus Strafrechtspflege, 29f.

1517年，雷根斯堡一名女纵火犯被浸河后并未死，而是被人从多瑙河救了出来。雷根斯堡议会释放了她，并出资刻了一块圣碑，以纪念这场奇迹。[1]

我们后面会看到，从16世纪开始，浸河在很多地方都被取缔了，原因是宗教改革后，上帝是否干涉变得可有可无，不那么重要了。不过，经历了宗教改革的瑞士有些地区例外，依旧保留了这种刑罚。1567年，巴塞尔议会先判处了一名弑童女犯活埋的刑罚，在神职人员的干预下又改判浸河。刽子手将该女犯绑好后，将她扔进了莱茵河。在托马斯塔（Thomasturm）的高地，她从水里浮了上来，挺过了浸河，随后被无罪释放。[2] 1541年，巴塞尔议会法庭明确了浸河的程序以及上帝在浸河时所起的作用大小。如果法庭宣布对一名男子或女子实行浸河，大仆役应让渔夫在行刑那日安排四名男子划船，陪被行刑者到托马斯塔。随后应中断行刑，将被浸河者带上岸，掘墓人应马上将浸河者身上的绳子解开，“这样如果上帝要像以前那样拯救这个可怜人，那他便不会因无法呼吸而死去”[3]。

当然，在中世纪人的想象世界里，如果有人挺过了浸河，他们便会认为这是上帝和圣灵在起作用。问题是，为何法庭偏要让天意来决定被判浸河的女人的命运？理解这一点的关键是中世纪的女人观。女人那时被认为是有缺陷的生物，容易受人影响，且只能部分掌握自己的感官。简而言之，女人被认为很低能。[4] 女人在智力上

---

1 Schubert, Räuber, Henker, arme Sünder, 52.

2 Ochs, Basel, Bd. 6, 484.

3 Ochs, Basel, Bd. 6, 482f.

4 Davis, Der Kopf in der Schlinge, 111.

被认为与虽长大但未成年的人的智力相当。[1] 这样的人，如果犯了罪，可以完全让她负责吗？对于这个问题，中世纪晚期的法官并不很确定，因而尽量避免判处女人死刑。如果所犯之罪特别大，不得不判死刑，那法官便会判处女性特有的刑罚，让天意来决定其生死。福拉尔贝格州费尔德基希的一名女子在发誓不报复后被法庭释放，誓言中提到了原先对她判处活埋的决定："她应在折磨地（折磨地指的应该是绞刑架）被活埋，这样便是将其交到了上帝手中"。[2]

可以认为，中世纪对女性采取特别的死刑方式，是因为世俗法庭不确定女人的责任能力。这也可以通过除了女人外也有未成年人被判处有可能生还的浸河来得到确认。卢塞恩法庭 1470 年一开始欲判处一名 15 岁的盗窃犯绞刑，基于很多人为他求情以及他未成年的事实，法庭最后宣判用较轻的刑罚——浸河来取代绞刑。[3]

除了未成年人，浸河还被用于处罚那些在某种程度上做出了忤逆上帝或教会之事的男子，通常包括偷盗教会财物、重婚以及亵渎神明等。在这种情况下，法庭倾向于判处其浸河，将其命运交到上帝手中。1418 年，伯尔尼一名偷盗教会财物的犯人活过了浸河，围观的群众十分惊讶，他解释说自己一直在想附近的一幅玛利亚画像，是圣母玛利亚拉住了他，使他得以生还。不久后，一名亵渎神明者也活过了浸河处罚。[4] 1466 年，磨刀匠昆茨·冯·霍尔（Cuntz

1 Heide Wunder, »Weibliche Kriminalität« in der Frühen Neuzeit. Überlegungen aus der Sicht der Geschlechtergeschichte, in: Otto Ulbricht (Hg.): Von Huren und Rabenmüttern. Weibliche Kriminalität in der Frühen Neuzeit, Köln 1995, 39–61, 此处 40.

2 Schuster, Stadt vor Gericht, 226.

3 其他例子请参考 Schuster, Stadt vor Gericht, 225。

4 Tscharner, Todesstrafe Bern, 121f.

von Holl）站在了纽伦堡的死刑法庭上。他被指控娶了两名女子为妻，犯了重婚罪，最后被判装入袋中浸河。记录官约翰纳斯·米尔勒记录道："他在河里浸了很久，大家都以为他死了，便将他抬往圣泽巴尔德的牧师住宅处，准备择日将他下葬。但在路上，水从他口里流出来，他又活了过来。"他身体恢复后，议会想再次逮捕他，遭到了牧师的拒绝。牧师认为，霍尔所处之地是圣地，况且他也挺过了应受的刑罚。在牧师的求情下，议会最终赦免了霍尔，也没有让他发下不报复的誓言，甚至还允许他待在纽伦堡。与此同时，议会追究了执行此次刑罚的刽子手的责任，以"行刑不成功，责任在刽子手"为由将其关进了地下监狱。不过，议会因无法找出刽子手的过错，不久又将其释放。[1] 1457 年，纽伦堡一名男子在浸河时活了下来，随后被法庭释放，之后很多年在纽伦堡生活得很好，没有任何不良记录。[2]

对犹太人的处决

欧洲历史上对犹太罪犯的处罚，一贯都非常残酷。1462 年，纽伦堡一名犹太盗窃犯死在了绞刑架上。为加大对他的惩罚，刽子手给他戴上了一顶灌满热沥青的帽子，"沥青顺着他的眼睛和脸流了下来。不过，刽子手并没有将狗挂在他身边一并绞死"[3]。最后半句关于狗的话，看起来似乎没有任何意义，其实不然。这与当时通

1 Müllner, Annalen, Bd. 2, 567f.

2 GNM, Hs. 3857, fol. 10v.

3 GNM, Hs. 3857, fol. 11r.; Keller, Der Scharfrichter, 172.

行的基督教法官、刽子手处决犹太犯人的方式有关。在拉丁化了的欧洲，犹太人被当作狗侮辱，是普遍之事。在基督徒眼中，狗和犹太人有相似之处：狗在生下来头几天是盲的，更确切地来说是不睁开眼睛的。[1] 这象征了犹太人盲目无知，认识不到基督救世主的救世作用。

处决犹太人时，狗作为陪同一并被处决非常普遍。相关证据证明，德国、法国、西班牙和马略卡岛都有这种习俗，意大利则放弃了这种耻辱性的处决方式。15 世纪教皇管辖的亚维农，犹太罪犯和基督罪犯所受的死刑是一样的。[2] 大部分记录在案的犹太人和狗一并被处决的案例都出现在德语区。1423 年，慕尼黑一名犹太人受绞刑时，身旁吊了两条狗。[3] 1486 年，多特蒙德议会法庭宣判一名名为米歇尔的犹太盗窃犯绞刑。审判决议规定，应让他在一个特别的绞刑架上受刑，头朝下，两个“爪子”（原文）吊在架子上，左右各一条狗。刽子手严格按照判决，将米歇尔和两条狗一起装在推车上送去刑场，随后将米歇尔的双脚绑在专门为他打造的绞刑架上，左右分别绑了一条狗。记录官韦斯特霍夫（westoff）充满恶意地评论道：“那是三条狗被吊在绞刑架上。”[4]

对于该处决方式的残忍，记录官一字未提。吊在犹太犯人旁边的狗，通常都可以咬到犹太犯人身上的肉。1444 年，两名犹太人遭受了此极刑。审判决议这样说道：应将二人的双脚绑在绞刑架

1 Tengler, Layen Spiegel, f. 163r.

2 Cohen, Crossroads of Justice, 93.

3 Schattenhofer, Das alte Rathaus, 301.

4 Die Chroniken der deutschen Städte vom 14. bis ins 16. Jahrhundert, Bd. 20, Leipzig 1877, 349.

上，让其倒立着受刑，且旁边还应挂几条狗。不过，市长簿里有一条记载，申明要派人在晚上看守那些狗。这有点让人费解，为何要这样做呢？市长簿里提到，市长要为那些“在晚上看守绞刑架上的狗”的听差倒葡萄酒。[1]记录官韦斯特霍夫指出，狗在这里既指动物也指犹太人。这样来看，派人晚上看守狗的命令便有了意义。

审判决议还规定，这两名犯人去往刑场的途中，不能让犹太人随行，因为他们只会让犯人更坚定自己的信仰。守卫遵照这个指令，在刑场进行了相应的人员布置，使那些想接近犯人的犹太人无法如愿。[2]这样一来，犯人既得不到任何安慰，也无法得到宗教指导，而基督教法官希望，能在最后一刻让犹太教徒改信基督教。

将犹太犯人双脚吊起、头朝下的惩罚，可持续好多天。1588年，法兰克福一名犹太盗窃犯被处绞刑。六天后，吊在绞刑架上的两条狗中的一条死了。第二天，犯人也痛苦地死去了。他死后的第二天，另外一条狗也一命呜呼。[3] 1475年，雷根斯堡犹太人莫斯（Mosse）被吊在城外的绞刑架上，旁边吊了一条狗。莫斯被吓得中风，随即便死去了。[4]

将犹太犯人吊在特别为其搭建的绞刑架上，在当时很普遍。此外，基督徒还利用逮捕和审判犹太人的机会，试图说服犹太死刑犯加入基督教。16世纪早期编纂的巴塞尔编年史，便记录了发生在1374年的一个特别的故事。5月初，一名犹太犯人双脚被吊在两条

1　将犹太人和动物相提并论的观点请参考 Cohen, Crossroads of Justice, 88ff。

2　Rau, Beiträge zum Kriminalrecht, 53f.

3　Meinhardt, Das peinliche Strafrecht, 125.

4　Knapp, Alt-Regensburg, 151.

狗之间，痛苦万分。据说当时有无数神父和僧侣都来劝说他加入基督教。3 天后，他被说服了，请求加入基督教，希望像基督徒那样脖子上套着绞绳受刑。圣奥尔本一名神父给他行了受洗礼，受洗的圣水被装在一只桶里，绑在一根杆上送到了他嘴边，圣餐也被送上了高高的绞刑架。然而，他显然没被吊死，因为他还在绞刑架上挣扎了 10 天，直到几名贵族女子对他心生怜悯，剪断绞绳将他救了下来。她们用葡萄酒给他擦身，照料他奄奄一息的身体，并把他带到别处重新受洗，但他太虚弱了，无法接受圣餐，不久便死去了。按照基督教的仪制，他被葬在了圣彼得的公墓。[1]

1377 年，科隆附近两名犹太男子和一名名为汉娜的犹太女子被判死刑。两名男子都被判绞刑，而汉娜则被判活埋——当时对女死刑犯的通用死刑方式。汉娜在为活埋她所挖的洞前，开口说想皈依基督教。随后她被带去了科隆，7 天后在小马丁教堂接受了洗礼。她是否被赦免了？相关的文献并未给出答案。[2]一般来说，改信基督教的犹太犯人不会被赦免，只有专门用于犹太人的残忍行刑方式，有时候会被免除。巴塞尔法官曾劝告一名犹太犯人改信基督教，否则便会像牲畜一样被处决。[3]在瑞士弗里堡，一名犹太盗窃犯头朝下在绞刑架上吊了一天一夜，直到他下决心成为基督徒，承认并忏悔了自己的罪过后，刽子手才用一把剑结束了他的痛苦（“他的头被一剑砍下”）。按照基督教的说法，又有一个灵魂得到了

1 Die Grössern Basler Annalen nach Schnitts Handschrift. 238–1416, in: Basler Chroniken, Bd. 6, Leipzig 1902, 139–192, 262.

2 Die Chroniken der deutschen Städte vom 14, bis ins 16. Jahrhundert, Bd. 13, Leipzig 1876, 27.

3 Cohen, Crossroads of Justice, 93.

拯救。

1590 年，在符腾堡宗教改革者雅各布·安德烈（Jakob Andreä）的葬礼上，牧师回忆起安德烈曾成功说服一名犹太犯人加入基督教的光辉事迹。那是一名犹太盗窃犯，被抓后受到了传统的犹太刑罚。安德烈听说此事后，便去绞刑场看望他，对他进行了基督教布道。据说布道后，吊在他身边的两条狗立刻不再咬他。最后，他同意加入基督教，同时也希望受洗后能像一名基督盗窃犯那样死在绞刑架上。他的这个心愿最终被满足。安德烈的这场轰动一时的布道，又一次从魔鬼手中解救出了一个灵魂。在牧师眼中，这是一个伟大的胜利。[1]

1496 年，法兰克福为使犹太籍造伪币者塞利希曼（Seligmann）改信基督教，选择了另一种方式。法庭告诉他，如果他改信基督教，刽子手会先将他斩首后火化。但如果他还坚持信仰犹太教，刽子手会将他活生生扔进熊熊大火之中。[2] 并且，行刑仪制也会不同，不仅教堂里不会有人为他祈祷，他被送往刑场前也不会鸣钟。[3]

16 世纪初，乌尔里希·藤勒的《俗人明镜》风行一时。藤勒与其他人一样，憎恨犹太人，这在《俗人明镜》对犹太罪犯的刑罚条例中得到了体现：“绞刑架必须是特别给犹太人搭建的绞刑架，将犹太犯人置于两条发怒欲咬人的狗中间，拉去或拖去刑场，然后将其倒挂，绑住双腿，吊在那两条狗中间，用这种方式让其在盲目的犹太教信仰中经历由生至死的痛苦。”藤勒在后面还加了一条注

1 Schué, Das Gnadebitten, 175.

2 Rau, Beiträge zum Kriminalrecht, 40.

3 Keller, Der Scharfrichter, 171f.

解：该刑罚在皇帝的法律中没有，只有法官才能判处该刑罚。藤勒还给犹太罪犯指了一条出路："如果犹太罪犯考虑到该刑罚的可怕，请求接受基督教信仰，像基督徒一样受刑，便可将行刑延缓。直到犯人在狱中掌握了基督教教义并受洗后，犯人才应再次站上法庭，作为一个基督徒接受法庭审判……但应警告他，如果他在受洗后又重信犹太教，那他就会像异教徒那样，被施以火刑以及其他酷刑。"[1]

藤勒的这一条例是一段终曲，因为15世纪和16世纪早期，犹太人被驱逐出了大部分德国城市。1590年，莫施·尤德（Mosch Jud）死在了纽伦堡的绞刑架上。弗朗茨大师记录说，这是54年后第一位在纽伦堡被处决的犹太人。这不值得大惊小怪，因为早在1499年，犹太人便被驱逐出了纽伦堡。莫施·尤德是位在黑暗中工作的人，弗朗茨大师认为他是盗窃犯、潜伏在纽伦堡的情报分子，我们称他为间谍。弗朗茨大师提到，尤德犯了多起盗窃罪，出于对他的特别怜悯，才将他绞死在了刑场外的一尖端处。[2]约翰纳斯·米尔勒几年后的编年史记载了该案例的另一个版本：法庭不是出于对尤德的怜悯，而是因为他顽固不化，所以才将他绞死在了特别之处。"他不听神职人员劝导，而是坚持自己的犹太教信仰。从监狱被带出来时，他不仅顽劣，还唱了希伯来语歌。因而，刽子手将他吊在了高高的绞刑架前的一个木桩上。"[3]

1 Tengler, Layen Spiegel, fol. 161vf.

2 Keller, Maister Franntzn, 29f.

3 Julius Friedrich Heinrich Abegg, Beitrag zur geschichtlichen Erläuterung des Art. 218 der P.G.O. Carls V. »Von Mißbräuchen und bösen Gewohnheiten u.s.w.«, in: Zeitschrift für deutsches Recht und deutsche Rechtswissenschaft 15 (1855), 57–81, 此处 75。

对儿童与青少年的处决

《加洛林纳法典》第164条规定，盗窃犯不论男女，如果小于14岁，“出于特殊原因”，不能判处死刑。但如果盗窃金额大，且犯人接近14岁，那法官可以量刑决定是否判处死刑。该法典第179条也确定了青少年以及年老体弱者责任能力有限，法庭可以向宫廷或者大学的法律系求助，遵照他们的建议来判决。

放在现在，青少年犯罪如果达到了法定判刑年龄，便可参照青少年法进行判决，但在当时则很有可能被判死刑。当时的刑法认为，14岁便已成年。不过，对青少年是否能执行死刑，在当时是很有争议的。

1533年，苏黎世法庭判处一名因兽奸罪被起诉的16岁少年死刑。少年被带去刑场前，在监狱里大喊大叫，希望法庭开恩，并承诺不会再犯这样的罪。他的求告是枉然的。“他年纪轻，所以周围人都同情他，但这无济于事，他还是被处死了。”[1]

1502年，法兰克福一名16岁的盗窃犯被处绞刑。两年后，警力人员抓获了一名盗窃犯，但他年龄实在太小，连名字都没有，而是以“约斯特·默廷斯·凯瑟琳（Joist Mertins Katherinen）之子”被记在了法庭的档案簿里。“虽然他年纪轻（具体多大未提），个子也小”，但法庭还是判处他死刑，因为法庭认为他很难成为一个好人。不过，议会法庭也不完全确定，所以让其他议会成员一起来决

1 Fischer, Chronik Ulm, 71.

定。其他议会成员显然有顾虑，因为法庭很快决定不判处该少年死刑，而是判在他脸上烙印，脖子上绑上镣铐，绑在耻辱柱上示众。随后，他被赶出了城。至于他后来的命运如何，我们就不得而知了。[1]

这名少年运气很好，因为赦免并非理所应当。《加洛林纳法典》毕竟开了一扇后门：14 岁的年龄限制，只针对盗窃犯，且如果盗窃事实严重也可以忽视年龄。对其他犯罪，第 179 条规定要具体案例具体分析。法庭在处理此类案件时，并不总是做出对青少年罪犯有利的决定。1576 年，伯尔尼法庭便将两名青少年（一名十岁，另一名 12 岁）偷偷在晚上浸河，原因是他们与一只山羊进行了性行为。8 年后，法庭将一名 13 岁的少年送进了火刑场，因为他被指控与动物以及自己的生母发生了性行为。[2]同一年，纽伦堡陪审团铲除了一个 7 人盗窃团伙，该团伙曾潜进无数家庭进行偷盗。团伙成员虽很年轻，当局对他们却并不陌生，他们此前也被逮捕、被荆条抽打过。而现在，他们面临的是法律的严惩。两天之内，7 人全部被绞死。他们当中有的 22 岁、17 岁、16 岁、15 岁，最小的才 13 岁，但这并不能使他们免于一死。纽伦堡刽子手这样记录道：“他们的文化水平为零。教育和基督教信仰对他们而言是陌生的。他们当中几乎没有一个人能祷告，也没有一个去过教堂。”[3]

---

1 Rau, Beiträge zum Kriminalrecht, 12f.

2 Tscharner, Todesstrafe Bern, 37f.

3 Keller, Maister Franntzn, 15.

刑场的尸体

“如果社会相信死刑具有震慑作用，便会将被斩首的头颅展出示众。”[1]

——加缪，1957 年

1461 年，斯特拉斯堡 3 名议会成员就死刑的行刑程序进行了探讨，提出了现实执行中存在的不足，并试图找出改善之法。其中一个重要主题便是如何处置刑场的尸体，因为现实情况不容乐观：被施绞刑的盗窃犯的尸首，在行刑后不久会被人从绞刑架上解下来掩埋。绞刑架变得空空如也，入城的人容易产生一种印象，认为斯特拉斯堡不会将盗窃犯送上绞刑架，如此一来，便无法起到震慑的作用。而如果看到绞刑犯脸上痛苦的表情，则会让人心生恐惧，不敢去偷盗。不过，对此也存在反对意见：不止潜在的盗窃犯能看见绞刑场的尸体，在附近劳作的男女也看得到。对这些人来说，每天都要看到恐怖的尸体，是一种很大的心理负担。不过，这一顾虑被搁置不顾。讨论的结果是赞成让死刑犯的尸体发挥震慑作用。不过，这也有不小的限制。这一点，我们下面还会谈到。赞成者认为，刑场上也有被处轮刑的犯人的尸体在腐烂，但从未有人抱怨过。所以，在绞刑架上留几具尸体应该也没问题，故而今后绞刑犯的尸体应留在绞刑架上腐烂。[2]

这是被处绞刑和轮刑的犯人的命运，其尸体被用于一般犯罪

1　Camus, Réflexions, 129f.

2　Brucker, Straßburger Zunft-und Polizeiverordnungen, 21f.

预防，为震慑他人而在刑场腐烂，有时甚至很多年。1697年，汉斯·霍尔茨克林格（Hans Holzklinger）死在了慕尼黑的绞刑架上。他的尸体一直留在绞刑架上腐烂，时间长达5年之久，直到1702年，一个盗窃团伙被抓获后被施以绞刑，霍尔茨克林格的尸首才被取代。[1]1717年，汉堡的绞刑架倒塌时，上面还留有1714年被处决的盗窃犯阿隆·迈尔（Aaron Meyer）的残骸。[2]而在沃尔姆斯，有两名杀人犯的尸体在轮子上腐烂了一年半。[3]根据霍恩埃姆斯刽子手的一张账单，可以知道，绞刑架上的尸体已经挂了“好多年”。[4]1638年，法兰克福市民巴特尔·格林尼希（Barthel Grünich）被处决。15个月后，有人试图将他的尸体从刑场上取下来，但只有躯干掉了下来，头还继续留在了绞刑架上。法庭怀疑此事是格林尼希的亲属所为，但没有证据。刽子手被令用链条串住格林尼希断裂的躯干，重新挂回绞刑架。很显然，法庭这样做，是认为格林尼希的尸首尚未完成震慑他人的使命，时间还不够长。[5]

将被处决的犯人的尸体留在刑场，并非没有限制。在很多地方，法庭不想将如此可怕的惩罚加到犯罪的市民及其亲属身上。我们此前提到过，斯特拉斯堡议会虽赞成将绞刑犯的尸体挂在绞刑架上示众，但不想让本城市民也遭此羞辱，故而愿对犯有刑事罪的斯

1 Wolfgang Behringer, Mörder, Diebe, Ehebrecher. Verbrechen und Strafen in Kurbayern vom 16. bis 18. Jahrhundert, in: Richard van Dülmen (Hg.): Verbrechen, Strafen und soziale Kontrolle, Frankfurt am Main 1990, 85–132, 此处 111f。

2 Martschukat, Inszeniertes Töten, 26.

3 Fischer, Chronik Ulm, 51.

4 Scheffknecht, Scharfrichter, 169.

5 Meinhardt, Das peinliche Strafrecht, 118f.; Dülmen, Das Schauspiel des Todes, 138f.

特拉斯堡市民网开一面：如果有朋友或亲属为其求情，议会便会同意将其尸首从绞刑架上解下来。至于该决议的通用率有多高，我们便不得而知了。不过，被处决的犯人是否可按照基督教仪制下葬，很早便有相关的讨论。早在 1387 年，乌尔姆在一封给康斯坦茨主教的信中问道：将被处决的犯人按基督教仪制下葬，是否符合教会的规定？主教的回答是，如果被处决者是带着忏悔之心死去的，那便符合。15 世纪类似的询问信，都得到了主教们同样的回答。[1] 不过，世俗法庭不想这样做，因为世俗法庭需要绞刑架上、轮子上的尸体，故而一般都会拒绝将犯人按基督教仪制下葬。只有在处置本城市民时，法庭才会偶尔开恩。1446 年，哥廷根面包师、市民汉斯·佩勒斯曼（Hans Plesman）死在了绞刑架上。他很快被人（可能是他的亲属）从绞刑架上解了下来，在一个教堂墓地下了葬。很显然，这都是在法庭默许的情况下进行的。[2] 纽伦堡被处绞刑的贵族尼克拉斯·穆费尔的命运也类似。1469 年，他被处绞刑。行刑 3 天后的晚上，12 名骑士来到了刑场，将穆费尔的尸体从绞刑架上解了下来，将尸体带到了穆费尔在埃森劳的祖传宅第，已有一口棺木停在那里。最后，穆费尔被按基督教仪制在泽巴尔德教堂的墓地下葬。[3] 在法兰克福，如果法庭允许被处决犯人的亲属将犯人的尸体从绞刑架上解下来，然后按基督教仪制下葬，那便是法庭对犯人

1　Schuster, Stadt vor Gericht, 271.

2　Lubecus, Göttinger Annalen, 165.

3　Müllner, Annalen, Bd. 2, 580.

网开一面的证明。[1]

拒绝让被处决的犯人按基督教仪制下葬，是对犯人的一种羞辱，是一种社会排挤，伤害的主要是犯人的亲属。但这并不意味着被处决者将永久被基督教团体排除在外，其灵魂拯救也不会受到多大的影响。王室法庭可以用粗暴的方式羞辱犯人的尸体，但却不会触及其灵魂："我在此诅咒，他的肉和血永远不能入土为安，他将经历雨打风吹，会被乌鸦及空中的各类鸟竞相啄食，他的肉、血和骨骼都不能幸免，但他的灵魂可以归属我们伟大的上帝，前提是上帝愿意接纳他。"[2]教会之父奥古斯丁（Augustinus）曾教导我们说，我们的身体在尘世的命运，不会对我们来世的命运产生任何影响。[3]况且，法庭不同意将犯人下葬，也不是不可更改。1520年，纽伦堡议会决定，将掩埋在绞刑架下的遗骨迁葬到圣彼得附近的新墓地去。[4]

很显然，刑场几乎每具尸体都会被葬到墓地，只是时间早晚而已。奥古斯堡有一个传统，每位新主教首次来奥古斯堡，议会都会令人提前清理绞刑架，将草草埋在绞刑架下的遗骨按基督教仪制进行迁葬。[5]这是基督教式的怜悯。有时，也会出于卫生原因不得不

1 具体例子请参考 Rau, Beiträge zum Kriminalrecht, 53, 102f; 类似的观点请参考 Tengler, Layen Spiegel, f. 165v. 被处决犯人的骨灰或遗体可出于"统治者的宽宥或他人的求情"而被允许下葬。

2 Dieter Scheler, In ungeweihter Erde. Die Verweigerung des Begräbnisses im Mittelalter, in: Linda-Marie Günther / Michael Oberweis (Hg.): Inszenierungen des Todes: Hinrichtung – Martyrium – Schändung, Berlin 2006, 157–167, 此处 165。

3 Schmitz-Esser, Zur Vernichtung von Körperlichkeit, 220.

4 Grieb, Die Henker von Nürnberg, 36.

5 Schuster, Verbrechen und Strafen, 64.

将犯人马上迁葬，因为尸体的气味非常刺鼻。1457 年盛夏，第戎城的议会写了一封信给掌管死刑裁判权的王室行政官，请求派人在第戎的绞刑架下挖一个大坑，将半年前被处绞刑、尸体仍吊在绞刑架上的四名盗窃犯的遗骸就地下葬，因为夏日炎炎，尸体腐烂得厉害，很可能传染疾病。[1]1613 年，在烈日的暴晒下，维也纳八名被处绞刑的犯人的遗骸从绞刑架上脱落，维也纳法官不得不派人将其埋葬。因遗骸的气味甚浓，犯人亲属支付的埋葬酬劳比正常要高。[2]

在欢庆时期，尸体发出难闻的气味，便更不合时宜了。1400 年，法兰克福刽子手接到命令，和仆役一起将绞刑架“清理干净”，而且要将尸体埋葬。议会下达这一指令的背景是即将在法兰克福举行王侯大会。有些王侯会在城门前驻营，法兰克福议会不想让这些位高权重的王侯看到恐怖的尸体、闻到难闻的气味。[3]1424 年，德意志民族神圣罗马帝国象征王权的宝物（权杖、王冠、玉玺等）在一片欢庆声中，从匈牙利“火炉”（如今的布达佩斯）移到了纽伦堡。盛典前夕，纽伦堡议会令人将绞刑架上所有尸体解下来，避免让入城之人看到、闻到尸体。[4]

不过，不是所有人都像入城的统治者那样敏感。很多人都对犯人的尸体感兴趣，有的是出于学术野心，有的原因则很平常。1533 年，3 名男子在哥廷根被处轮刑。他们受刑后被绑在轮子上示众，第 6 天身体还在出血。许多人认为，由此可以判断 3 人受到了不公

1 Toureille, Valérie, Vol et brigandage au Moyen Age, Paris 2006, 247.

2 Unger, Grausamkeit, 18.

3 Rau, Beiträge zum Kriminalrecht, 53, 102.

4 Schué, Das Gnadebitten, 205.

正的处罚。[1]我们前面提到过，如果死者长头发或长指甲，人们也会这样觉得。[2]弗朗茨大师曾记载了一个很不寻常的案例。1586 年，里恩哈特·巴尔特曼（Lienhardt Bardtmann）因偷盗而被处绞刑。行刑后第 3 天，绞刑架上只剩他的头在绞绳上晃来晃去，身子被割断了，不知去向。弗朗茨知道其中的缘由：里恩哈特被关押时，曾吹嘘自己衣服里缝了很多金子，如果有人在他受刑后，将他的尸体从绞刑架上割下来，便会发大财。[3]事实上，有时确实能从处决犯的尸体上找到钱。1644 年，纽伦堡两名街头强盗被处轮刑。他们的尸体开始在轮子上腐烂时，有银币和金币从他们身上掉下来。这银币和金币是他们之前缝在衣服里的，后来被一名在刑场附近放羊的小孩捡到，发了一笔意外之财。[4]

有时，碰刑场上的尸体只是小孩的恶作剧。杀人犯弗里德里希·沃纳（Friedrich Werner）被处决时，一名记录官附带提到，弗里德里希是一名年轻健壮的男子，但从小劣迹斑斑。除了做其他坏事，他还把被处绞刑和轮刑的犯人的尸体解下来，放在本就受了惊吓的农民家门口。[5]多数情况下，从刑场偷犯人尸体的都是犯人的亲属，目的是减轻自身的耻辱感，当然也是为了能让死者体面下葬。1573 年，伯尔尼绞死了一吉卜赛团体的 3 名成员。这 3 人在农民家偷盗时，被农民抓获，后交给了法庭。其他成员得以逃脱至弗莱堡。过了一阵，他们又回到伯尔尼，在夜晚潜入刑场，将被绞

1 Lubecus, Göttinger Annalen, 348.

2 Paracelsus, Volumen medicinae, 885.

3 Keller, Maister Franntzn, 19.

4 Hampe, Malefizbücher, 47.

5 Nowosadtko, Hinrichtungsrituale, 87.

杀的同伴从绞刑架上解下来葬在了弗莱堡。[1]

不过，并非所有的盗尸行动都能成功。记录官海因里希·戴克斯勒记录了 1482 年，一名制革工之子被处绞刑 3 天后，尸体被人从绞刑架上“偷走了”，但纽伦堡的城市账单证明此次盗尸行动并不成功，因为账单上有一笔刽子手开支，作为刽子手将尸体“再次绑在绞刑架上”的酬劳。[2] 盗窃犯格奥尔格·索伦（Georg Solen）的尸体在纽伦堡的绞刑架上只吊了 8 天，那之后发生了什么，我们不得而知。总之有人将他的尸体砍得乱七八糟，实在“惨不忍睹”。尸体剩下的部分，则被埋进了绞刑架下的一个洞里。[3]

被处决犯人的亲属或朋友在偷尸体时如果被抓住，会受到严重的惩罚。在弗里堡，法庭曾宣判戳瞎两名男子的双眼，因为他们试图将其被处决的兄弟的尸体从刑场上解下来。此类盗尸行为，会扰乱社会秩序，并产生一定的费用，故而当局也会采取一些预防措施。1497 年，科隆议长决定将一名被处绞刑的盗窃犯上锁，因为城中有传言说有人想将他的尸体解救下来。[4] 1478 年，奥古斯堡市长乌尔里希·施瓦茨被处决后，城市议会派守卫在绞刑架旁守了整整 14 天，为的是阻止这位前任市长的尸首被朋友或追随者偷偷解下来安葬。[5]

1　Tscharner, Todesstrafe Bern, 47.

2　Die Chroniken der deutschen Städte vom 14. bis ins 16. Jahrhundert, Bd. 10, Leipzig 1872, 366, 369.

3　Keller, Maister Franntzn, 26.

4　Keller, Der Scharfrichter, 206; 弗里堡的案例引自 Franz Heinemann, Der Richter und die Rechtspflege in der deutschen Vergangenheit (Monographien zur deutschen Kulturgeschichte 4), Leipzig 1899, 105f。

5　Chronik des Hector Mülich, 437.

科学的死奴仆

“……而最好、最值得颂扬的木乃伊是风干的木乃伊……是那些被处以绞刑、刺刑、轮刑的死者。”[1]

——帕拉塞尔苏斯（Paracelsus），16 世纪

闻名于世的医学家、近代解剖学之父安德雷亚斯·维萨里（Andreas Vesalius）取得的成就，也要感谢刑场的尸体。1536 年，维萨里还是位年轻的医生，刚从巴黎回到洛温。但他还与在巴黎上大学时一样，经常去刑场，因为刑场上容易看到尸体。他经常细细观察尸体的人骨，有时也能收集一些。上大学期间，他仅通过观察人的遗骸，便驳倒了当时传统解剖学的一些重要观点，而这些观点大多是从动物身上得出的。每次有行刑，维萨里都尽可能挤到前面，以便仔细观察人体的构造细节。1536 年，他和一名朋友散步时，在城门前的绞刑架上发现了一具骨骼，骨骼非常完整，引起了他的注意。在朋友的帮助下，他费力爬上绞刑架，将一些骨头取了下来，成功运回了家。接下来几天，他又多次潜到那个绞刑架前，将骨骼一点一点取下来。最后，除了一只脚、一个膝盖骨以及一只手的手指外，基本上整个骨骼都被他取下来了。[2]

当时的维萨里，肯定没把偷骨骼视作一种犯罪行为，而会更多

1 Das System der Medicin des Theophrastus Paracelsus, aus dessen Schriften ausgezogen und dargestellt von Heinrich Adolph Preu, Berlin 1838, 216f.

2 Roth, Vesalius, 73f.

地认为自己是不得已弄素材，来深化自己的解剖学知识与研究。况且，谁的尸体会比被处决犯人的尸体更适合用于医学研究？虽然中世纪并没有不能破开尸体的统一禁令，但与医生的解剖好奇心相对的，是对被处决者亲属的尊重。故而，将被处决者的尸体送去解剖，并不是对犯人的额外处罚，更多地是说明该犯人是外来人员，没有近亲在侧。1660 年，纽伦堡议会不得不权衡将犯人的尸体作为潜在的解剖对象是否会伤害犯人亲属的感情。这一权衡是有原因的：纽伦堡附近的阿尔特多夫医学院的学生请求纽伦堡议会，将被处决的玛格瑞特·亚伯拉罕（Margarethe Abraham）的尸体送给他们用作解剖学研究。最后，陪审团拒绝了这个要求，理由很明确：议会不想让玛格瑞特本就伤心的父母更伤心。[1] 1497 年，解剖学家亚历桑德罗·贝内代蒂（Alessandro Benedetti）记载说，用以解剖的尸体必须从远地方弄，为的是不伤害犯人家属的感情。14 世纪末，佛罗伦萨大学规定，只能将那些没什么亲戚朋友的犯人的尸体用于解剖。15 世纪中期，博洛尼亚大学规定只能将 30 英里外的犯人的尸体用于解剖。[2]

弗里德里希二世被认为是第一位颁布法律规定医生可以对尸体进行解剖的皇帝，当时这一规定涉及的是西西里的医生。不过，人类解剖学历史获得一个牢靠的基础，是从 14 世纪才开始的，而 14 世纪正是死刑激增的世纪。解剖学的历史和死刑的历史存在这样一种病态的关联，也许是偶然。第一个可靠的尸检记录是 1302 年博洛尼亚大学的一次尸检。没过几年，即 1319 年博洛尼亚出现了第

1 Grieb, Die Henker von Nürnberg, 230.

2 Park, The Criminal and the Saintly Body, 12.

一起非法盗尸案。阿尔贝特·冯·博洛尼亚（Albert von Bologna）示意学生将一名已下葬的绞刑犯的尸体挖出来，抬到教室供老师解剖。[1]要满足医学上的好奇，必须要有尸体的补给，但这在当时很不容易。

15世纪，解剖的数目明显增多。博洛尼亚、维也纳、佩鲁贾、蒙彼利埃、巴黎，以及欧洲其他大学都有相关的数字记载，且都曾指出尸体供不应求。有些医学专业的大学生，在整个大学期间都没见过尸体解剖。15世纪，维也纳记载在录的解剖案例只有9个，巴黎1478—1526年间只有4个。各大学都争相抢要犯人的尸体。1478年，巴黎刽子手将一名犯人的尸体卖给了巴黎大学。1427年，锡耶纳的医学家们从议会手中购买了一具绞刑犯的尸体。1517年，斯特拉斯堡的医生和剪刀手提出申请，希望可以用犯人的尸体进行解剖研究。

在其他地方，医学家们不必苦苦哀求，以获得尸体进行研究。早在15世纪，佩鲁贾大学便被授予"一年可获得两具被处决的尸体以供解剖之用"的权利。来自阿拉贡的国王约翰一世（Johann I）也授予了列雷达大学"每3年可获得一具被处决者的尸体以供解剖之用"的权利。[2]

尽管如此，医学家们对尸体的渴望还是无法得到满足，尸体的供给依旧棘手。1523年1月，文森佐·普雷蒂（Vincenzo di Preti）从博洛尼亚写来一封信，说第二天会对当日被处绞刑的两名盗窃犯

1 Park, The Criminal and the Saintly Body, 7.

2 Roth, Vesalius, Charles Donald O' Malley, Andreas Vesalius of Brussels, 1514–1564, Berkeley 1964.

中的一人的尸体进行解剖，所有医学系学生必须到场，因为人体解剖对学业非常有用，很久才有一次。[1] 尸体资源的匮乏，导致有些越界的行为出现。1550 年，威尼斯法律规定，禁止将尸体从坟墓中挖出供解剖之用，违者将受到严惩。[2] 即便是维萨里这样的大师，也不得不学会面对尸体短缺的现实。1537—1542 年，他在帕多瓦大学准备划时代的解剖学著作《人体结构》（*De Humani Corporis Fabrica*）。这 5 年的时间里，他一共只有 6 具女尸可供研究之用。这些死尸，据说有的数周都停在他的卧室。[3] 风干的木乃伊一般很少，因为不仅解剖学家，其他人也在被处决者的尸体上看到了宝贵的资源。

死刑犯的衣物

乌尔姆鞋匠、记录官塞巴斯蒂安·费舍尔 1550 年前后记载了 16 世纪 30 年代在沃尔姆斯发生的一个令人难以置信的故事。这个故事说明，不只是被处决者的尸体是夜间盗窃的目标。当时，费舍尔目睹了一名盗窃犯被处决的情景。那是一名年轻、英俊、身正的男子，衣着华丽，甚是引人注目。他戴着一顶红帽子，穿着一件羊毛褂子，红裤子外是一条红裙，都是崭新的上乘货。行刑后，费舍尔与旁边一个陌生人聊了起来。陌生人提到被处决者的衣物时，扬

1 Prosperi, Consolation or Condemnation, 99.

2 Park, The Criminal and the Saintly Body, 18.

3 Roth, Vesalius, 99f. 女性尸体显然特别难得到，16 世纪纽伦堡只有一名女性的尸体被允许用以解剖，而被解剖的男性尸体的数量则要高许多。Grieb, Die Henker von Nürnberg, 113.

言敢出大价钱打赌，赌这些衣物两周内肯定会被偷。两周后的那晚是满月，3 名男子溜进了刑场，将刑场上两个绑有一年多前被处决的轮刑犯的遗骸的轮子卸下来，靠在了绞刑架上。靠着轮子的帮助，他们爬上了绞刑架。其中一人以骑马式的坐姿，坐在了绞刑架上，3 人试图将绞刑架上的尸体解下来，但没能成功，镣铐解不开。他们于是改变计划，改为站在那两个轮子上，将死者的衣物剥下来。这件事有很多目击者。当晚月光皎洁，莱茵河上的渔夫以及海关的值班人员，都看得一清二楚。虽有目击者，但作案者还是没能抓住。不过，被剥下的衣物很快再次出现。事发一周后，衣物被卖给了沃尔姆斯的犹太人。

费舍尔听说此事后非常好奇，于是便和好友、来自比伯拉赫的沃尔夫·柏林格（Wolf Beringer）一起去了刑场。绞刑架上的盗窃犯，整个咽喉都被割断了，眼睛也被鸟儿啄了出来，一丝不挂，连生殖器都可以看到，这刺激到了费舍尔。但对费舍尔来说，更让他印象深刻的是：被施轮刑的杀人犯的尸体腐烂得非常厉害，肚子都爆开了。这是费舍尔第一次看到人的内脏，他惊讶于一名杀人犯的肚子基本是空的，“内脏像是一把炭黑涂在了肋骨上”。但费舍尔显然弄错了，那把炭黑并不是内脏的残留，而是将内脏吃掉的蛆的排泄物。费舍尔在描述该杀人犯的皮肤时说道，他的皮肤薄得像山羊皮纸，披在肋骨上，手上、臂上以及脚上的皮都干瘪了。费舍尔在刑场上驻足，他的朋友柏林格则一路都在摇头，问他为何要如此靠近尸体。费舍尔告诉柏林格，自己对大自然的奇迹感兴趣。[1]

1 Fischer, Chronik Ulm, 51f.

我们感兴趣的首先是被处决者的衣物，因为它们经常是被觊觎的对象。瓦伦丁・格吕布纳曾对中世纪晚期社会底层人的经济状况进行了研究，强有力地证明了家具和衣物对穷人具有非常大的吸引力：两者都是日常生活的必需品，在经济困难时期还可以拿去当铺换钱。[1]就算是二手衣也被认为有价值，故而经常被偷。比如去澡堂洗澡时，将衣物暂搁在一旁，或是将衣物挂起来晾干，都容易被偷。有些丧尽天良的窃贼甚至越过不敬的界限，去偷死者的衣物，这也让二手衣的价值得到了体现。1507 年，制针匠汉斯・克斯勒（Hans Kessler）站在了纽伦堡法庭上，他被控盗窃棺木。至于他在哪盗的棺木，我们无从得知。[2]但他在棺木中找什么，也许可以从汉堡 1603 年的法律章程中找到答案。章程规定：谁开棺脱下死者的衣物，将被处鞭刑或驱逐出城。[3]显然，当时确实存在盗墓偷衣的现象。

当时盗墓很容易，并不需要花很多功夫。大多数时候，犯人的尸体只会被掘墓人草草一卷，撒上一点土了事，存放所的尸骨也很容易找到。马丁・路德（Martin Luther）在 1527 年所著的《人是否能逃离死亡》（*Ob man vor dem Sterben fliehen möge*）一文中提了一个问题，即从墓地散发出来的臭味是否有毒。[4]对于这个问题，路德没有找到答案，但他却因此呼吁将城中的教堂墓地移到城外去。这之后，在很多路德教城市，教堂墓地也确实被移到城外去

1　Valentin Groebner, Ökonomie ohne Haus. Zum Wirtschaften armer Leute in Nürnberg am Ende des 15. Jahrhunderts, Göttingen 1993.

2　Grieb, Die Henker von Nürnberg, 20, 345.

3　Der Stadt Hamburg Statuta und Gerichtsordnung, Hamburg 1603, 382.

4　Martin Luther, Ob man vor dem Sterben fliehen möge, in: WA 23, 338–372.

了。这个影响了城市布局、有助于城市卫生的建议，源于一个新神学观点：是否在离圣灵遗骸和教会近的地方下葬，对一个人的灵魂拯救并没有什么影响。不过，墓地腐烂气味的问题，并没有因此而得到解决。1562 年，两名纽伦堡议会成员曾批评墓地气味熏天，原因是掘墓人不可靠，没有把尸体埋得够深、撒了太少石灰或其他可遮盖异味的东西。[1]

开棺盗取死者衣物，我们并没有其他佐证。但将被处决犯人的衣物剥下来，绝对是很普遍的。当然，前提是其他人没有先将犯人的好衣物搜罗过去。对死刑犯的着装，并没有统一的规定。从文献中可以看到，行刑日那天，既有死刑犯穿上白色亚麻长袍，也有戴着高帽、穿着毛皮大衣大摇大摆去刑场的。特别是那些有较高社会地位的死刑犯，在行刑时穿得符合他们的身份，是被允许的。[2]

在很多地方，刽子手都有权获得死刑犯的衣物。这项权利，在有的地方甚至保留到了 20 世纪。[3] 这项残忍的剥夺，是刽子手收入中一项不小的进账，故而刽子手总是会坚持。至于衣物包括什么，有时是有争议的。一般来说，它包含犯人被逮捕时的衣物和财物。1507 年，纽伦堡议会处理了一场分赃不均的纠纷。除了地下监狱的看守，还有被称为“狮子”的刽子手的助手、城市民兵以及刽子手都在争死刑犯的衣物。议会最终决定，死刑犯的衣物归刽子手所有。不久后，议会将决议进一步细化，规定衣物仅指死刑犯

1 Grieb, Die Henker von Nürnberg, 94f.

2 白色亚麻长袍的记载请见 Harrington, Die Ehre des Scharfrichters, 127。名人被处决时，身上经常穿着名贵服饰，相关图例可以证明，请见 Israel, Hinrichtung, 683f.

3 Camus, Die Guillotine, 120.

的衣服、首饰和钱，刽子手都无权获得。[1]但这并不能让刽子手死心，刽子手还是会提出类似的要求。1562 年，汉斯·豪克（Hans Haug）在纽伦堡死于刽子手之手。行刑前，他在狱中列好了自己的债务清单，注明了自己被逮捕时，身上带有四古尔登，这笔钱死后应由他的遗孀来继承。他死后，刽子手竟说这笔钱应归他所有，遭到了议会的反对。议会同时还警告刽子手，以后不得这样压榨死刑犯，而应按照规矩，只提出本分的要求。[2]慕尼黑在这方面的规则更多样化。从 1531 年起，一切价值超过一英镑芬尼的首饰和现金都归首席法官所有，一英镑以下的财物归法庭听差所有，包、腰带以及武器也归听差所有，衣物则归刽子手所有。[3]

虽然有明确规定，但在细节上却总存在冲突。1580 年，来自纽伦堡附近的沃克斯布伦的尤尔克·施托莱（Jörg Strölein）要求议会将他因弑童罪而被处死的妻子安娜的财物交还给他。议会最后决定，将他给安娜送进监狱的被子和枕头归还，但安娜进地下监狱时穿在身上的衣物则是刽子手的战利品。[4]如果死者的亲属想达成自己的愿望，必须与刽子手进行磋商。1565 年，纽伦堡陪审团决定，被处死的保卢斯·戴克斯勒（Paulus Deichslers）的亲属应就保卢斯裙子的归属问题与刽子手协商。陪审团同时警告刽子手，在同意交出裙子时不能狮子大开口，索要过高的费用。[5]

当然，除了刽子手，也有其他人盯着死刑犯的财物。1558 年，

1 Nowosadtko, Scharfrichter und Abdecker, 68; Grieb, Die Henker von Nürnberg, 20f.

2 Grieb, Die Henker von Nürnberg, 93.

3 Nowosadtko, Scharfrichter und Abdecker, 68

4 Grieb, Die Henker von Nürnberg, 131.

5 Grieb, Die Henker von Nürnberg, 99.

被处死的海因茨·莱考夫（Heinz Leikauf）的父亲请求法庭将莱考夫的裙子归还，遭到了拒绝。陪审团和市长指出，按照惯例，裙子归刽子手所有。第二天早上，刽子手去市长处报告，称裙子已被莱考夫的父亲取走了，原来有其他人与莱考夫的父亲做了交易。陪审团随后盘问了地下监狱的看守，问他将裙子交出去收了多少钱，并令他将裙子取回来，而且警告他，今后不得在没有上级命令时将任何衣物交出去。[1]

为获得战利品，刽子手一方面必须留心，另一方面他又不能越矩，必须注意不能越过本分。1508 年，纽伦堡议会在维尔茨堡主教的请求下，宣布判处未获允许而进行武装自卫的康茨·勒瑟（Conz Rösser）死刑。议会决定，勒瑟的衣物不归刽子手所有。考虑到刽子手会因此而动怒，议会先发制人，在决议后附加了一项，规定从此以后，刽子手不得将犯人斩首后将其衣服脱得精光。第二年，新刽子手上任时，议会将如何处置犯人尸体的规则写进了任命书，规定刽子手不得将被处决者的裤子和贴身衣物脱下，只能脱下其裙子和大衣。[2] 1596 年，慕尼黑议会将该城的刽子手投入了监狱，因为他将一名绞刑犯剥得只剩一件衬衣，而当时还有围观者在刑场。[3] 1530 年，纽伦堡议会警告刽子手，以后不得在刑场就将被行刑者的衣服剥下来占为己有。[4]

围绕犯人衣物所进行的争斗，其实是收入的争斗。原本所有与

1 Grieb, Die Henker von Nürnberg, 85f.

2 Grieb, Die Henker von Nürnberg, 22ff.

3 Schattenhofer, Das alte Rathaus, 304; Nowosadtko, Scharfrichter und Abdecker, 69.

4 Grieb, Die Henker von Nürnberg, 43.

执行死刑有关的东西，都归刽子手所有，如绳子、镣铐、木头等。但这些东西的归属问题，经常出现争执。1563 年 10 月，纽伦堡刽子手汉斯・佩林格向议会申请获得免费的木头供应。此外，他也申请了新年礼物。对于城市的公职人员来说，新年礼物一般都是折成现金。议会首脑查询了之前是如何对待佩林格的前任后，告诉佩林格，从没有免费给刽子手供应木头的先例。新年礼物倒是有给过佩林格的前任，不过当时情况特殊。[1] 虽然在这个例子中，刽子手没能获得额外收入，但说明当时刽子手收入的结构复杂，在许多地方都留有空间，供刽子手获得额外收入。比如，刽子手可进行创造性的能源管理。1553 年，纽伦堡与勃兰登堡-安斯巴赫的边境伯爵正处于战争状态，不便出城，纽伦堡便在城门内进行了一场处决，为此还特意弄了一片木制场地。行刑结束后，刽子手认为场地所用的木头都应归他所有，遭到了议会的否决。[2] 1562 年，纽伦堡宣布判处两名造伪币者火刑。刽子手负责去洛伦茨森林取火刑所需的木头，但洛伦茨森林的官员却抱怨，这次取了 14 Mess 木材（1 Mess 约为 3.386 立方米），超出了火烧两名犯人所需的用量。陪审团虽将这一抱怨告知了刽子手，但并没有采取任何行动。[3]

剑子手及其仆役并不是唯一盯着死刑犯衣物的人。窃贼也经常盯上这些衣物，因为比较容易下手。1592 年，纽伦堡议会开始着手处理这一问题。来自班贝格附近的学徒潘克拉茨・鲍姆加特纳

1 Grieb, Die Henker von Nürnberg, 97. 议会首脑说的并非事实，因为议会曾在 1562 年允诺刽子手的前任每年给他免费提供 13 担木头，详见该书 95 页。

2 Grieb, Die Henker von Nürnberg, 74, 356.

3 Grieb, Die Henker von Nürnberg, 94.

（Pankratz Baumgartner）因多次入室偷盗而在 1592 年 1 月 13 日被判绞刑。议会还下了一个值得一提的命令：鉴于潘克拉茨“穿得不错”，有可能在刑场出现“他的衣物被人剥下来偷走”这般已多次出现的事，故应从战营里选几名看守在刑场悄悄守几夜。如有盗贼偷取潘克拉茨的衣物，便将其抓捕。[1]

1591 年，因盗窃和背叛罪被处绞刑的马特斯·布特纳（Matthes Büttner）在纽伦堡被处决。当天晚上，他身上所有衣物，除了袜子，都被人扒得精光。不过，他那赤裸的尸体，很快被套上了一件新衬衣以及一条裤子，这应该是基于对死者的尊重。[2] 1439 年，法兰克福的刽子手得到了四先令，因为他给绞刑架上一具被扒光的尸体套上了一件新罩衣。[3]

有时，犯人的衣物在处决后数周，甚至数月才被窃贼偷走。可以料想，衣服必定臭气熏天。但直到 18 世纪才有对此类衣服臭味的记载。1738 年，慕尼黑刽子手决定将一名被处决犯人的衣服送给自己的仆役，因为衣服“味道实在太大”。[4] 而在这之前的几个世纪里，人们似乎没有那么敏感。1588 年 11 月，汉斯·施纳贝尔（Hans Schnabel）吊在绞刑架上已经两周，但还是有人爬上了绞刑架，将他一件贴身上衣和一条裤子偷走了。[5] 1540 年 7 月，盗窃犯格奥尔格·珀尔普斯特（Georg Probst）被处绞刑，8 月末还有人将他身上的衣服剥得只剩衬衣，盗衣之人应该是看上了他身上那条

1 Grieb, Die Henker von Nürnberg, 152.

2 Keller, Maister Franntzn, 31.

3 Rau, Beiträge zum Kriminalrecht, 54.

4 Nowosadtko, Scharfrichter und Abdecker, 69.

5 Keller, Maister Franntzn, 26.

鹿毛的绿裤子。[1]我们最后要说的是一名18岁的盗窃犯，他于1539年7月30日被施以绞刑。根据一位目击者的描述，行刑那日，该盗窃犯穿了一件绿缎子的贴身上衣、一条红色的裤子、一件红色镶金领口的衬衣。圣马丁节后的星期六的晚上，他的衬衣和贴身上衣都被偷走了。[2]圣马丁节在每年的11月11日，也就是说，当时这名盗窃犯已死在绞刑架上有三个多月。[3]

毁尸

账簿是最扣人心弦的文献之一，因为上面的记载都很详细，也经过了仔细的核对，远比其他的文献资料可靠。

从沙夫豪森1413年的账簿“城市交易支出”一栏中，我们可以读到这样的话："五先令支出给掘墓人乌尔里希，他爬上了轮子，因为据说轮子上犯人的睾丸被割掉了。"[4]根据这个记载，掘墓人乌尔里希被派去查看一名杀人犯的尸体，尸体在轮刑后被绑在轮子上腐烂，供鸟儿啄食。有传言称，有人将尸体的睾丸割掉了。这并非不寻常之事：1587年，马格德堡逮捕了一位女子，因为她怂恿人将一名吊在绞刑架上两年多的盗窃犯的生殖器割掉，以供她制作一种巫药。[5] 1549年初，彼得·克莱泽（Peter Kreitzer）在纽伦堡被

1 GNM, Hs. 3857, f. 20v.

2 GNM, Hs. 3857, f. 20r.

3 该记载也许有误，因为根据其他文献记载，1539年只有一例绞刑行刑案例，且日期是在该年11月6日，详见Grieb, Die Henker von Nürnberg, 353。

4 StadtA Schaffhausen, A II.05.01.013, S. 71.

5 Schubert, Räuber, Henker, arme Sünder, 87.

施以轮刑几天后，有人溜进刑场，将克莱泽的睾丸和阴茎割掉，尸体从轮子上掉了下来。议会随后命令刽子手，将残骸重新绑回轮子上，并开始侦缉凶手。[1]但侦缉行动有如大海捞针，毫无进展。下一个犯人汉斯·马勒（Hans Maler）的尸体被绑在轮子上，已是一年多以后。汉斯·马勒原本被判剑刑，但为了加重对他的处罚，法庭示意行刑后要将他的尸体绑在轮子上示众。克莱泽一案还未破，议会并没有遗忘，故而特意令人在刑场增加守卫。这项措施取得了成功：4 天后，汉斯·克鲁格（Hans Krug）在试图将马勒的睾丸割走时被抓获，随即被关入地下监狱审讯。议会想知道，克鲁格想用那睾丸做什么，是谁让他这样做的，能拿到多少报酬，还有谁知道此事等等。刽子手警告他，如果不老实回答这些问题，便会将他捆起来严刑拷打。克鲁格在监狱里蹲了快 3 个月，并未说出割睾丸的用途，只承认自己曾有几次偷盗行为，也曾偷自己母亲的钱财。最后，议会决定，将他绑在耻辱柱上示众，然后将他的右手斩掉，并将他永远驱逐出城。[2]

以上这些案例，带领我们走进了一个充满迷信、神话、医学、智慧的世界。我们不想谈论圣人的奇迹事件，也不想讨论圣骨的神奇作用。在前现代社会，就算再普通不过的术士也有市场，当然前提是他们知道如何讲好故事。（这在今天有什么不同吗？）

如果术士跨越了界限，有时也得站在法庭上接受审判。15 世纪，来自阿尔萨斯帝国自由城市史列特史塔的卡塔琳娜·冯·肯青根（Katharine von Kentzingen）帮助一名女理发师改善她糟糕的

1 Grieb, Die Henker von Nürnberg, 60.

2 Grieb, Die Henker von Nürnberg, 64–67.

家庭情况，教了她“很多技巧”，使她的丈夫不再打她。议会法庭最后宣判，将卡塔琳娜驱逐出城一年，并警告她以后不得再将这类技巧教给其他人。[1]至于为何这样警告她，原因不详。也许是因为法官们相信卡塔琳娜会魔法。但更有可能的是，法官想以此保护卡塔琳娜免受宣扬魔法的危害。15 世纪，术士与巫师之间只有一步之遥，而巫师的结局只能是死刑。骗子会利用人轻信他人的弱点，进行插科打诨，上演一出出闹剧。占卜者则招摇撞骗，骗取他人口袋中的钱。占卜者一个普遍的行骗手段是，宣告自己可以确定隐藏的宝藏的位置。1606 年，纽伦堡刽子手将安娜·达默尔（Anna Dammer）棒打出城，因为她“用挖宝的故事欺骗了很多人”，单从一名女子身上就骗到了 60 古尔登。[2]独腿女缝纫伊丽莎白·奥尔赫尔特（Elisabeth Aurholt）就更厚颜无耻了。她骗了很多人，声称自己能感知哪里有地下宝藏，鼓励大家去挖宝藏。实际上，她是将煤埋到了事先挖的洞里，让人相信里面真的有宝。随后，她还称那些煤在 3 个礼拜之内会变成金子。对于某些人的质疑，她反驳说，除了许多成功例子，她还给纽伦堡贵族恩德雷斯·英霍夫（Endress Imhoff）掘开过一口金井。伊丽莎白被逮捕时，已用这类故事骗取了 4000 古尔登。法庭宣判她剑刑，审判决议特别指出，鉴于她只有一条腿，应将她背去刑场受刑。[3]

在这个由神话、奇迹和迷信编织的世界里，被处决者与刑场占

1 Joseph Geny (bearb.), Schlettstadter Stadtrechte, Heidelberg 1902, 625 (Nr. 188).

2 Hampe, Malefizbücher, 64; Keller, Maister Franntzn, 112, 该书中其名为多米丽琳（Domiririn）。

3 Keller, Maister Franntzn, 45f; Harrington, Die Ehre des Scharfrichters, 303ff.

据着特别的位置。一方面，被处决者因为是忏悔而死，故而身上笼罩着一种神圣之气。有人据此认为，被处决者的身体会像那些受人敬仰的圣者一样，有着某种魔力。另一方面，由于这些人先于自然死亡时间死亡，有人便认为其尸体上还留有一种气，而这种气可以为人所用。至于睾丸有何种神效，我们只能猜测。根据《德国迷信简明词典》（*Handwörterbuch des deutschen Aberglaubens*）的记载，动物的生殖器被加工后，可以作为药物用于治疗尿床及喉咙痛。人的生殖器除了这个功效外，还能作为肥料，让田地变得肥沃。[1] 相比于睾丸，绞刑架上犯人尸体的其他部分被偷盗，原因则会更站得住脚些。

离最后一例绞刑案，已过去了好几代，但法语中仍有"拥有绞绳的一截"（avoir de la corde de pendu）的说法，用以形容一个人有一连串的幸运事。绞刑绳在很长一段时间都被认为是有魔力的，不仅能让人在赌博时赢钱，对治疗癫痫也有好处。人们经常建议不孕的女人去找个绞刑架，在被处绞刑的犯人下面来回走动。而从被处决者身上提取的脂肪，被认为是抗风湿以及治疗淋巴结核等皮肤病的良方。用被处决者的骨头磨成的粉，据说有神奇的功效。[2] 而干成条状的人的皮肤，在怀孕或疼痛时可用得上。

被处决者的手，也被赋予特殊的功能。据说多次触摸死人的手，最好是被处决犯人的手，能治疗囊肿和腺病。整个欧洲都风行所谓的"荣耀之手"（hand of glory）：将死在绞刑架上犯人的一只

---

1 Hanns Bächtold-Stäubli, Art. Geschlechtsteile (Genitalien), in: HWB des deutschen Aberglaubens, Bd. 3, Leipzig 1930/31, 730–735.

2 Peacock, Executed Criminals.

手，用盐和尿存储后，用于各种用途。盗贼很喜欢带着“荣耀之手”去行窃，因为据说它可以帮助盗贼打开所有的门。其他的说法则认为“荣耀之手”如果被用作烛托，会有特别的功效。[1]

1601 年，20 重杀人犯巴斯蒂安·格吕博（Bastian Grübl）承认自己杀了 5 名孕妇。将孕妇的肚子破开后，他将腹中胎儿的手切了下来，然后带着这些小手四处行盗。[2] 1593 年，沙夫豪森一名杀人犯、强奸犯、盗窃犯承认自己为了获得胎儿的手，剖开了两名孕妇的肚子，因为他听说胎儿的手具有神奇的效果。[3] 纽伦堡一名杀人犯承认自己杀害了一名婴儿，将婴儿的右手砍了下来，制成了木乃伊，作为他的幸运之神。在审讯中，该杀人犯以及他的一名同伙承认，经常出于此目的砍掉婴儿的手。[4] 1601 年，圣加仑一名男子承认曾多次杀害孕妇，将孕妇腹中胎儿的手砍下来做自己的护身符。[5]

了解了这些，我们便没什么理由对弗朗茨大师抱怨刑场情况糟糕感到奇怪了。根据弗朗茨的记载，刑场上一个轮子绑着一个杀人犯［弗朗茨说此人为博伊尔莱（Beuerlein），但应该是 1580 年 11 月被处以轮刑的汉斯·米勒（Hans Müller）］，尸体在上面腐烂超过了半年。原本轮子是被固定竖立在刑场的，但现在却松开了。轮

1 Peacock, Executed Criminals, passim.

2 Keller, Maister Franntzn, 55.

3 David Stokar, Verbrechen und Strafe in Schaffhausen, in: Zeitschrift für Schweizer Strafrecht 5 (1892), 309–384, 319.

4 Harrington, Die Ehre des Scharfrichters, 272f. 与“荣耀之手”类似的是“贼之大拇指”（Diebesdaumen），详见 Schubert, Räuber, Henker, arme Sünder, 87。

5 Dülmen, Theater des Schreckens, 222.

子上所有绳子都被解开偷走了，而且尸体的右手也被切掉了。弗朗茨建议，议会应派听差和仆役去调查赃物的下落。[1]

1666 年，纽伦堡陪审团命刽子手及其助手，晚上偷偷将两天前被处绞刑的安东·格琴（Anton Götschen）的尸体从绞刑架上解下来在墓地下葬，并将绳子和镣铐都收走，“这样便不会出现被禁止的巫术交易”[2]。当然，此类命令是无法消除迷信或阻止人对尸体和刑具下手的。

尸体作为医学资源

在月黑风高时偷盗或损毁尸体，固然带有传奇色彩，但最经常抢占尸体的，其实是刽子手。不过，这取决于当局是否批准，至少在纽伦堡是这样。[3] 当然，刽子手并不总像弗朗茨·施密特在 1578 年 7 月那样顺利。那时，施密特受聘成为纽伦堡的刽子手没多久，议会便同意他对此前被他斩首的海因茨·格罗斯（Heinz Gross）进行“切割，并可取用对他提取药物有帮助的部分”[4]。多数时候，都会有围绕尸体进行的博弈和讨价还价。1677 年，刽子手急切地请求获得一名被处决者的皮，因为议会早就答应了他。议会表示，希望他能有点耐心，等下一次处决时将满足他的这一要求。[5]

1 Grieb, Die Henker von Nürnberg, 132.

2 Grieb, Die Henker von Nürnberg, 240.

3 Wilbertz, Medizin und Strafvollzug. 书中对刽子手使用犯人尸体的权利提出了批判性观点。

4 Grieb, Die Henker von Nürnberg, 127.

5 Grieb, Die Henker von Nürnberg, 248.

第一个（敷衍的）批准剖开尸体的许可，出现在宗教改革的开始阶段，这肯定不是偶然。1525 年，纽伦堡进行了宗教改革。1527 年 2 月，理发师彼得和刽子手一起提出申请，希望可以切开一名被处决者的尸体。请求被批准，但议会规定，在切开尸体时，必须有一名医生在场，且不得将尸体的任何部位交给刽子手。[1] 如此看来，议会是允许理发师和刽子手通过肢解尸体来加深他们的解剖知识的。

和理发师一样，刽子手也非常积极地参与治疗病人，如给骨折病人上夹板、处理伤口、让骨头复位、开药等。尤塔·诺沃萨特克（Jutta Nowosadtko）认为，慕尼黑的刽子手通过这项工作，获得了其薪酬的一半。因而，我们完全可以将刽子手归入治疗者的行列。根据弗朗茨大师的记载，在他任刽子手的 46 年间，他救治过超过 15000 名患者，给他们提供了药物。[2] 近代早期，刽子手在北德从事医疗工作“并不只是一个副业，而是与其职业相连，与其他任务同等重要的”[3]。

从 16 世纪起，被处决者的血越来越多地用于医疗。1530 年，议会第一次讨论并同意让刽子手给一名患有癫痫的“老实的女子”喝一杯被处决犯人的血。[4] 在剑刑时，颈动脉中会有约半升的血以

1　Grieb, Die Henker von Nürnberg, 40f.

2　Harrington, Die Ehre des Scharfrichters, 316.

3　Wilbertz, Scharfrichter und Abdecker, 67; 慕尼黑的情况请见 Nowosadtko, Scharfrichter und Abdecker, 163。

4　Grieb, Die Henker von Nürnberg, 42. 根据该记载，认为 17 世纪才出现饮用人血的实践的观点是不正确的，也可参照 Evans, Rituale der Vergeltung, 132; Schild, Das Blut des Hingerichteten, 147。

类似多道喷泉的方式从脖子里向上涌出。[1]这半升血，会被刽子手的仆役用一个陶制容器装起来直接给病人喝。有一个案例是这样说的："那尚且温热的血，被一男一女两名年轻雇农喝掉了。"[2] 1553年，医生施特赖歇尔（Streicher）得到纽伦堡市长的批准，获得了一名被处决的强盗的血，"以作为药物服务于人"。[3] 1567年，议会同意让患了癫痫的摇摇晃晃的汉斯·佩林格去接被处决的雅各布·齐格勒（Jakob Ziegler）的血来饮用，并特别强调，禁止刽子手向佩林格收取费用。[4]

早在上古时期，人们便普遍认为，喝刚战死的斗士的热血，能有效地治疗癫痫。那时的人认为，癫痫是因大脑缺血引起的，故而要饮用别人的血来补充大脑中所缺的血。这个想法不难理解。[5]古希腊罗马时期，人们的医疗知识受到了普林尼（Plinius）著作的影响，这种影响一直延续到了近代。虽然中世纪的教会多次将饮用人血视作异教徒的胡作非为，是一种罪恶，但教会并不能让人们不再相信血的治愈力量。[6]16世纪初，一名流浪汉在一次处决中拼命往前挤。被处决者的尸体还未落地，他就将尸体占为己有，开始喝从尸体中涌出的血。记录官是这样结束记载的："人们都说，这名流浪汉从此便没有再犯过癫痫，他的癫痫病就这样被治好了。"[7]

1 Schild, Das Blut des Hingerichteten, 126.
2 Hampe, Malefizbücher, 30.
3 Grieb, Die Henker von Nürnberg, 74.
4 Grieb, Die Henker von Nürnberg, 105.
5 Schild, Das Blut des Hingerichteten, 129f.
6 Schild, Das Blut des Hingerichteten, 140f.
7 Schild, Das Blut des Hingerichteten, 147.

像流浪汉这样饮血，是不被当局允许的。允许饮用人血，是宗教改革引进后才开始的，而且只限于新教区。在天主教统治的法国，直到近代，一直都是禁忌。[1]

认为被处决者的血具有治愈功能，也许与这样一个观点有关：被处决者是先于自然死亡时间而死的，他的血和其他身体部位有一种生命的气，这种气可以通过饮用他的血或摩擦他的身体，转移到病人身上。[2]另外，在新教统治区，如果被处决者在行刑前对自己的罪过表示忏悔，那他被处决后的躯体便笼罩着一层纯洁和神圣的光辉。对这一观点的批判，直到18世纪晚期才占了上风。而在民间医药中，这种治疗方法直到20世纪初还存在。直到19世纪下半叶，被处决者的血在瑞士仍被认为是治疗癫痫的良药。[3]

与血一样，被处决者的身体脂肪也很受欢迎。人体脂肪经常被用于制造膏药和药物。1556年8月，纽伦堡刽子手请求提取一名被处决者的脂肪，但未被批准。9个月后，“为了其他人的福利”，纽伦堡陪审团允许刽子手提取被处决的伯恩哈德·哈勒（Bernhard Haller）的脂肪。几个月后，刽子手又请求提取一名死刑犯的脂肪，陪审团又一次批准了他的请求，但叮嘱他取出内脏时要“格外小心”。[4]

从1635年的记载中，可以了解人体脂肪的一些使用目的。纽

1 Evans, Rituale der Vergeltung, 132ff. 关于人血的使用也可参照 Spierenburg, The Spectacle of Suffering, 30。

2 Angela Schattner, Zwischen Familie, Heilern und Fürsorge. Das Bewältigungsverhalten von Epileptikern in deutschsprachigen Gebieten des 16.–18. Jahrhunderts, Stuttgart 2012, 56.

3 Peacock, Executed Criminals, 271.

4 Grieb, Die Henker von Nürnberg, 81f., 85.

伦堡陪审团曾允许刽子手从一名被处决者身上提取脂肪，“用以制药”，但提取脂肪应秘密进行，不能有太多人在场。[1]那时，人体脂肪是药用软膏和橡皮膏的通用配料。直到18世纪，慕尼黑的刽子手都定期给药店供应人体脂肪。这些人体脂肪被制成膏药，然后高价卖给顾客。[2]

对被处决者的尸体的掠夺，基本上没有什么界限。除了脂肪和血，死人的皮也很受追捧。这些皮做成腰带，被赋予了神奇的力量。在1640年一场不同寻常的司法案中，我们可以了解刽子手是如何获得死刑犯的皮的。当时，慕尼黑的刽子手被派去马克特施瓦本执行两场处决，其中一名死刑犯是因弑童罪被处死刑的芭芭拉·施密特。在这场法律诉讼中，负责此案的法官犯了一个严重的错误。他一方面同意芭芭拉的父母，在芭芭拉行刑后将其按教会仪制下葬，另一方面他又授权刽子手可剖开芭芭拉的尸体。机不可失，刽子手当然不会将此等良机拱手相让。行刑的当晚，他让妻子、儿子以及两名仆役去了墓地。找到芭芭拉的尸体后，一名仆役先在芭芭拉的背部开了一道大口子，接着两名仆役一起“从后面将芭芭拉从胸口到膝盖的皮”一并扒了下来。这绝对是职业的扒皮手法，只有有经验者才能为之。我们可以从1795年的一本大百科全书上读到相似做法，如果要给人扒皮，必须从背后开始，因为肚子上的皮很厚。扒完芭芭拉的皮后，刽子手的儿子取出了芭芭拉的心脏。心脏后来被晾干加工成粉状，肯定也是作为药物来使用。[3]

---

1 Grieb, Die Henker von Nürnberg, 214. 其他的例子请参照该书 108, 115, 139。

2 Nowosadtko, Scharfrichter und Abdecker, 170.

3 Nowosadtko, Scharfrichter und Abdecker, 168f.

人皮在治疗病人时有许多地方可以用到。将皮晾干后做成条状，外面套上塔夫绸或丝绒，做成皮条，被认为是良药，可以很好地治疗肿瘤、腺病及咽喉疾病。当时的人们认为，通过佩戴或系上用人皮做成的带子，可以将人体中的痉挛、畸形、发抖以及疼痛拉出来。故而接生婆是刽子手最重要的顾客也就不足为奇了。[1] 据说孕妇系上一条由干人皮制成的腰带，可以在生产时不那么痛苦。[2] 而 1549 年逝去的雕刻家西尔维奥·科西尼·达·菲耶索莱（Silvio Cosini da Fiesole）在世时，总是穿着一件人皮制成的背心，他认为这件背心有神力，能保护他。[3]

人们也用被处决者的头来制药。1639 年 11 月 7 日，汉斯·斯特卢勒（Hans Ströler）被处剑刑后，他的尸体被安葬，但头被挂在了刑场。约两个月后（！），药剂师格奥尔格·施特劳赫（Georg Strauch）向陪审团提出申请，希望将斯特卢勒挂在刑场上的头取下来，用以制造药物。[4] 17 世纪初，帕绍的刽子手，从一片“头盖骨青苔”（即被处决犯人的头发、指甲以及其他尸体部分）中，调制了用以治疗疾病的精华物。[5]

1　Nowosadtko, Scharfrichter und Abdecker, 170.

2　Wilbertz, Medizin und Strafvollzug, 516.

3　Park, The Criminal and the Saintly Body, 26.

4　Grieb, Die Henker von Nürnberg, 218.

5　Bernd Roeck, Außenseiter, Randgruppen, Minderheiten. Fremde im Deutschland der frühen Neuzeit, Göttingen 1993, 112.

第四章　冲破束缚：近代早期的死刑及行刑仪制

一种死刑神学

“人的生命只有在两个时代、两种文化和宗教相交时才会变成真正的地狱。”[1]

——赫尔曼·黑塞（Hermann Hesse），1927 年

“在 16 世纪 20 年代初，有些东西发生了变化。”[2]

——Paul Friedland，2012 年

在 16 世纪，社会发生了很多改变。这一点，我们在对尸体的医学利用上已经见识到了。将被处决者的血用以治疗癫痫的做法，直到 16 世纪才得到统治者的首肯。对尸体进行解剖研究，也是在近代早期才开始普及。所有这些，只在某种程度上反映了 16 世纪的变化之大。死刑的整个流程以及行刑仪制也都发生了变化。许多研究死刑的历史学家都认为，转折点是 1532 年由卡尔五世（Karls

1 Hermann Hesse, Der Steppenwolf, Berlin 1974.

2 Friedland, Seeing Justice Done, 124.

V）在雷根斯堡帝国议会上批准通过的刑法典——《加洛林纳法典》，它对近代早期的死刑实践起到了重要的作用。理查德·伊万斯对死刑的伟大研究虽未明确指出这一点，但其研究的起点设在了1532年，应该也是出于该原因。[1] 不久前，乔尔·哈灵顿（Joel Harrington）很恰当地指出了《加洛林纳法典》的重要性："它非常详细地描述了犯罪的类型及规模，确定了抓捕取证的标准，给法庭诉讼提供了模板。在实际运用中，它的目标清晰明了且具有规律性。"我们可以认同这样一个观点：《加洛林纳法典》之所以功不可没，是因为它首次尝试用刑事诉讼条例来管理死刑审判。但是否如哈灵顿所说，这部法典导致了德意志民族神圣罗马帝国的死刑案例急剧上升？[2] 根据现有文献，并不能证明这一点。在对《加洛林纳法典》的评价上，我们也可以提出这样一个问题：一个打上了浓厚中世纪后期思想的烙印、被探讨了几十年才出台的法律文本，是否能使死刑的运用及行刑仪制发生巨大的变化？应该不能。16世纪在行刑仪制以及刑罚尺度的选择上进行的所有改动，《加洛林纳法典》都没有涉及，当中也找不到相关的思想萌芽。

因而，我们应将16世纪另一个大事件考虑进来——1517年起在德意志民族神圣罗马帝国乃至全欧洲都普及的宗教改革。宗教改革的代表人物之一马丁·路德认为，刑法实践的重要领域均存在变革的必要。刑罚是净化基督徒的一个重要强迫手段。根据布雷斯劳宗教改革家安布罗修斯·莫伊巴努斯（Ambrosius Moibanus）的观

---

1 Evans, Rituale der Vergeltung.

2 Harrington, Die Ehre des Scharfrichters, 61–63.

点："人，生性与罪恶的泥团没有什么两样。"[1]1616 年，针对一起有 4 人死亡的杀人案，路德教牧师萨洛蒙 · 罗特（Salomon Rothe）在萨克森城市弗赖贝格进行了一次布道。在布道中，他建议听众接受宗教改革派的世界观，即人心是险恶的，必须用最严厉的刑罚来对其进行惩罚。如果没有耻辱柱，没有绞绳，没有剑，没有绞刑架，没有矛，没有轮子，没有火以及其他刑罚，这个世界会比现在更恐怖，会变成一个由凶残动物组成的野蛮森林，比一个遍布偷盗、撕扯、咬人、掐脖子、杀人的疯人屋更可怕。[2]

1523 年，路德写了一篇关于世俗统治者的文章。他在文章中指出，一千个人当中，找不到一个真正的基督徒，所以上帝才委任世俗统治者，阻止有犯罪倾向的人去犯罪。在路德 1525 年反对农民起义的信中，可以读到这样的句子："驴得被抽，下层民众得用暴力去统治，上帝也知道这一点。因而，他没有将一个狐狸尾巴，而是将一把剑交到了统治者手中。"在路德的其他著作中，他坚决将死刑称赞为全能的教育方法，从他的羽毛笔尖冒出来很多动词："统治者必须对下层民众——欧姆勒斯先生（Omnes，即任何人）进行驱赶、鞭打、掐死、绞死、烧死、斩首、轮刑等，这样民众才会害怕统治者，才能被驯服。上帝不愿只让法律默默地待在某个角落，而希望统治者能采用、使用并强力推进法律的实施。如果不实施，法律只是空有其表。人不会喜欢法律，而只会厌恶它。如果没有刑罚，这个世界便只有谋杀、通奸、偷盗、抢劫、杀人，所有的恶习都会大行其道，没人会觉得自己在他人面前安全。但如果

1 Moibanus, Underrichtynge der Öveldeder.

2 Rothe, Mord-Leichen-Predigt.

有统治者去惩罚那些违法犯罪行为，那下层民众就会有所自制，不会胡作非为。因而，法律的执行者应该像驱赶、压制猪以及其他野兽一样，去驱赶和压制那些野蛮的、未受教化的欧姆勒斯先生。”[1]在1534年的一个布道中，路德承认，自己“之前都认为人能被福音感化，但事实上人是蔑视福音的，必须用法律和剑对人进行压制”。在法律上，路德重视《摩西十诫》，甚至将剑交到刽子手手上：“对那些顽固不化、粗鲁、道德败坏的人要用《摩西十诫》来惩罚，而汉森大师（Hannsen，刽子手）要用荆条、火、剑和绞刑架来执法。”[2]

如此振聋发聩的话，真是闻所未闻！在路德之前，没有人这么赞扬过死刑，教会代表就更别说了。对路德来说，死刑很实际，又很有效果。他认为，将盗窃犯吊到绞刑架上，别人看到此人时便会觉得安全，而将杀人犯处以剑刑，别人看到时也会觉得安心，因为杀人犯不能再去打人、杀人了。[3]

中世纪的人畏惧天堂穹顶上的基督，认为基督在穹顶上监视着人类，最后还会在上帝的法庭对人类进行审判，因为上帝是全世界的法官。这让路德感到痛苦，对路德的影响很大，因为这一切都提醒着中世纪晚期的法官，上帝会监视他们的审判，如果他们审判不得当，上帝会对他们进行追责。而宗教改革后，法官们便不必再害怕这个会对他们进行追责的上帝。法官们的视觉不再被视为是有限的，而是替上帝查明真相不可或缺的媒介。

---

1 Köhler, Luther und die Juristen, 84f.

2 Febvre, Martin Luther, 224f.

3 Köhler, Luther und die Juristen, 85.

路德1582年给准牧师和准神职人员的一本心灵劝说指南——《路德教牧师》（*Pastorale Lutheri*）中，建议年轻的神职人员应让那些死刑犯牢记，法庭对他们的判决和刑罚，"也是上帝的判决和刑罚"。[1]类似的想法，改革者安布罗修斯·莫伊巴努斯（Ambrosius Moibanus）在50年前就有了。他曾建议死刑犯，应像约伯那样，把上帝作为原本的刽子手来呼唤："上帝啊，就算你要将我掐死，我也希望你能到来。"[2]

在宗教改革者的眼中，法官是上帝意愿的人间代表。1527年，路德写道："法官们因为法官的职位而被称为神，那是因为他们坐在上帝的位置上，是上帝的仆人。"[3]执行刑罚也是符合上帝的旨意的，因为"那只火烧罪犯、勒死罪犯的手，也不是世俗之手，而是上帝之手；并非世俗之人而是上帝在执行绞刑、轮刑、斩首等。"[4]。圣加仑的帝国行政官在1600年解释道，"基督教统治者应根据上帝的命令来执法"[5]。17世纪中期，新教徒、巴洛克诗人菲利普·哈尔斯迪尔菲（Philipp Harsdörfer）这样写道："上帝把剑交到了统治者手中，以保护虔诚者，惩罚作恶者。"1604年，路德教牧师约翰纳斯·瓦格纳对亨宁·布拉班特的处决进行了布道，将这些想法概括成了一种死刑神学。他认为，从根本上来说，是上帝给统治者佩了剑，以除恶扬善。执行死刑，不是统治者的意志，而是上帝的意志。统治者通过打压和惩罚犯罪，能避免上帝的不满。此前也出现

1 Pastorale Lutheri, 516.

2 Moibanus, Underrichtynge der Öveldeder.

3 Febvre, Martin Luther, 226.

4 Martschukat, Inszeniertes Töten, 13.

5 Moser-Nef, St. Gallen, Bd. 5, 39.

过因某个罪犯导致整座城市都受到上帝惩罚的例子。瓦格纳反对批评死刑，并威胁批评者是在对上帝动手："是的，所有的刑罚都不是世俗统治者而是上帝安排的。"也就是说，民众看到刽子手手中闪闪发亮的剑时应想到，那是上帝的剑，是统治者的剑，是不能反抗的。[1]

统治者对犯人进行惩罚的权利，在中世纪晚期逐渐站稳脚跟，在16世纪则演变成一种义务，以避免上帝"因某一城市恶乱丛生而恼怒"[2]。16世纪，许多国家条文和教会条例都向人们灌输这样一种观点：人们所受的所有天灾人祸，瘟疫、战争、歉收、物价上涨等都是上帝在惩罚人们犯下的罪行与过错。[3] 苏黎世宗教改革者茨温利（Zwingli）曾这样教导他的追随者："如果统治者不惩罚那些不按上帝旨意来行事的人，那他们自己便会被至高无上的上帝惩罚。"[4] 法学家、女巫迫害领袖、新教徒贝内迪克特·卡普佐夫认为，如果统治者不惩罚罪犯，那上帝便会让所有人感受到他的愤怒，带来瘟疫、灾害和战争。[5]

宗教改革以来，从统治者层面来说，他们不会再对法庭审判产生（自我）怀疑。路德强调，虽然错误审判依旧可能出现，但这不是法官的责任，而是被审判者的责任。比如，被审判者在刑讯时，

1 Wagner, Supplicium Achanis.

2 Moser-Nef, St. Gallen, Bd. 5, 40.

3 相关例子请见 Dietmar Willoweit, Die Expansion des Strafrechts in Kirchenordnungen des 16. Jahrhunderts, in: Hans Schlosser / Rolf Sprandel / Dietmar Willoweit (Hg.): Herrschaftliches Strafen seit dem Hochmittelalter. Formen und Entwicklungsstufen, Köln/Weimar/Wien 2002, 331–354。

4 Wettstein, Todesstrafe, 136.

5 Martschukat, Inszeniertes Töten, 13.

会招供假罪证，这便是犯了严重的过错。[1]

新型重罪

在16世纪宗教改革的浪潮中，统治者不仅严惩犯罪行为，还“发明”了新型重罪。前面的章节提到了《摩西十诫》。《摩西十诫》出自《旧约》,《旧约》中的上帝会毫不怜悯地惩罚犯人，而上帝在中世纪晚期的司法中并没有起到显著作用。宗教改革者一改前例，“唯圣经独尊”（sola scriptura）。但这也存在一定缺陷，因为把《圣经》作为惩罚人类犯罪的唯一准则，对违法犯罪的惩罚力度势必加大。在经历了宗教改革的城市和地区,《摩西十诫》成了标准的司法依据。“上帝之法”（Lex divina）给萨克森选帝侯国1572年的司法准则提供了依据，其框架结构便是《摩西十诫》。[2]

由此，上帝在司法中的角色发生了根本性的变化。从富有同情心在水中拯救出被浸河的女子，让绞绳断裂或以其他方式让死刑犯逃过世俗刑罚的上帝，变成了惩罚的上帝。上帝给法官提供了准则，让法官按照准则来审判。英国教会法的修正案建议，将通奸犯流放或终身监禁。有些人觉得该惩罚太轻，要求将通奸犯处以石刑

1　Martin Luther, Martin Luthers Werke. Kritische Gesamtausgabe, Tischreden I, Weimar 1912, 81, Nr. 180 ; Mathias Schmoeckel, Humanität und Staatsraison. Die Abschaffung der Folter in Europa und die Entwicklung des gemeinen Strafprozeß-und Beweisrechts seit dem hohen Mittelalter, Köln 2000, 110; Ochs, Basel, Bd. 5, 747.

2　Eberhard Schmidt, Einführung in die Geschichte der deutschen Strafrechtspflege, Göttingen 1965, 147.

（即用石头砸死）。[1] 1620年，纽伦堡牧师哈根多恩记载了一名被关押的女通奸犯的情况。他指着相应的《圣经》出处（《利未记》18、20以及《申命记》7）对她说："你听着……你犯下的罪过，如果公正审判，你应该被判火刑！这个审判决议不是由某个人决定的，而是上帝决定的。不过，我还是希望……你能获得一个宽容的审判决议。"该女子据说被感化得开始哭泣。哈根多恩认为这是自己劝说有方，是成功之举。[2]

中世纪晚期，人们对道德败坏者相对宽容。在欧洲许多地区，男人通奸，人们通常都会默默接受，刑罚反而是例外。统治者更倾向于使经历了出轨事件的夫妻双方能原谅对方。从趋势上来说，自15世纪起，人们对德行越来越重视，同居开始变得非法。[3] 史料中有相应的例子来对此进行佐证，但也有相反的例子说明，统治者试图让同居变得非法的政策，普及度有限。15世纪中叶，帝国自由城市康斯坦茨康拉德·斯蒂克（Konrad Stickel）的案件感动了很多人。斯蒂克并非普通人，他是贵族，是当时的市长汉斯·冯·卡佩尔（Hans von Cappel）的丈人。他与康斯坦茨议会因很多事（特别是与康斯坦茨主教之间的争执）起了冲突。冲突面临升级时，议会打了一张特别的牌：要求斯蒂克交高额罚金，理由是他让他的情妇继续住在他家里，这是违法行为。这明显是议会对斯蒂克采取的一种独特打压方式，因为1448年斯蒂克被要求缴纳罚金时，他

1 Faramerz Dabhoiwala, Lust und Freiheit. Die Geschichte der ersten sexuellen Revolution, Stuttgart 2014, 23.

2 Hampe, Malefizbücher, 96.

3 Leah Otis-Cour, Lust und Liebe. Geschichte der Paarbeziehungen im Mittelalter, Frankfurt am Main 2000, 89.

已经和情妇盖尔玛·鲁普雷希特（Germa Rupprecht）有了七个孩子。[1]很显然，只要不出格，这种关系在康斯坦茨是被默许的。但在起冲突时，道德和德行的界限便会变窄。

16 世纪起，统治者对道德和德行的要求变高了。拉尔斯·贝里施（Lars Behrisch）证明了从宗教改革开始，格利茨显著加强了对道德犯罪的处罚，但处罚较之前并未严厉太多。16 世纪初至 16 世纪 40 年代，性犯罪在犯罪中所占的比例由 15% 提高到了 30% 多。女性受到的打压尤其大，比例从不到三分之一上升到了半数以上。[2]

对性犯罪的处罚显著加大，是因为统治者越来越多地援用“上帝之法”——《圣经》对此的规定。宗教改革以来，对于乱伦罪，人们通常援引的是《利未记》18.6—18.18 中罗列出的被禁止的性关系。不过，这并不能说明这一时期比中世纪禁止乱伦的界限更广，而只是不同而已。我们不想在此过多讨论基督教统治的欧洲有关乱伦的复杂法律，而只想看看其中心发展路线。中世纪的刑法中，乱伦扮演的角色并不大。负责处理乱伦案件的，都是可收取赎罪金的教会法庭。《萨克森明镜》规定，只有存在长期、严重的乱伦关系时才判处死刑。比如，一名男人与其继女连生了 3 个小孩或与其妯娌维持了长期性关系。宗教改革的发展与深入，使得统治者对乱伦的处罚越来越重。精通法律之人，能在 16 世纪的法律文本中找到将乱伦称为“畜生行为”的说法，这说明了问题的严重性：乱伦让人变成了野蛮的动物，让人迷失了方向，是自然界、动物的

1　Schuster, Stadt vor Gericht, 112f.

2　Behrisch, Städtische Obrigkeit, 210f.

性交表达方式。“禁止乱伦，意味着文明的兴起与衰落。”[1]因而，必须用权力、暴力和严惩来杜绝乱伦。1610年，玛格达雷娜·菲舍尔（Magdalena Fischer）便因此而丧命。她早在5年前便已失去了处女之身，名声已败坏，之后在米歇尔·菲尔赫勒（Michel Vierheller）家做女仆。1610年，她怀孕了。大家都知道，玛格达雷娜不仅与米歇尔·菲尔赫勒，还和他的儿子有性关系。她有可能是被强迫的，但纽伦堡议会判定她乱伦罪成立，对她处以了剑刑。米歇尔·菲尔赫勒则信誓旦旦地称自己并不知道玛格达雷娜和自己的儿子有染，从而惊险地躲过了一死。[2]许多女人都是这样被贴上性犯罪者的标签。人们通常会先质疑女人的性纯洁，以便将乱伦的罪名独加在女人头上。1605年，芭芭拉·蔡勒（Barbara Zeyler）的命运也是如此。弗朗茨大师在记录中将她称为性犯罪者。根据记载，她先和自己的丈夫生了5个小孩，但她12年前和距纽伦堡只有几公里远的黑尔斯布鲁克一名叫恩德拉斯·赫罗尔特（Endrass Heroldt）的男子有不正当性关系。之后她在一个富农家做女仆，其间与富农发生了多次性关系，和其子也发生了3次性关系。这两父子“当然不知道彼此的存在”。1605年7月23日，弗朗茨大师用一把剑结束了芭芭拉的性命。[3]

对乱伦罪的处罚，虽然首先威胁到的是女人，但这并不是说男人便能一直免受惩罚。1581年，来自苏尔茨巴赫的米歇尔·佩策

1 Ulinka Rublack, »Viehisch, frech vnd onverschämpt«. Inzest in Südwestdeutschland, ca. 1530–1700, in: Jutta Eming u.a. (Hg.): Historische Inzestdiskurse. Interdisziplinäre Zugänge, Königstein/Taunus 2003, 116–160, 此处 122。

2 Keller, Maister Franntzn, 69; Grieb, Die Henker von Nürnberg, 176f.

3 Keller, Maister Franntzn, 63.

尔（Michael Pezel 或 Passelt）不得不在法庭上接受法官们的审问。他此前在一名工匠寡妇玛利亚·默希林（Maria Möchlin）家做了 5 年工。玛利亚死后，有人揭发米歇尔不仅和玛利亚，还和玛利亚之女有性关系。法院宣判他奸淫罪、通奸罪成立，判处他剑刑，并判火烧他的尸体。[1] 1623 年 2 月，纽伦堡议会逮捕了玛格雷塔·施密特（Margaretha Schmid）以及她的女儿玛利亚·萨乐美（Maria Salome），原因是一名叫加布里埃尔·韦伯（Gabriel Weber）的男子承认和她们有“罪恶的关系”。陪审团很快派人盘问这对母女，还与谁有此类不正当关系。她们吐出了两名男子的名字：菲利克斯·兰青格（Felix Lanzinger）以及布洛丘（Broccho）。不过，这两人都逃之夭夭了。兰青格行踪不明，而布洛丘，据说有人在奥古斯堡见过他。纽伦堡议会致信给奥古斯堡议会，恳请奥古斯堡议会将布洛丘逮捕归案。一周后，法庭做出了残酷的判决。虽然加布里埃尔·韦伯的妻子和儿子都为他求情，但法庭还是判处了他剑刑。也有人为玛格雷塔·施密特求情，但也没有成效，她被判处死刑。女儿玛利亚活了下来，她被罚手握荆条站在耻辱柱前数小时，随后被赶出了城。[2]

从 16 世纪起，女性被处死的比重在持续加大，主要原因是统治者加大了对弑童罪的打压。统治者对婴儿离奇死亡一直都很重视，对弑童罪的处罚在中世纪晚期也有了一致的定夺。故而，1507 年的《班贝格刑法条例》第 156 条规定对犯弑童罪的女子判处死刑也就不足为奇了。但在宗教改革前，并没有犯了弑童罪的女子被

1　Keller, Maister Franntzn, 11; Grieb, Die Henker von Nürnberg, 368.

2　Grieb, Die Henker von Nürnberg, 202f., 384f.

处决的记载。14、15 世纪，如果弑童女犯在法庭上受审，大多都会被赦免。但随着宗教改革和反宗教改革的推进，这一切都发生了改变。纽伦堡第一起记录在册的因弑童罪被处死的案例，发生在 1527 年，即宗教改革开始两年后。7 年后，另一名女子因弑童罪死于刽子手之手。[1] 最晚从 16 世纪下半叶开始，弑童罪上升为最重要的重罪之一，因而人们认为必须用严厉的刑罚来控制它的发生。中世纪晚期，法国国王还完全相信弑童的女子是不得已而为之，愿意为其出具赦免函。但在 16 世纪，国王拒绝了为这类女子求情的一切请求。而相关法律的颁布，也是顺势而为。1537 年，海因里希二世（Heinrich II）颁布了一条法令，规定一切杀害新生婴儿并隐瞒其死亡的行径都将被视为谋杀，将被判处死刑。纳塔利 · 泽蒙 · 戴维斯（Natalie Zemon Davis）的结论则恰到好处："16 世纪，人们对弑童罪的态度变得强硬。"[2] 这其中的原因，相关的研究早就进行了推测。16、17 世纪弑童数目是否有所上升，我们无法去复核，但却可以想象。因为从宗教改革开始，婚外或婚前怀孕受到了更深的唾弃。理查德 · 伊万斯认为，这是统治者"为了巩固婚姻和家庭在社会秩序中的基础作用"而采取的道德攻势。[3] 年纪轻轻而怀上孕的女子，往往不知道要去寻求何人的帮助，只好隐瞒自己怀孕的事实，秘密将孩子生下，然后将新生儿弄死。1580 年，纽伦堡 3 名弑童女犯一齐被处决。3 人都是乡下女仆或日工，住在雇主家里。其中一人说自己是因为害怕父亲责打，才犯下了弑童罪。她害怕知

1 Grieb, Die Henker von Nürnberg, 350ff.

2 Davis, Der Kopf in der Schlinge, 113.

3 Evans, Rituale der Vergeltung, 77.

道自己怀孕后，父亲会对她拳脚相向，所以才向所有人隐瞒了自己怀孕的事。孩子一出生，她便把孩子弄死了，“当时她非常痛苦”。另外一名女子则说，她之所以反驳别人对她有孕在身的猜测，是因为如果承认她便会名誉扫地。通过阅读这几名女子的审讯记录，我们可以感觉到这些女子的无助。让她们怀孕的男子都偷偷溜走了，她们走投无路，看不到任何希望。[1]

对弑童罪进行严惩，有多方面的原因。“女人和动物不一样，不论对自己是否有利，都应该保护自己的孩子不受死亡的威胁，并抚养其长大成人。”[2] 杀害自己的骨肉，被认为是血亲相残。杀害一个毫无抵抗力的婴孩，应该像犯了弑父、弑母罪一样被处罚。此外，弑童与乱伦一样，越过了人和动物、野蛮和文明之间的界限，在法令中被视为兽性、反自然的行为。[3]

道德犯罪会受到残酷的处罚，但从犯罪者的层面来看，此类道德犯罪经常存在诸多问题。我们可以举纽伦堡统治区希尔特波尔特施泰因的格特鲁德·霍夫曼（Gertrud Hoffmann）的案例来说明。1568 年 5 月初，格特鲁德·霍夫曼的邻居在希尔特波尔特施泰因发现了一具新生儿的尸体。人们很快便将怀疑的目光投向了格特鲁德。格特鲁德后来承认，她按照父亲的意思将婴儿杀死，但她父亲已经逃走。格特鲁德的父亲逃走有足够的理由：那名被杀死的婴儿，是他和自己的亲生女儿格特鲁德所生。我们不难想象格特鲁德

1　StaatsA Nürnberg, Rst. Nbg., AStB 209, 167ff.

2　Ulinka Rublack, Magd, Metz ‘ oder Mörderin, Frauen vor frühneuzeitlichen Gerichten, Frankfurt 1998, 238.

3　Evans, Rituale der Vergeltung, 77.

当时的处境有多艰难，但没有人对此感兴趣。纽伦堡致函给希尔特波尔特施泰因当局，如格特鲁德已恢复元气，应将她送往纽伦堡的地下监狱。6 月末，格特鲁德在纽伦堡被审判。她被判浸河，且浸河后她的尸体要被火烧。7 月 3 日，被自己亲生父亲重度性侵的受害者格特鲁德在希尔特波尔特施泰因被处死。[1]

同样令人毛骨悚然的是对格特劳德·施密特（Gertraud Schmidt）的死刑判决。1587 年，她被处以剑刑，罪名是与自己的父亲以及几个兄弟有长达 4 年多的性关系。弗朗茨大师将她处决时，她才十六七岁。但她最后还是被处死了，原因是从 13 岁起，她便被自己身边最亲的亲人轮番性侵。[2]

从传统中解放出来

16 世纪，人们对死刑犯的看法有所改变，对死刑犯进行的心灵劝说也发生了改变，这也导致行刑仪制发生了根本性的改变。如果细看死刑的历史，便会发现，宗教改革并不一定创造出了新东西，而只是为此前已出现的改变确立了方向，将其合法化了而已。路德无条件支持死刑，首先只确认了中世纪晚期起用死刑来严惩犯罪是大城市普遍的刑罚实践。宗教改革以及《加洛林纳法典》出现之前，我们已经在死刑领域看到了改变的苗头。约从 1500 年起，法庭、刽子手以及神职人员开始将自己从已有规则和仪制的束缚中

1 Grieb, Die Henker von Nürnberg, 106f., 361.

2 Keller, Maister Franntzn, 21; Harrington, Die Ehre des Scharfrichters, 235. Grieb, Die Henker von Nürnberg, 371.

解放出来。由此，我们可以认为，宗教改革者更多的是将在16世纪初已出现的死刑仪制的发展及改变进行了确认并将其合法化。

1502年逝去的科隆记录官约翰纳斯·科尔霍夫（Johannes Koellhof）在1487年见证了对两名女杀人犯的处决。那是一对母女，刽子手将她们像拖雪橇一样，拖到了行刑处，将她们埋进了土里——活埋。科尔霍夫记载了自己观看处决的感受，这在当时并不常见。他记录道，看着那两母女受刑，他心里非常难受，非常震撼。[1] 1513年，纽伦堡议会法庭宣布判处一名犯了多重偷盗罪的年轻女子死刑，行刑方式是活埋。在行刑时，女子强力抵抗，导致手臂、手和脚都多处受伤。尽管如此，刽子手还是执行了审判决议。他随后请求议会，以后尽量少用这种残酷的刑罚。[2] 两年后，他的请求被通过。议会决定，"基于各种原因，加上活埋女子非常残酷，异常痛苦，在德意志民族神圣罗马帝国的其他地方也不存在这种刑罚，故而今后将用浸河代之"[3]。这个理由并不十分准确，因为在德意志民族神圣罗马帝国的其他城市，依旧存在女人被活埋的刑罚。但这标志了一个转折：这是死刑裁判者第一次从传统中解放出来，自行决定刑罚的种类。16世纪初起，活埋这一刑罚在纽伦堡不再沿用，只在1520年有一次例外。那是对伊丽莎白·沃尔夫

---

1 Chronica van der hilliger stat von Coellen bis 1499, Zweite Hälfte, Text und Anmerkungen, in: Die Chroniken der niederrheinischen Städte. Köln, Bd. 3 (Die Chroniken der deutschen Städte vom 14. Bis ins 16. Jahrhundert, Bd. 14), Leipzig 1877, 913.

2 Johann Christian Siebenkees (Hg.), Materialien zur Nürnbergischen Geschichte, Bd. 2, Nürnberg 1792, 599.

3 Grieb, Die Henker von Nürnberg, 30.

（Elisabeth Wolf）的刑罚，因为她毒害了自己的丈夫。[1]

1580年1月26日，弗朗茨大师被委任将3名弑童的女子处死时，他担任刽子手才3年时间。我们来看看他的记录：这3名女子中，其中一名将孩子生下后，直接将婴儿扔在了雪地里，“导致其在地上受冻而死”；第二名女子被指控在将小孩生下后，挤压了婴儿的颅盖，随后将其藏在了一个箱子里；而第3名女子则将她新生婴儿的脖子掐断，然后将其埋葬。3名女子并未一开始就招供，有的是刑讯后才招供。她们最后都被判处了对女人的传统刑罚——浸河。根据弗朗茨大师的记载，当时哈勒草地（Hallerwiese）边上的桥已经开放了，随时都可以将这3名女子投入水中，但事情发生了转折。弗朗茨大师与两名牧师在最后一刻说服了法官改变行刑方式。3名女子都获得了怜悯，最后都被施以剑刑。剑刑后，3人的头都被钉在了刑场。而此前在纽伦堡，还从未有过女子被处以剑刑。[2]

弗朗茨大师的记载，并非该案例的真相。行刑3天前，这3名女子的行刑方式已是纽伦堡陪审团商讨的主题。一份由议会法律顾问出具的多页鉴定信建议议会放弃残忍的浸河刑罚，今后对弑童的女子判处剑刑。一名鉴定人说，虽然根据神圣罗马帝国的刑法条例（他指的是《加洛林纳法典》），将犯了弑童罪的女子浸河是普遍的刑罚，但这种行刑方式应该被唾弃，因为许多被判浸河的女子会因此感到绝望，而剑刑就不一样了，“它是其他城市对女子的普遍刑罚方式”。为保证剑刑的高震慑性，可将被处剑刑的女子的尸体埋

1 Grieb, Die Henker von Nürnberg, 349.

2 Keller, Maister Franntzn, 8f; StaatsA Nürnberg, Rst. Nbg., ASTB 209, f. 167ff.

在刑场，头则绑在轮子上示众。另外一名鉴定人则提出了一个更独特的观点，即法庭应让犯了弑童罪的女子自己决定要以何种方式被处死，决定好之后可以通过牧师告诉法庭。[1]

一般来说，陪审团都会听从专业法律顾问的意见。但这一次，基于各种原因，他们对此持保留意见。陪审团认为，弑童案越来越多，为起到震慑作用，不能放弃浸河的刑罚。况且女人也不适合剑刑，因为“女人生来愚蠢、虚弱，行刑时会抽搐，无法保持良好的姿势，会威胁到行刑的顺利进行”。陪审团宣布，将于 1 月 26 日在哈勒草地对这三名女子浸河，相关准备活动也已开始进行。不过，在行刑日的早上，陪审团改变了决议，遵照鉴定者的建议对这 3 名女子改判剑刑，行刑后将其头颅悬挂在刑场，“作为反例来提醒其他人不要犯类似的罪……”。陪审团临时改判，给出的理由是“出于对这 3 名女子的怜悯，加上有上层人士为她们说情”。[2]

至于弗朗茨大师和那两名牧师是如何成功说服法庭将浸河改为剑刑，至今仍不清楚。我们不知道“上层人士”是谁，也无法得知法律顾问出具的鉴定信在当中究竟起了多大作用。不过，议会的担心有些多余，因为行刑并没有不顺利。3 名女子并没有纽伦堡陪审团想的那么“愚蠢”和“虚弱”，行刑时很平稳，并没有出现任何抽搐。从那以后，剑刑成为对女死刑犯常用的刑罚。同一年，也有一名女杀人犯站着受了剑刑。[3]

4 年后，又出现了一个新变化。1584 年，玛利亚·奎什纳

1 StaatsA Nürnberg, Rst. Nbg., RSB 43, f. 49vf., 52v.

2 StaatsA Nürnberg, Rst. Nbg., ASTB 209, f. 167v.

3 Keller, Maister Franntzn, 10.

（Maria Kürschner）和卡塔琳娜·施维尔茨（Katharina Schwertz）再次站在了法庭上。玛利亚是一名射手的女儿，被称为“射手玛利亚”，她一年前和刽子手弗朗茨大师初次打了照面。1583 年 1 月，弗朗茨大师将她以及另外两名女子带到耻辱柱前进行了鞭笞，随后将她们赶出了城。玛利亚以及那两名女子中的一人都长得非常漂亮，这也许是为何那么多人来到圣女门观看这 3 名女子被鞭笞的一个原因。不过，这次处罚好像并未对玛利亚起到任何作用。九个月后，她又在纽伦堡被抓，罪名是盗窃和卖淫。弗朗茨大师奉命割去她的双耳。几个月后，她又数次行窃。而这一次，等待她的是死刑。她被控与卡塔琳娜一起领导了一个盗窃团伙，团伙成员多是年轻男子、儿童和青少年，他们经常潜入市民家中，“偷盗财物”。法官根据玛利亚的罪状做出了相应裁决，宣布对其执行绞刑，由弗朗茨行刑。弗朗茨对该案例的记录是这样结束的：“在纽伦堡对女人执行绞刑，这在以前是闻所未闻的，也从未发生过。”[1]

弗朗茨见证了世俗司法的变化。这一点，纽伦堡议会的法律顾问也指出了。他们建议对弑童女犯采用剑刑，一个中心论据便是其他地方已开始对女子采用剑刑。其中一位鉴定人这样安抚陪审团：“在法国、尼德兰以及德国许多地方，刽子手不仅会将女人斩首，也会将女人绞死，这不是什么新奇之事。”另一位鉴定人则认为，在临近的统治区，比如班贝格大主教区，人们也已经开始对女人实行绞刑。[2]

中世纪对刑罚方式、犯罪类别、罪犯性别的清晰界定，在 16

1 Keller, Maister Franntzn, 14f. und 86f.

2 StaatsA Nürnberg, Rst. Nbg., RSB 43, f. 50, 54v.

世纪开始瓦解。只在某些时候，人们还会要求遵照传统来审判。例如，1551 年伯尔尼的议会日志便规定，议会不应再判处女人剑刑，而只应判处其火刑或浸河。[1] 对于统治者在决定刑罚时的随意，民众只是有保留地追随。我们前面提到过，纽伦堡议会对两名女子执行绞刑时，现场出现了严重的骚乱。以年轻男子为主的围观者，使劲往刑场扔雪球和石头。刽子手、神职人员以及受刑的两名女子都无一幸免。[2] 不过，此类决议以及民众的反应，均不能阻挡历史前进的步伐。早在 1501 年，雷维尔便有几位市民为一名被判活埋的女盗窃犯求情的事例。法庭最后宣布对其改判剑刑，女盗窃犯死在了刽子手的剑下。[3] 1543 年，汉堡第一次有女子死在刽子手的剑下。[4] 1558 年开始，但泽城开始对犯人记档，但犯罪档案中找不到专为女人设立的刑罚，大部分女死刑犯都死于剑刑。[5] 1586 年，吕贝克修改了城市法，规定“出于对女性的尊重，不再对女性执行绞刑，而用剑刑代之”[6]。1565 年，诺德豪森一名女巫被处以剑刑，尸体随后被扔进了燃烧的柴火垛中。[7] 17 世纪起，伯尔尼对女死刑犯也多执行剑刑。[8] 法兰克福最后一次有女子死于浸河，是在 1613 年。1618 年起，法兰克福对女死刑犯一般采用剑刑。[9]

---

1 Tscharner, Todesstrafe Bern, 33.

2 Grieb, Die Henker von Nürnberg, 132

3 Eugen von Nottbeck, Die alte Criminalchronik Revals, Reval 1884, 68.

4 Wosnik, Beiträge, 26.

5 Kaczor, Herrschaft und Verbrecher, 141.

6 Heutiges Lübisches Stadtrecht nach der Revision vom Jahre 1586.

7 Schuster, Hinrichtungsrituale, 34.

8 Tscharner, Todesstrafe Bern, 33f.

9 Rau, Beiträge zum Kriminalrecht, 39; Meinhardt, Das peinliche Strafrecht, 127f.

从16世纪末起，女人在其他地方也与纽伦堡一样，不能免于绞刑，虽然女人被处绞刑的例子很少。1572年，诺德豪森首次有女子死在了绞刑架上。[1]1563年，布卢瓦一名犯了通奸罪的胡格诺女教徒被带到了绞刑架上。[2]在伯尔尼统治区，第一次有女子死于绞刑，是在1578年。法庭指责该女子与其女婿有性关系，犯了乱伦罪。同样的命运，也落在了伯尔尼统治区旺根城的两名女子身上。这两名女子自称夫妻，先是“丈夫”被逮捕。法官宣读了审判决议后，刽子手才发现这名“丈夫”其实是位女扮男装的女子。法庭坚持原先的绞刑判决，而“妻子”也很快被逮捕并处以绞刑，死后被吊在她的“丈夫”旁边。[3]

1616年，科隆第一次有女子死于绞刑。[4]汉堡1619年出现了第一例女子被处以绞刑的案例，有人认为这也是最后一例绞刑案例。行刑时，女子的裙子里面套上了一条裤子，以防有人偷看。[5]马斯特里赫特第一次宣布对女子执行绞刑是在1643年。[6]在奥斯纳布吕克主教区，也有近代早期对女子执行绞刑的记载。[7]即使是残酷至极的轮刑，女人也不能幸免。从1642年起，汉堡有多名女子被处以轮刑。[8]

---

1 Schuster, Hinrichtungsrituale, 216.

2 Hans Peter Duerr, Nacktheit und Scham. Der Mythos vom Zivilisationsprozess, Frankfurt am Main 1988, 439.

3 Tscharner, Todesstrafe Bern, 34f.

4 Schwerhoff, Köln im Kreuzverhör, 160.

5 Beneke, Hamburgische Geschichten, 136. 根据 Wosnik, Beiträge, 27 页，1574年已有一名女子被处绞刑。

6 Gessler, Mulier suspensa, 979

7 Wilbertz, Scharfrichter und Abdecker, 87.

8 Wosnik, Beiträge, 34, 37.

总的来说，死刑从 16 世纪起开始摆脱传统的束缚，死刑的执行方式也变得可以商榷。而在中世纪晚期，记录在册的死刑执行方式被改变的案例很少。15 世纪，雷根斯堡有两个死刑执行方式改变的案例，涉及的都是盗窃犯，原本被判绞刑，后来又改判了剑刑，死在了刽子手的剑下。[1] 1392 年，纽伦堡抓获了一名造伪币的男子，他给纽伦堡城造成很大的经济损失，议会宣布判处他火刑，但当时有几位在纽伦堡停留的王侯为他求情，最终他被处以剑刑。[2] 1468 年，汉斯·托普勒（Hans Tobler）因偷盗自己小叔的财物而被逮捕。不过，因为他此前一直勤勤恳恳为圣加仑城效力，故而“被特别怜悯”，最终被处剑刑。[3] 1492 年，米卢斯议会原本判处汉斯·威尔腾贝格（Hans Wirtemberg）绞刑，罪名是盗窃罪和助巫罪。他向法庭请求宽大处理后，法庭改判他斩首。[4] 然而，法兰克福的两名罪犯就没那么幸运了。1493 年，他们请求法庭“怜悯他们，判处他们剑刑”，但法庭没有满足他们的请求。他们一人死在了轮子上，另一人则在火中结束了自己的生命。[5]

16 世纪，许多地方的刑罚尺度都发生了改变。1502 年，纽伦堡议会以破坏和平罪逮捕了海因茨·托伊泽尔（Heinz Teusel）。两次刑讯后，法庭决定用另一种方式使托伊泽尔招供：继续审问他，并威胁他如果不招供会再次对他用刑，但如果他招供，法庭

1　Knapp, Alt-Regensburg, 151.

2　GNM, Hs. 3857, fol. 9r. 1478 年普莱斯堡也有一个类似的案例，详见 Ortvay, Pressburg, 149。

3　StadtASG, Bd. 911a, S. 16.

4　StadtA Mühlhausen, VIII O 1, Nr. 37.

5　Rau, Beiträge zum Kriminalrecht, 40.

会开恩判处他剑刑。托伊泽尔最终接受了这个提议。5 天后，他死在了刽子手的剑下。[1] 从这时候起，剑刑成了一种普遍的宽宥刑罚。1504 年 3 月 12 日，纽伦堡议会在对一名盗窃犯审判时决定："米歇尔·昆霍夫（Michel Kunhofer）应得到宽宥，故判处他剑刑。"[2]1506 年，纽伦堡出于对一名盗窃犯的宽宥，对其处以剑刑，第二年又判处了一名杀人纵火犯剑刑。1508 年，一名杀人犯被处以剑刑，尸体随后被绑在轮子上示众。[3]1510 年，不知出于何种原因，议会未判盗窃犯康茨·文策尔（Conz Wenzel）绞刑，而是出于宽宥，判处他剑刑。[4]

犯人的亲属可以通过求情来获得法庭的宽宥。1546 年，纽伦堡议会基于米歇尔·斯特罗勒（Michel Ströle）父亲及兄弟的求情，宣布判处他剑刑。审判决议特别指出，"基于怜悯和亲属的求情"，才判处他剑刑。[5] 剑刑既能让法庭延续基督教的宽宥传统，又不放弃刑罚。此外，法庭可以视情节严重来量刑，适应了时代的要求。1562 年，为小亨斯·格尔楚赫（Henslein Giltschuch）的求情被法庭拒绝。法庭坚决判处他绞刑而非剑刑，因为当时盗窃率激增，法庭希望通过严惩格尔楚赫，将他作为反面教材来震慑其他人。[6] 不过，1555 年判决保尔·阿尔特多弗（Paul Altdorfer）时，陪审团满足了"许多正直公民以及商人"的求情，宣布对年轻的阿尔特多

1 Grieb, Die Henker von Nürnberg, 6f., 343.

2 Grieb, Die Henker von Nürnberg, 14.

3 Grieb, Die Henker von Nürnberg, 22, 345.

4 Grieb, Die Henker von Nürnberg, 25.

5 Grieb, Die Henker von Nürnberg, 57.

6 Grieb, Die Henker von Nürnberg, 92. 其他求情被拒的案例请见该书 356f。

弗处以剑刑，行刑后尸体可以下葬，不用绑在轮子上腐烂。这个判决让人有点匪夷所思，因为阿尔特多弗犯下的罪并不轻：他喝醉酒后，试图与一名年轻女子搭讪，并对其进行了性骚扰。遭到拒绝后，他便残忍地将其杀害。阿尔特多弗之所以能获得如此轻的判罚，主要与他的好出身有关。陪审团认为他年纪尚轻，也没有前科，父母都很虔诚，亲属也都正派老实，所以对他从轻发落。[1] 1615年，一名20出头的盗窃犯被改判剑刑，理由是他父亲在纽伦堡住了很多年，一直都正直本分。据说，当时绞刑用的梯子都已备好放在了绞刑架旁，法庭在最后一刻改变了决定。[2]

那之后，对死刑犯宽宥的案例数不胜数，且各不相同。有时，判处什么刑罚，与陪审团的心情有关，随意性较大。1665年，一名男杀人犯和一名女杀人犯同时被判死刑，男的被判轮刑，女的则被判剑刑。尸体都被吊在刑场腐烂。审判决议中说，两人本应受到更严厉的刑罚，本应在去刑场的路上用热钳烫他们，“但法庭还是决定采纳陪审团的建议，宽宥他们，从而免了这项刑罚”[3]。弗朗茨大师在1600年前后记载的案例中，每两例便有一例是因为法庭对罪犯的宽宥才从轻发落。比如说1594年，汉斯·鲍尔（Hans Bauer）“因法庭的宽宥才被处以剑刑”。当然，弗朗茨的记载并不完整。有时，法庭对罪犯的宽宥很细微，会同意对犯人执行剑刑后，尸体不必绑在轮子上腐烂等。1668年，基于许多人的求情，陪审团同意将一名被处剑刑的弑童女犯的尸体与其头颅一起下葬，而不

1 Grieb, Die Henker von Nürnberg, 356.

2 GNM, Hs. 3857, f. 99r.; Keller Maister Franntzn, 77.

3 Grieb, Die Henker von Nürnberg, 233.

是像审判决议中所说要将尸首绑在刑场示众。八个月后，用蚊子粉毒死了自己丈夫的莎碧娜·杜莫琳（Sabina Dümerlin）也被判剑刑，她的母亲和亲戚一起，请求法庭对莎碧娜给予同样的宽宥，但没有获得陪审团的同意。莎碧娜被处决后，头颅挂在刑场示众。但莎碧娜的亲属不放弃，9 天后又一次恳求议会（或陪审团）将莎碧娜的头颅赐还给他们。这一次，陪审团答应了，当天夜里便派人将莎碧娜的头颅从刑场上取下来下葬。[1]

与纽伦堡一样，圣加仑在死刑方式的裁夺上也经历了改变，怜悯被赋予了真正的含义。因怜悯而判处死刑犯剑刑，在圣加仑成了一种固定做法。1565 年，圣加仑在判处一名盗窃犯剑刑时，甚至都没提到是基于怜悯才判处其剑刑。[2] 从 16 世纪末期开始，剑刑成了主导的死刑方式。1614 年，康斯坦茨执行了最后一例绞刑。从那以后，法庭出于怜悯，对所有盗窃犯都判处剑刑，尸体随后也会被安葬。但砍下的犯人的头颅会定期被刽子手挂在绞刑架上，以提醒他人该犯人原本应受绞刑之苦。而且，统治者也一如既往地相信，这样做能起到震慑作用。[3]

剑刑发展成主要死刑方式，可以视作是死刑执行的人性化发展。对死刑犯来说，死在剑下比死在绞刑架上或被轮子砸死要容易。1583 年，尤尔克·布劳恩（Jörg Braun）便“十分恳切”地请求法庭判处他剑刑。[4] 1614 年，法兰克福市民汉斯·迪茨（Hans

---

1 Grieb, Die Henker von Nürnberg, 244, 390.

2 StadtASG, Bd. 912, S. 13, 16f., 18f., 65, 70, 139, 141, 145, 190; Bd. 914, f. 15r.

3 Karsten Kühne, Das Kriminalverfahren und der Strafvollzug in der Stadt Konstanz im 18. Jahrhundert, Sigmaringen, 1979, 124.

4 Grieb, Die Henker von Nürnberg, 136.

Dietz）因多次偷盗在纽伦堡被捕，随之被判处绞刑。他的心灵劝说者哈根多恩记录说，因迪茨"请求十分恳切，在刑讯中也承受了很多痛苦"，法庭最后改判了剑刑。而哈根多恩对迪茨说他"带来了一个好消息——一个宽宥的审判决议"时，23岁的迪茨高兴得感激地亲吻哈根多恩牧师以及地下监狱看守的手。[1] 3月10日，纽伦堡刽子手结束了迪茨的年轻生命。去往刑场的路上，据说迪茨一路都在唱歌。[2]

很显然，剑刑这种特定的死刑方式，对被行刑者及其亲属都有很大的意义。16世纪许多给萨克森主教区王侯的请愿书，目的都是获得一种受人尊敬的死刑方式以及死后能按基督教仪制来下葬，以减少对整个家庭（家族）的羞辱。[3] 纽伦堡的审判决议中，因怜悯死刑犯而对其改判剑刑，经常会提到死刑犯的亲属。1569年，汉斯·陶赫尔（Hans Taucher）的审判决议中，便提到他年纪尚轻，父亲还在世，法庭因而宽大地判处他剑刑。在另一个案例中，死刑犯的父亲和兄弟都请求法庭能怜悯死刑犯，判处他剑刑，因为这比判处绞刑带给他们的耻辱要少。法庭最后满足了他们的请求。[4]

如此一来，便出现了一个很独特的现象。怜悯的传统意义，在近代伊始也得到了保持，但又不像在中世纪晚期需要彻底放弃对犯人的刑罚。当然，政治理论也必须对此做出反应。怎么样才能既维护王侯、统治者的基督教怜悯传统，同时又能保证对犯罪行为

1 Hampe, Malefizbücher, 82.

2 Keller, Maister Franntzn, 75.

3 Ludwig, Das Herz der Iustitia, 208

4 Grieb, Die Henker von Nürnberg, 57, 109.

严惩不贷？对此，一名在同时代有深远影响的政治哲学家让·布丹（Jean Bodin，1529/1530—1596）给出了一个可能的答案。他建议，所有特权、赦免权等都应归王侯所有，审判及惩罚则交给王侯底下的官员。[1]反对女巫迫害的耶稣会会士弗里德里希·冯·施佩（Friedrich von Spee, 1591—1635）也是类似的观点："官员可以冷酷无情，可以没有人文关怀，但王侯不行。王侯必须人道、仁慈，不能残暴。"[2]这样做，一来司法可以越来越严厉，同时统治者又能保持仁慈的形象。

从传统中解放出来，并不只反映在剑刑成为主要的死刑方式，行刑的细节也发生了变化。虽然《加洛林纳法典》明确规定，死刑犯在去往刑场的路上，必须有人手持十字架先行，但纽伦堡从1555年起便不再遵守此项规定。[3]这一转变的原因不详，有可能是因为让十字架先行，容易让路德教的城市统治者觉得这是天主教的游行，而不是犯人去往刑场。1547年，纽伦堡首次放弃了将轮刑犯拖去刑场的惯例。[4]这在当时是一个普遍趋势，法兰克福也在大约同一时期取消了这一惯例。[5]当然，对犯罪情节十分恶劣的杀人犯，陪审团有时会萌生将其拖去刑场的想法。但1576年纽伦堡的法学家们出具的一封法律鉴定，让这种想法得到了终结。该法律鉴

1 Petry, Les Grandes mangents les Petits, 195.

2 Friedrich von Spee, Cautio criminalis oder rechtliches Bedenken wegen der Hexenprozesse, hrsg. von Joachim-Friedrich Ritter, 2. unveränderter reprograf. Nachdruck der 1. Auflage, Weimar 1939, berechtigte Sonderausgabe, Darmstadt 1967, quaestio 9, IV.

3 Grieb, Die Henker von Nürnberg, 356.

4 Grieb, Die Henker von Nürnberg, 59.

5 Meinhardt, Das peinliche Strafrecht, 132.

定的结论是，将杀人犯拖去刑场，与用热钳烫犯人的传统惩罚不协调，故应完全放弃这一做法，应将犯人用一辆车押去刑场，路上用热钳烫犯人 5 次。[1] 几乎所有人都同意这项更改，只有刽子手认为，用热钳烫犯人超过 4 次并不普遍。陪审团听从了他的建议，将烫热钳的次数改成了 4 次：两次胸口，双臂各一次。从那之后，纽伦堡的轮刑犯人便再没被拖去刑场了。

此外，还出现了一个需要解释的情况。早在 1500 年左右，便有了从传统的死刑仪制中解放出来的迹象。随着 16 世纪的推进，这一解放变得令人无法忽视。绞刑因其耻辱的特征，逐渐被剑刑取代。[2] 但推动力是什么？新的法律，特别是被认为具有划时代意义的《加洛林纳法典》不能算是其推动力。《加洛林纳法典》第 159 和第 162 条明确规定，对男盗窃犯应处以绞刑，对女盗窃犯则“应处浸河或其他死刑方式，具体因地区不同而异”[3]。而这里的“其他死刑方式”指的是活埋，是对女人较普遍的刑罚之一。对《加洛林纳法典》的起草者来说，对女人实行绞刑或剑刑，肯定是完全不合理的。

因而，我们可以推测，是宗教改革给这一解放打开了一条路。统治者一开始走这条路时，虽然有点犹豫不决，但 1500 年左右便已大踏步向前了。不过，对女人执行绞刑和剑刑，是在宗教改革后才出现的现象。这完全可以用宗教改革者的思想来解释。我们在阐述浸河和活埋这两种死刑方式时，提到了二者是带有偶然性、运气

1　Grieb, Die Henker von Nürnberg, 106, 121.

2　Dülmen, Theater des Schreckens, 133.

3　Buschmann, Textbuch, 159.

成分的刑罚，上帝或圣徒可以对其执行进行干预，能让死刑犯存活下来。宗教改革后，这类刑罚变得无关紧要，因为在世俗司法和上帝司法之间，不再存在矛盾。人们不再需要上帝的干预，来改正世俗法庭的错误审判。专有的女性刑罚因而变得没有意义，可以不实行。

故而，剑刑发展成主要死刑方式，完全可以用宗教和神学的观点来解释。对一个天主教徒来说，中世纪晚期不同的死刑方式是可以理解的。在他眼里，忍受“公正”的刑罚，是与上帝和好的一部分。在死刑执行前，犯人应真诚悔过。接下来的死刑行刑，则是死刑犯对所犯罪恶的一个恰当的赎罪：杀人犯应受轮刑、盗窃犯应受绞刑的折磨。在天主教学说中，世俗的审判刑罚代替的是上帝的审判惩罚，因而可被视作是对死刑犯灵魂的拯救。[1]1582年出版的《路德教牧师》认为，天主教的心灵劝说者应这样宽慰死刑犯：“亲爱的信徒，你现在会痛苦地死去，但不要怀疑，上帝会将你现在所受的痛苦视作你犯下的所有罪过的赎罪。”[2]博洛尼亚的心灵劝说者也是用类似的话来告诉死刑犯，他们即将忍受的身体之苦，会使他们的灵魂免受惩罚和永远的痛苦。[3]

宗教改革后，身体受罚并不能拯救灵魂，因为赎罪、承受身体之痛这一学说已失去了其精神力量。[4]宗教改革者认为，赎罪并不是心灵进化的组成部分。因而，新教牧师倡导摒弃传统刑罚而采

1 Schmoeckel, Die Reformation und der Strafzeck, 31.

2 Pastorale Lutheri, 514.

3 Anonymous, Comforters Manual, Bd. 1, in: Nicholas Terpstra (Hg.): The Art of Executing Well. Rituals of Execution in Renaissance Italy, Kirksville, 2008, 195.

4 Wiltenburg, Crime and Culture, 152.

用更人道的刑罚便不是偶然了。[1]宗教改革的一个中心论据是“唯仁慈”（sola gratia）。1616 年夏，盗窃犯保卢斯·克劳斯（Paulus Kraus）一脸悔恨地站在了绞刑架的梯子前。他与围观的人群告别，称自己现在要为所犯下的罪恶赎罪了。这种天主教的思维方式，让负责心灵劝说的牧师哈根多恩非常不满。他义正词严地告诉克劳斯，这种想法是不可取的，并对愕然的克劳斯和围观群众解释，基督已经为他赎罪了，他现在应把他的灵魂交到上帝的手中。[2]任何行动、任何痛苦都无法净化罪恶，只有宽恕的上帝可以。一本路德教牧师指南这样说道：牧师不应向死刑犯谈及他们即将面临的死亡和痛苦，而应同他们谈论基督，让他们明白，没有人能通过承受痛苦和死亡来为自己所犯下的罪赎罪。新教牧师应这样告诉死刑犯：“但死并不能消除你所犯下的罪，无论是剑刑、轮刑还是绞刑，都是你应受的刑罚，怎么能消除你的罪恶？你的死只是为了让其他人学好，不犯你犯下的罪。如果你死后想升入天堂，那就高喊上帝的山羊（即耶稣基督）吧，因为它承载了世界的罪恶。”[3]根据这个说法，作为上帝之子的耶稣基督，通过自己的死，消除了上帝对人类的愤怒和惩罚。故而，所有相信基督，在对基督的信仰中死去或被处死的人，都是纯净和神圣的。[4]

在这种思维背景下，将杀人犯活活砸死又有什么意义？为何要拒绝让死刑犯下葬？为何要让悔恨的盗窃犯及其亲属承受绞刑的

1　纽伦堡的情况请见 Wiltenburg, Crime and Culture，巴塞尔的情况请见 Ochs, Basel, Bd. 6, 485。

2　Harrington, Die Ehre des Scharfrichters, 133.

3　Pastorale Lutheri, 516.

4　Pastorale Lutheri, 515.

耻辱？只要犯人对自己所犯下的罪恶和过错感到真诚地后悔，便足够了。对于新教徒来说，严格按照死刑仪制处决犯人，已经没有了拯救的含义，而只是一场面向围观群众的表演。从1532年开始，法兰克福被判轮刑或火刑的犯人，在行刑前越来越经常被刽子手事先偷偷杀死，以减轻他们的痛苦。[1]宗教改革后，轮刑逐渐确立了所谓的“最后一击”，即刽子手通过有针对性地击打犯人的喉咙使其致死，来缩短其痛苦。[2]纽伦堡的审判决议中，有不少都令刽子手先用轮子击打犯人的手臂和腿两次，然后再对其进行“最后一击”。[3]1612年，纽伦堡议会命令刽子手，在对米歇尔执行轮刑前，偷偷将米歇尔杀死，“因为他已经意识到了自己的罪过并为此感到后悔”。[4]对法官来说，米歇尔承受多大的痛苦，是无所谓的。但对围观的群众来说，轮刑可是一场传统的屠杀戏。根据哈根多恩的记载，米歇尔被刽子手用轮子砸了31次或32次。砸完第二次后，哈根多恩便对着可能已死亡的米歇尔多次喊道：“上帝啊，我把我的灵魂交到你手上。”如此看来，牧师也是表演中起作用的一部分。[5]不过，刽子手不是每次都能成功缩短死刑犯的痛苦。根据审判决议，刽子手应先击打杀人犯汉斯·克里斯托夫·莫克尔（Hans-Christoph Merckel）的身体两三下，然后再击打其胸部使其死亡，以缩短其痛苦。但这次并没有成功，莫克尔在受了25次击

1 Rau, Beiträge zum Kriminalrecht, 100f.

2 Moser-Nef, St. Gallen, Bd. 5,330 u. ö.; Bd. 6, 839.

3 Grieb, Die Henker von Nürnberg, 148, 154.

4 Grieb, Die Henker von Nürnberg, 179.

5 GNM, Hs. 3857, f. 44v.

打后，身体还动着。[1]

从 16 世纪末期起，统治者也不愿看到火刑犯在熊熊大火中窒息而死。1597 年，法兰克福流行将火刑犯在点火时由刽子手将其勒死的做法。审判决议中是这样说的："不过，（应该）先将其勒死，以减轻其痛苦。"[2] 1617 年，弗朗茨大师向纽伦堡陪审团提交了一个申请，希望陪审团能批准他将被判火刑的造伪币者兰布雷希特（Lambrecht）在点火前勒死，因为他认为行刑那天会有不利的风出现，如果在火里加入粉以加大火势，会不安全。陪审团同意了他的申请，但同时提醒他在将兰布雷希特绞死时"不可让围观的群众察觉"。[3]

1659 年，来自利希滕奥的雅克布·拉波尔德（Jakob Rappold）在纽伦堡因兽奸罪被判火刑。在关押期间，拉波尔德表现良好，潜心向牧师学习。根据纽伦堡议会的档案记录，拉波尔德入狱时一无所知，连祷告都不会，但他在狱中却非常好学，虔诚地接受了牧师的警告、安慰以及基督教学说，并真诚地对自己所犯下的罪感到后悔。议会认为，"他也是因为所受的教诲太差，才会犯下如此令人唾弃的罪"。他将神圣地死去，这是毫无疑问的。法庭命刽子手偷偷在拉波尔德身上挂一包带硫黄的粉末袋，这样点火后他便会很快死去。牧师则应向拉波尔德转达，这是法庭对他的怜悯之举，虽然审判决议不会被更改，但他"在真正感觉到火之前"便会及时死

---

1 Grieb, Die Henker von Nürnberg, 233, 389.

2 Meinhardt, Das peinliche Strafrecht, 130.

3 Grieb, Die Henker von Nürnberg, 192.

去。[1] 围观群众看的是一场旧戏，但法官和牧师对犯人是否受苦已不再感兴趣。

对那些不悔过的死刑犯，法庭也不再拒绝让其下葬。如果犯人“顽固不化，坚持自己无罪，没有任何悔过之心，那只能将其埋在墓地之外，也不能按基督教仪制下葬”。[2] 但对那些忏悔的死刑犯，其安葬之路则变得平坦起来了。

上帝不再干涉

> “如果他们相信自己是上帝的使臣，或认为自己是按上帝的旨意去宣判，那他们几乎是万能的。”[3]
>
> ——马克·尤尔根斯迈尔（Mark Juergensmeyer），2000 年

1525 年，在对 3 名男子执行绞刑时，其中一名男子的绞绳断裂，导致该男子从绞刑架上掉了下来，但他很快又被吊到绞刑架上去了。从此纽伦堡便流传着这样一句话：“刽子手带 3 人上了绞刑架，却绞死了 4 人。”[4] 1549 年，纽伦堡一名女子在浸河中活了下来。

---

1 Grieb, Die Henker von Nürnberg, 228f.

2 Emil Sehling (Hg.), Die evangelischen Kirchenordnungen des XVI. Jahrhunderts, Bd. 13/III, Tübingen 1966, 587. 关于近代早期被处决犯人的安葬请见 Gisela Wilbertz, Am Richtplatz verscharrt? Bestattungen von Hingerichteten und andere Sonderbegräbnisse im Spiegel von Kirchenbucheintragungen, in: Jost Auler (Hg.): Richtstättenarchäologie, Bd. 3, Dormagen 2012, 474–529。

3 Juergensmeyer, Terror im Namen Gottes, 296.

4 Karl Hampe, Die Nürnberger Malefizbücher als volkskundliche Quelle, in: Korrespondenzblatt des Gesamtvereins der Deutschen Geschichts-und Alterthumsvereine 74 (1926), 159f. 此处 160。

她被浸河的地方，名为哈勒草地，是传统的浸河点。哈勒草地有时沙子会特别多，该女子应该也是得益于此，才没有被淹死。行刑两天前，法庭还特意令刽子手去测试哈勒草地的水深。很显然，刽子手估计错误。不过，可怜的玛格瑞特·瓦格纳（Margaret Wagner）并没有因此而逃过一死。刽子手随后对她进行了第二次浸河，而这一次，她葬身河里。[1]

不是所有地区的情况都像新教城市纽伦堡那般明朗。从 16 世纪初开始，绞刑架奇迹以及其他死刑奇迹越来越被统治者质疑，但围观群众和天主教会却依旧对此深信不疑，并对统治者的质疑进行了大规模反抗。1521 年，在普鲁士的埃尔宾城，一名女子在浸河时被河水冲到了河岸，没有死成。当刽子手试图再次将其投入水中时，"围观群众认为该女子能活过浸河，显然证明她无罪，所以将她从刽子手手中夺下，并为她松绑"。[2]1528 年，巴黎刽子手在莫贝尔广场对一名年轻男子执行绞刑半个小时后，刽子手的助手将犯人从绞刑架上解了下来，装在一辆推车上运往巴黎主绞刑场——蒙福孔绞刑场（Gibet de Montfaucon），计划将犯人的尸体吊在那示众。半路上，被认为已经死去的犯人的一条腿动了。刽子手的助手见状，急忙往犯人的肚子上踢了一脚，还把刀拿了出来，准备将其咽喉割断。这时，围观群众开始了干预。他们将推车夺下，将犯人带到了临近的教堂。在教堂，犯人明显好转起来。相关人员也开始围绕他的命运展开了争论。王室行政官坚持让教会交出犯人，以便

1　Grieb, Die Henker von Nürnberg, 58, 62.

2　Dülmen, Schauspiel des Todes, 133 (nach Hans von Hentig, Die Strafe, Bd. 1: Frühformen und kulturgeschichtliche Zusammenhänge, Berlin 1954, 299).

对其再次执行绞刑。而教堂的教长则表示反对，并将此事上报给了国王，请求国王弗朗索瓦一世 (François I) 裁决。国王认同教长及围观群众的观点，宣布赦免犯人，称这是圣母玛利亚的意愿。第二年，里昂也出现了一例绞刑架奇迹案例。[1]

尽管如此，绞刑架奇迹在 16 世纪越来越受到质疑，因为随着宗教改革的展开，这些奇迹逐渐丧失了信服力。从 16 世纪下半叶开始，天主教统治者也开始拒绝相信绞刑架奇迹。1570 年，费拉拉一名绞刑犯受刑时绞绳断裂，法庭随后宣布再次对其执行绞刑。[2]1584 年，波恩一名盗窃犯在行刑时从绞刑架上掉了下来，摔断了一条腿。虽然该盗窃犯将此作为寻求宽宥的理由，但法庭还是宣判对他再次执行绞刑。他最终死在了绞刑架上。[3]

但民众与法学家和统治者不同，他们依然相信绞刑架奇迹。普瓦捷作家及印刷家纪尧姆·布歇（Guillaume Bouchet）在 16 世纪末还写道："民众一般都有怜悯心，在绞绳断裂或刽子手无法顺利完成行刑时，民众经常会去救犯人。也有法学家赞成宽宥那些坚持认为自己无罪并逃过一死的犯人，他们觉得这是一个奇迹。"[4]

这些 16、17 世纪的法学家，虽然法律知识很渊博，却相信绞刑架奇迹，毫不掩饰自己的意识形态及信仰偏见。天主教的法学家大部分都拥护卢卡斯·德·佩纳（Lucas' de Penna）的观点，认为如果绞刑犯一直坚称自己无罪，行刑时绞绳又断裂，便应将此视为

1 Armand, Les bourreaux en France, 106.

2 Prosperi, Consolation or Condemnation, 99.

3 Buch Weinsberg, Bd. 3, 234, Keller, Der Scharfrichter, 176.

4 Davis, Der Kopf in der Schlinge, 183.

绞刑架奇迹。根据法国法学尼古拉斯·博里尤斯（Nicolaus Boerius，逝于1539年）的观点，上帝要是将谁从绞刑架上解放了，那他便不能被再次处绞刑。可以认为，天主教的法学家都喜欢用圣徒奇迹拯救的故事来修饰其法学论据。[1] 直到16世纪的最后30年，天主教的法学家才首次发表对绞刑架奇迹的批判性评论。伦巴第的尤里尤斯·克拉卢斯（Julius Clarus）1568年首次发表的一个文本中，描述了绞绳断裂后犯人被赦免的普遍实践，但克拉卢斯基本反对此类实践，呼吁要严格执行审判决议，即“他应在绞刑架上被绞死”[2]。

尤里尤斯·克拉卢斯的这个论据，与路德教的法学家们的观点是相符合的。图林根法学家亨利库斯·博策尔（Henricus Bocer）认为，《加洛林纳法典》规定盗窃犯得用绞刑处死，那无论如何都要将其处死，不能因绞绳断裂便将犯人释放。[3] 路德教的法学家大多拒绝相信绞刑架奇迹，认为不应将绞绳断裂、镣铐损坏视为奇迹，而应再次对犯人行刑，因为这（如绞绳断裂）有其自然原因。[4] 只有少数路德教法学家赞成宽宥，比如著名的法学家贝内迪克特·卡尔普佐夫便认为，法官在处理存有疑虑的案件时，应倾向于宽宥。卡尔普佐夫举例说1595年，耶拿刽子手喝醉了酒，在执行绞刑时敷衍了事，并未将绞绳用镣铐加固，结果便发生了绞绳断裂、犯人从绞刑架上掉下来的一幕。刽子手随之将犯人再次带上梯

1　Marschall, De laqueo rupto, 47ff.

2　Marschall, De laqueo rupto, 55.

3　Marschall, De laqueo rupto, 79.

4　Gonzenbach, Bemerkungen, 305.

子，准备再次行刑。而此时，犯人恢复了意识，请求法庭宽宥。最后，法庭宽宥了他，改判将他驱逐出城。刽子手也不得不离开耶拿，他因玩忽职守被判驱逐出耶拿一年。[1]

值得一提的是，加尔文教派的法学家也站在绞刑架奇迹这一边。他们不认为绞绳断裂与上帝或圣徒的奇迹干涉有关，而是因为他们对是否一定要处死盗窃犯持一种基本怀疑的态度。加尔文教法学家的宗教信仰，也影响了其法学观。[2]

从 16 世纪起，绞刑架奇迹逐渐变得不再重要，越来越受到法学家和统治者的怀疑。当然，我们可以认为，是宗教改革影响到了这一发展。宗教改革前，天主教的观点是：绞刑架上的奇迹、浸河时活下来，象征着上帝对世俗司法的控制，世俗司法完全可被视作是可或缺的。上帝和圣徒的任务是改正世俗司法犯下的严重错误。而路德及宗教改革者则重新定义了上帝和世俗司法之间的关系。他们认为，世俗司法是上帝意愿的执行者，世俗司法和上帝司法是一致的，根本不存在什么绞刑架奇迹，所以不应相信。

不过，也有一些例外，如瑞士一些经历了宗教改革的城市。巴塞尔直到 1634 年还有将活过浸河的女人释放的案例。最后一例案例促使巴塞尔议会出台了一项规定，确定了以后将对女死刑犯执行剑刑。[3]

民众在很长一段时间内，依然相信绞刑架奇迹，认为是上帝在

---

1 Gonzenbach, Bemerkungen, 306f.

2 Marschall, De laqueo rupto, 82ff.

3 Oskar Wächter, Vehmgerichte und Hexenprozesse in Deutschland, Kap. 2, Stuttgart 1882.

起作用。不过，近代国家拒绝相信这种超自然力。早在1582年，受路德教影响的普法尔茨主教区公国法的刑罚条例便规定，如果出现绞刑架断裂的情况，应立即对死刑犯再次执行绞刑。[1]但这并不能完全消除人们对绞刑架奇迹的信赖。18世纪一些法律文本甚至还在探讨这一受争议的现象，但同时也强调了国家严厉司法的重要性。1721年，普鲁士的弗里德里希·威廉（Friedrich Wilhelm）颁布了一项新公国法，其中便规定："有时在执行死刑时，会出现一些让普通民众觉得很奇怪的情况。比如刽子手……准备对犯人行刑时，手中的剑却断成两半，或者本应用来绞杀盗窃犯的绳子和镣铐突然断裂以及其他类似的意外情况。许多人，包括很多法学家都怀疑是否应该继续处死犯人还是应赦免犯人。不少人也因此……躲过了刑罚，但这会极大地阻碍神圣司法的执行。故而，我们（国王）规定，就算出现此类意外情况，行刑也应继续进行。刽子手应根据法庭决议（或我们的特别决议），再次对犯人执行绞刑或剑刑，使其死亡。"[2]

恩斯特·舒伯特认为，"宽宥是司法组成部分的观点……在中世纪走向了没落"。这有些夸张，但也说出了部分事实。[3]近代早期，国家努力让死刑犯有更少的机会逃脱死刑。拒绝绞刑架奇迹，与这个趋势是相匹配的。我们已经说过，16世纪贵族替死刑犯求情的现象依旧存在，也有死刑犯因此而获得赦免。不过，16世纪赦免死刑犯的界限越来越严。比如通过与死刑犯婚配来为其求情的传统

1　Marschall, De laqueo rupto, 76.

2　Julius Friedrich Heinrich Abegg, Zur Geschichte des deutschen Strafrechts, in: Zeitschrift für deutsches Recht und deutsche Rechtswissenschaft 16 (1856), (317–352), 此处347。

3　Schubert, Räuber, Henker, arme Sünder, 154.

做法，便越来越受到人们的质疑。1525 年 3 月 21 日，纽伦堡议会最后一次满足了一个特殊请求：罗滕堡的刽子手请求娶被判死刑的盖豪斯·斯德尔辛（Gerhaws Störchin）为妻。议会决定赦免这名盖豪斯·斯德尔辛，允许刽子手将她娶回家。[1]

为犯人求情的实践，在宗教改革后受到了极大的限制。纽伦堡从宗教改革开始，便不再允许为犯人求情。1527 年，3 名女子为 17 岁的强奸犯斯蒂凡·赫勒（Steffan Heller）求情，请求嫁给赫勒为妻，但并未成功。[2]1550 年，地下监狱看守的女仆请求纽伦堡议会宽恕亵渎神明的犯人汉斯·费舍尔（Hans Vischer），说自己愿意嫁给他为妻，应该也是想到了通过婚配求情的传统。但议会拒绝了她的请求，并命令地下监狱看守解雇她。[3]12 年后，鞋匠希克斯图斯·韦恩莱（Sixtus Wernlein）也做了同样的尝试。为了使保卢斯·戴克斯勒免于死刑，他声明愿意让自己的女儿嫁给戴克斯勒为妻，但也遭到了议会的拒绝。[4]但在同一时期的科隆，两名女仆类似的请求却获得了议会的首肯。这是偶然吗？她们称愿意嫁给提尔曼·伊森豪普特（Tilmann Isenhaupt）后，科隆陪审团表示愿意满足她们的愿望，但提尔曼·伊森豪普特自己却不同意，还用不高兴的口吻告诉两名女仆不要再管他的事。不管怎样，女仆的求婚挽救了伊森豪普特的生命。这件事在民众中传开了。行刑当日，刽子手请求掌管司法裁判权的伯爵赦免伊森豪普特，但遭到拒绝。伯爵警

1 Grieb, Die Henker von Nürnberg, 39.

2 Müllner, Annalen, Bd. 3, 585; Grieb, Die Henker von Nürnberg, 350.

3 Grieb, Die Henker von Nürnberg, 63.

4 Grieb, Die Henker von Nürnberg, 100.

告刽子手应立即执行决议，刑场出现了混乱。在一片混乱中，伊森豪普特被人解开了镣铐，从而得以逃脱。[1]

为犯人求情、请求赦免犯人的历史，相关的研究并不深入。但可以确定的是，16 世纪以来对为犯人求情的限制越来越多，不可忽视。约一百年前，卡尔·舒尔（Karl Schué）对相关文献进行了考察。除了列举中世纪晚期的例子，他还证明了 16、17 世纪有十多例通过婚配为死刑犯求情成功的案例，但不成功的案例也越来越多。[2]1589 年在天主教统治区维尔茨堡，议会拒绝了一名女子试图通过婚配而为死刑犯求情的请求。[3]1622 年，一个公国法告诫死刑犯不要存有幻想，不要认为如果有女子愿意与其婚配，死刑犯便可得到赦免。这种幻想是无稽之谈，会阻碍神圣司法的执行。如果哪名“女子”胆敢用这种方式干涉死刑进程，将会被立即逮捕。[4]普法尔茨主教区 1698 年的公国法认为，某些罪犯在犯罪时，便已想到可以通过婚配使自己免于死刑，所以已提前找好了一名“卑鄙无耻”的女子，在其被判死刑时宣布愿意与其婚配来为其求情。[5]如前所述，经历了宗教改革的纽伦堡，便不允许女子通过婚配为死刑犯求情，就算死刑犯没有完全被社会遗弃、身上依旧散发出性爱魅

1　Irsigler/Lassotta, Bettler und Gaukler, 257.

2　Schué, Das Gnadebitten, 212ff. Dülmen, Theater des Schreckens, 151 页认为，16 世纪的新法律和民众的传统法律认知之间的鸿沟越来越大。通过婚配求情成功的案例请见 Schubert, Räuber, Henker, arme Sünder, 57。

3　Schubert, Räuber, Henker, arme Sünder, 57.

4　Dülmen, Schauspiel des Todes, 143.

5　Schué, Das Gnadebitten, 223. 1721 年的普鲁士公国法也用几乎同样的话来指责那些欲图通过婚配为罪犯求情的女子，并禁止通过此种方式为犯人求情，详见 HWB zur deutschen Rechtsgeschichte, Bd. 3, 47f。

力也不行。比如汉斯·迈尔（Hans Mayer），纽伦堡一名市民之子，1610 年被关进了纽伦堡地下监狱，等待着死刑判决。根据牧师哈根多恩的记载，汉斯是一名约 20 岁的男子，"长得很英俊潇洒"。地下监狱的女仆都很迷恋他，如果不是法庭之前就严禁为死刑犯求情，"她们肯定会采取求情行动"。[1]

斗争领域的扩大：死刑作为统治权的象征

"第五诫 / 不可杀人 / 这还没有得到任何一个法学家的理解。"[2]

——瓦伦丁·维格尔（Valentin Weigel），

路德教牧师，16 世纪

1497 年，波希米亚国王瓦迪斯劳斯二世（Wadislaus II,1490 年起担任劳齐茨的边境伯爵）授予了公国城市格利茨更广的司法权，一些小城市以及周边教会和世俗统治区都被纳入了格利茨城的司法管辖范围。格利茨采取的第一个措施，便是派人将管辖区所有绞刑架都摧毁。[3] 在当时，绞刑是统治权和政治自治权的一个最明显标志。这也可以用来解释利珀施塔特周边发生的一些怪事。1539 年 2 月 6 日，尤利希-克莱沃-博格公爵约翰三世（Johann III）过世。他逝世后没多久，其统治区的边境便发生了几起动乱。2 月 9

1 GNM, Hs. 3857, f. 69.

2 Schmoeckel, Die Reformation und der Strafzweck, 41.

3 Behrisch, Städtische Obrigkeit, 49.

日，隶属利珀的利珀施塔特写信给克莱沃的行政长官、官员以及监察官，称明斯特在公爵统治区的一条路上竖起了几个绑着死刑犯尸首的轮子。利珀施塔特的公民随后将轮子扔进了一条名为格伦纳（Glenne）的小河中，但明斯特很快又将两个轮子摆在了那条路上。11 天后，利珀施塔特议会给与尤利希-克莱沃-博格结盟的利珀伯爵写了一封信，说明他们将那两个非法设立的轮子也扔到了格伦纳河中。[1] 在这场轮子冲突中，没有人在胡闹，因为这一冲突是高度政治化的。对明斯特人来说，轮子和被处决的犯人是一种政治标志，能象征性地表达自己的领土要求。不过，16 世纪的象征政治，并不仅限于在路上竖起轮子、摧毁绞刑架，也会有死刑决议下达，以此展示与对手竞争统治权的意图。

16 世纪和 17 世纪早期，公国统治区发生了巨大的变化。这种变化也影响得到了其他地区的统治者，因为管辖区和公国统治区并非封闭的司法空间。侯爵下面有很多贵族，他们意识到，公国日益集权化对他们很不利，故而用尽方法来维持自己的司法权。我们可以用一个例子来说明侯爵统治区贵族司法权的管辖范围。近代早期，帕德博恩侯爵主教区统治的 183 个地区中，有 71 个地区的司法权不在主教手里，而在贵族手中。在侯爵主教区明斯特，“既有伯爵司法权，也有王家司法权，另外还有总督权、自由统治权等，非常混乱”。[2] 在这种混乱中，贵族法官直到 16 世纪下半叶还能继

1 Stadtarchiv Lippstadt, Chal. A 064, A 065.

2 Gersmann, Konflikte, Krisen, Provokationen, 427. 帕德博恩的情况请见 Jürgen Lotterer, Gegenreformation als Kampf um die Landesherrschaft. Studien zur territorialstaatlichen Entwicklung des Hochstifts Paderborn im Zeitalter Dietrichs von Fürstenberg (1585–1618), Paderborn 2003, 103ff。

续自由支配司法权，这当中也包括死刑裁判权。1571 年，曾任施佩尔帝国最高法庭法官的明斯特主教约翰·冯·霍亚（Johann von Hoya）颁布了公国法条例，目的是确定统一的司法，规定处理犯罪案例只能依据卡尔五世颁布的《加洛林纳法典》，且在处理重罪案时，法官应向明斯特侯爵主教区的法学家求取鉴定函。实际上，在接下来的几十年，贵族法官对类似的公国领主试图影响其司法权的行为进行了反抗，由此也激发了许多冲突和矛盾，经常出现剑拔弩张的局面。古德龙·格斯曼（Gudrun Gersmann）用几个例子说明了贵族在与公国领主的较量中，经常通过审判、处死女巫来突出和展示自己的司法权。对女巫进行审判，很适合这一目的，因为女巫是最容易被抓获的“重刑犯”。16、17 世纪，人们对女巫看法不一。法庭随时可以启动对女巫的审判，指控其施展了巫术，导致了某人、某个动物的畸形，引发了雷雨天气或其他无法解释的环境现象等。从这一视觉来看，对女巫进行审判经常是“贵族的战略考虑、贵族宣告主权”的结果。[1]

这种现象不只存在于明斯特侯爵主教区。1593 年，迪特里希六世（Dietrich VI）作为曼德沙伊德-施莱登伯爵家族的最后一名男性成员逝世，来自舍内贝格的特里尔大主教、选帝侯约翰七世抓住机会，吞并了两个村庄，将其纳入特里尔主教区的迈恩旗下。为了展示其统治权，他派人在这两个村庄上演了多次女巫审判的好戏，而被审判的“女巫”是随意从这两个村庄抓来的女人，并非女巫，却被当作女巫处死了。曼德沙伊德-施莱登的伯爵夫人也不示

1 Gersmann, Konflikte, Krisen, Provokationen, 446.

弱，派人在特里尔主教区内竖起了一个绞刑架，一名盗羊犯成了伯爵夫人展示统治权的牺牲品。1596 年，特里尔主教区的士兵占领了这个绞刑场，迈恩议长判处了三名女子火刑。为强调自己对该地的控制权，他还特意命人将伯爵夫人派人设立的绞刑架也扔进了火中。[1]

研究人员目前认同的一个观点是，争夺司法权是 1570 年至 1650 年间的一个普遍现象。[2] 17 世纪，奥斯纳布吕克出现了多起对女巫的审判，因为市长、议会想以此来确定该城受争议的死刑裁判权。[3] 在 1625—1652 年的几十年时间里，黑尔福德也在统治区内对女巫进行了多次审判，这与黑尔福德统治者的野心有关，因为他们想维持自治，希望通过审判来稳固其死刑裁判权。[4] 1570 年左右，梅克伦堡出现了一波迫害女巫的浪潮，目的是“不承认他人或宣示自己的司法权”。[5]

以上列举的这些对女巫进行的审判，目的都是通过判决死刑来宣示统治权、死刑裁判权。16 世纪初，乌尔里希·藤勒曾指责许多世俗统治者在处置犯罪时非常马虎了事。[6] 一百年后，估计他不会再说类似的话了，因为通过判决死刑、执行死刑，统治者能对外

1 Voltmer, Hexenprozesse und Hochgerichte, 511.

2 Rita Voltmer, Hexenverfolgung und Herrschaftspraxis. Einführung und Ergebnisse, in: Rita Voltmer/FranzGunther (Hg.): Hexenverfolgung und Herrschaftspraxis, Trier 2006, 1–22.

3 Rudolph, Eine gelinde Regierungsart, 63.

4 Voltmer, Hexenprozesse und Hochgerichte, 495.

5 Katrin Moeller, »Nichts als nur der lieben hohen Obrigkeit wegen?« Rechtsetzung und Gerichtspraxis mecklenburgischer Adelsgerichte in Hexenprozessen, in: Helga Schnabel-Schüle/Harriet Rudolph (Hg.): Justiz = Justice = Justicia? Rahmenbedingungen von Strafjustiz im frühneuzeitlichen Europa, Trier 2003, 329–352, 此处 343。

6 Tengler, Layen Spiegel, f. 152r.

展示其统治权。弗朗茨大师记载了自己曾多次在别的司法统治区执行死刑。在这些统治区，此前很多代人都没有死刑案例。可以这样说：15 世纪，死刑的使用主要出现在大城市，16 世纪则被广泛普及。“刽子手踏上乡村之路，意味着中世纪晚期城市司法已逐渐全面普及。”[1]

对灵魂的争夺

> “12:02，他手拿一本白色《圣经》进入死室，请求跪下来祷告。被批准后，他祷告着‘噢，上帝，怜悯这些人吧！怜悯我吧！保佑这些人吧！’他死的时候，《圣经》在他的腿上。被电击时，《圣经》从他的腿上飞了出去，速度之快，飞到了见证区。医生宣布，他的死亡时间为 1964 年 7 月 30 日 12:08。”[2]
>
> ——唐·瑞德，2001 年

宗教改革的出现与发展，使围绕死刑犯灵魂进行的争斗变得越发激烈。如果获胜，死刑行刑便会演变成一个节日、一场表演、一个礼拜，是上帝、受刑者、统治者和民众的大和好。牧师、受刑者、法庭重新各居其位，死刑犯被迫扮演主角，向全世界传递一个信息：他们的死是上帝意愿和怜悯的一种表达，所以他们会顺从地将头套进绞绳套中或置于剑下。

1 Schubert, Räuber, Henker, arme Sünder, 71.

2 Reid, Have a Seat, Please, 190.

但民众的想法有所不同，这可以用来解释为何从 16 世纪起袭击刽子手的现象越来越多。宗教改革者没有给统治者和刽子手设下障碍，虽然其中也不乏对死刑犯灵魂是否还能被拯救持怀疑态度之人。许多新教牧师和神学家在这一方面做出了巨大的努力。1569 年，沃尔芬比特尔的教会法规认为，在许多天主教统治区，拒绝赦免死刑犯或拒绝给死刑犯提供圣餐，是"一个很大的不幸"。死刑犯因此变得极度绝望，除了要忍受身体上的刑罚，还会认为自己已被上帝抛弃，被基督教社会排除在外。事实上，没有任何罪恶会大到让上帝不能原谅。因而，牧师应竭尽全力，让死刑犯真正悔过并甘愿赎罪。经过基督教的浸润，死刑犯应准备好就死，"应如小孩般温顺而耐心地接受对他们的惩罚，并警醒其他人"。基督教统治者的任务，不只是惩罚犯罪者的身体，同时也要注意拯救其灵魂，"身体和灵魂都要献给亲爱的上帝"。故而，在行刑前几日，应派牧师去给死刑犯进行心灵劝说。[1]

心灵劝说需要耗费很多时间和精力，我们可以将其称为洗脑。1611 年，伊丽莎白·梅希特林（Elisabeth Mechtlin）在纽伦堡因通奸罪不改而被判死刑。行刑前四天，两名牧师交替对她进行了心灵劝说。[2] 1633 年，盗窃犯汉斯·莱夫拒不接受派来对他进行心灵劝说的两名牧师的规劝，主要是因为他被判死刑，但他的同伙亚当（Adam）则可能会被免于死刑。莱夫坚持要和亚当一起被处决，但法庭没有同意。莱夫便不愿悔过，还拒绝领用圣餐。随后，纽伦堡陪审团决定派遣 4 名牧师对这名执拗的囚犯进行心灵劝说。根据议

1 Sehling, Die evangelischen Kirchenordnungen, Bd. 6/I, 172ff.

2 Hampe, Malefizbücher, 40.

会文献的记载，陪审团命这4名牧师竭尽所能，让不愿悔过的莱夫改变主意，相信基督，欣然接受神圣的死亡。一天后，莱夫死在了绞刑架上。[1]纽伦堡议会甚至将被判死刑的盗窃犯安德雷亚斯·慕斯（Andreas Muss）的行刑期推后，原因是两名负责安德雷亚斯心灵劝说的牧师想让他放弃天主教信仰，改信路德教。最终，他们取得了成功。[2]吕纳贝格的教会条例规定，死刑决议宣布后，吕纳贝格的牧师应交替去给死刑犯进行心灵劝说。每名牧师都应与死刑犯交谈祷告一至一个半小时。此后，死刑犯有半小时时间，“自行思考牧师的话，想想是否漏了什么，如果漏了，可以在下一个牧师那补上”。牧师们在这半小时的休息时间里，应一起讨论接下来应如何对死刑犯进行劝说，好让他对自己的罪行进行基督式的忏悔。就这样循环往复，一直到晚上10点，犯人才被允许去睡觉。第二天早上5点，第一名牧师又出现了，然后是第二名牧师、第三名……一直到死刑犯被带去刑场。[3]我们不难想象，牧师对犯人的心灵劝说，是全方位的。伯尔尼的死刑犯，甚至连不被打扰地睡上一觉都不可能。宣布死刑决议后、执行死刑前，必须有两名牧师陪在死刑犯身边。在行刑前夜，两名牧师都得待在监狱，陪在死刑犯身边。[4]

路德教的牧师和中世纪晚期的天主教神父不同，他们同时也是统治者的代理人，是下达死刑命令的成员。[5]他们的任务是让死刑犯准备好就死，以保证行刑的顺利进行。牧师与死刑犯在心灵劝说

1 Grieb, Die Henker von Nürnberg, 213, 386.

2 Hampe, Malefizbücher, 73.

3 Sehling, Die evangelischen Kirchenordnungen, Bd. 6/I, 673–676.

4 Tscharner, Todesstrafe Bern, 101.

5 Radbruch, Ars moriendi, 134.

时的对话，不是私密的，会很快转达给世俗法官。牧师哈根多恩与被判死刑的女通奸犯芭芭拉·施林普芬进行第一次交谈后，地下监狱看守便告诉他，陪审团和法官希望他能口头向其说明“与女罪人首次交谈如何，她是否愿意死亡”等信息。哈根多恩欣然满足了这个要求，说明了“我和她在这一小时里所交谈的内容，也喝了些酒……”[1]。牧师的工作，超出了在心理上对死刑犯进行死亡准备的范围。法学家、虔信主义者、教会歌曲作词家约翰·雅克布·墨泽尔（Johann Jacob Möser）很自信地描述了心灵劝说的意义：掌握罪犯的心灵比攻击罪犯的身体要有用得多，如果能突破其心灵防线，案件会更快了结，真相会更快大白。[2]

新教牧师负责帮忙将顽固的死刑犯带往刑场，传达相关信息。如果死刑犯在刑场上祷告太久或对着围观群众滔滔不绝，牧师也要加以阻止。同时，牧师也能给死刑犯安慰，可在去刑场的路上悄悄告诉死刑犯，他获得了怜悯，受绞刑后会被解下来安葬或在受轮刑前会被偷偷杀死。[3]从这些行为中，我们看不出牧师内心是抗拒死刑的。

教会条例中也有对死刑犯进行心灵劝说的说明，有时会印刷一些心灵劝说小指南。1530 年，维腾贝格出版了布雷斯劳宗教改革家安布罗修斯·莫伊巴努斯的一本小册子《如何规劝死刑犯》（*Unterrichtung der Übeltäter, die man töten soll*）。这本册子读完会让人压抑，因为其目的不是安慰死刑犯，不是为死刑犯进行心灵辅导，

1 Hampe, Malefizbücher, 97.

2 Moser, Selige letzte Stunden, 19.

3 Grieb, Die Henker von Nürnberg, 228, 232, 240.

而是为死刑进行神学辩护，是为了教训、恐吓死刑犯。册子中说，死刑犯犯的都是重罪，上帝看得一清二楚。死刑犯面临的死亡，是不可避免、不可抱怨的。死刑犯应承认自己的罪恶。很多圣徒也曾因犯了小罪便请求上帝让自己死亡，将他们从尘世的苦海中解放出来。因而，每个死刑犯都应恳切地请求和祷告，用铁、钢、水和火来反抗他那邪恶的血与肉以及无视上帝的犯罪倾向，这样上帝便不会再生他的气，继而怜悯他，让他进入到天国。此外，牧师应向死刑犯解释，上帝是为他好才让他死，以免有更多的罪加在他身上。册子大力宣扬了圣徒的榜样式生活，称很多圣徒都死在了刽子手之手。对于死亡，圣徒都欣然接受。许多都是心情愉悦地去往刑场，到达刑场后甚至还开心地向绞刑架问好，抱住绞刑架亲吻等。他们之所以满怀喜悦，是因为他们即将去往天国，罪恶会有一个了结。死刑犯应将圣徒视作典范，祈求上帝怜悯他，赐予他耐心以及一颗愿死之心，应赞扬上帝，为即将到来的死亡感谢上帝，因为死亡能让他停止犯罪。

不过，莫伊巴努斯并不能理解死刑犯为何担心、害怕死亡。他认为，害怕死亡、抱怨命运也是罪恶，是违背上帝旨意的行为。死刑犯应像约伯那样说："主啊，就算你要将我勒死，我也希望你能到来，因为你会是你承诺成为的那个人——宽容、仁慈、怜悯的主。"但在那之前，死刑犯应感受上帝的愤怒，在最后的祷告中应这样对着上帝祷告："上帝啊，你将我的血肉展示在众人面前，这是你愤怒的表现，你收回了对我的怜悯，因为我犯了偷盗、谋杀以及其他重罪。我罪恶深重，对我施行绞刑或轮刑，既公平也公正，我会默默承受。我的下场，会让虔诚之人保持对上帝的敬畏，不受人性自然恶的诱导，从而走向行美德之路。我伤痕累累的躯体，会震慑那些不信上帝的罪人，让他们不再犯罪。上帝啊，请对我以及我可怜的灵魂展示你的宽大和怜悯吧，对我说你曾经说过的话吧：因犯下罪过而心怀畏惧的人，来我这里吧，我会让你们恢复元气，会让你们悔恨。阿门！”[1]

相比莫伊巴努斯的《如何规劝死刑犯》，另一本关于死刑犯心灵劝说的著作——纽伦堡神学家、牧师怀特·迪特里希（Veit Dietrich，1506—1549）1543 年在圣泽巴尔德首次出版的《基督教仪式书》（*Agendebüchlein*）则要细致得多，虽也不乏讽刺之语，但在实际运用中更有用，故而流传更广。迪特里希在维腾贝格念了大学，在那里的大学教过书，与马丁·路德、菲利普·梅兰希通的关系也很紧密。《基督教仪式书》是一本牧师布道及行为手册，支持路德对世俗统治者的看法，认为世俗统治者是以上帝之名进行惩罚："统治者的剑不是白佩带的，统治者是上帝的奴仆，专门惩罚犯罪分子。"[2] 此外，迪特里希在书中还详细谈到了牧师对死刑犯进行的心灵劝说。他认为，牧师应先问犯人被判死刑的原因，以便直通犯人的心灵。犯人对此的反应会不同。有的会沉默、不认罪，或找各种理由来为自己开脱，坚持自己无辜；有的虽会顽固抗拒，但最后会承认自己的罪行；还有的通过他们的言语和表情，可以看出他们心怀愧疚，非常痛苦、悲伤。牧师应对此做出不同的反应。对深感绝望的犯人，应用上帝的仁慈与宽大来安慰。而对顽固不化、不思悔改的犯人，则应不断提醒犯人犯下的罪恶之大，让犯人感到害

1 Moibanus, Underrichtynge der Öveldeder.

2 Sehling, Die evangelischen Kirchenordnungen, Bd. 11/I, 527.

怕。此外，牧师不应高估死刑犯的智力。故而，迪特里希建议用简单的话去劝说死刑犯，因为“这样的人，在这样的场所，利刀和细腻无法相容”。

迪特里希建议对死刑犯应先恐吓后安慰，这是偶然吗？根据宗教改革者的观点，恐吓应从“摩西十诫”开始，所有死罪都违反了“摩西十诫”。如果死刑犯不知道“摩西十诫”，那他显然是蔑视上帝的，所以才会犯罪，才会被判死刑。如果他知道“摩西十诫”，那他的罪恶就更大了，因为这说明他是有意识地违背上帝的旨意。迪特里希认为，在指责死刑犯犯下罪孽的大小时，应着重提及上帝的愤怒。上帝愤怒，是因为犯人犯罪，是将自己交给了魔鬼。对犯人进行逮捕、审判，是上帝的行为，因为上帝不想再对此袖手旁观。如果被审判者没有犯罪，上帝肯定会让他度过安静的一生，并赐予他一个荣誉的死亡。但现在，上帝很愤怒，要求对犯人进行惩罚：“上帝因你犯罪而恼怒，将会对你进行惩罚！”如果犯人顽固不化的心开始变得开放而柔软，牧师应安慰他，对他讲上帝的仁慈、永生等。如果犯人还是顽固不化，牧师便应警告他，他不可能逃脱世俗的惩罚，将被永远贴上不知悔过的标签。经历了世俗死亡后，他将经历永死，“这是更痛苦、更难以忍受的，而且是永久、不会停止的”。这种人（这不是说出了对其深深的蔑视吗？）不可能摆脱罪恶，但还是可以给他一些考虑的时间，祈祷“他的心灵能被照耀，能抵抗恶势力”。而这时，他便属于应被安慰的人。而这安慰是两方面的。一方面，这是上帝对死刑犯的宽大和怜悯；另一方面，它能让死刑犯不害怕即将面临的耻辱的公开行刑。迪特里希认为，如果上帝不宽大，便会在死刑犯作案时直接将其绞死或以其他方式使其死亡，而不是给他悔过获得原谅的机会。如果上帝不宽大，死刑犯只能获得永死而不是永生。死刑犯关押期间，上帝的宽大体现在将他的奴仆——牧师派往监狱，引领犯人回到上帝的怀抱，让其“意识到上帝的宽大，并感谢上帝能这样宽大慈爱地对待他”。

迪特里希随后勾勒出了通往上帝之路的轮廓。犯人必须真诚悔过，如果他良心不安，牧师则应对他说明上帝的宽大：虽然他因犯罪被判死刑，但死后他会被上帝赐永生，因为耶稣基督通过受难抵除了人类的罪恶。不过，前提是死刑犯要真诚地信仰基督，“基督将你的罪加在了自己身上，并为此付出了相应的代价，而你因基督的这一牺牲，才能从罪恶中解放出来，成为上帝永远的孩子”。

但这之前，犯人必须面对耻辱的死亡，死在刽子手之手。牧师不应将这个耻辱抹去，但他可以安慰犯人，可以将死刑行刑视作一个礼拜。迪特里希建议这样劝慰死刑犯：“对，你说的没错，在众目睽睽下被处死是一件耻辱的事，但你只能这样死去！所以，你还是静静忍受，为你的罪过赎罪吧。不要忘了，这一耻辱的死亡也会带给你荣誉。因为你不仅是作为一个盗窃犯（杀人犯）而死，你也是作为一个基督徒而死，你将在上帝和世人面前承认两点：一、你的罪过，这也是你不得不死的原因；二、耶稣基督承受的痛苦以及功劳，因为他你才能获得原谅，获得永生。这是一个基督徒的信仰，一个基督徒的坦白。对上帝来说，这比公开行刑的耻辱要重要。”

“此外，作为你死亡的荣誉，你应该意识到，你的死是上帝的命令，是为了惩罚你的罪恶。如果你接受惩罚，便是向你的主——上帝证明你最后的顺从，这是一种好行为，自然也会结出好果。你犯下了罪，伤害了别人。而现在，通过死亡，你可以帮助有类似犯罪倾向的人改变心意。你耻辱的死，将解除你的罪恶。因而，你不应太在乎这个耻辱，因为它是基督式的。就算世人认为你的死很耻辱，但上帝和天使不以为然。在他们眼中，这种顺从、坦白、帮助他人是真诚的、值得赞扬的。所以，你放心吧！你所受的耻辱，很快就会转变。你的躯体被吊在绞刑架上或埋在土里时，上帝会派天使将你的灵魂光荣地带到他那里。这样的安慰，是坚定的、确定的，能让死亡、耻辱、罪恶、世界保持原样。赞誉和感谢上帝吧，把你的灵魂交给你忠诚的牧人——耶稣基督吧，平静地去找他吧。阿门！”[1]

新教牧师哈根多恩的心灵劝说

“神职人员的折磨远比刽子手的折磨厉害，因为刽子手折磨的只是身体，而神职人员折磨的却是灵魂。”[2]

——约翰纳斯·马图斯·梅法特（Johannes Matthäus Meyfart），1635 年

“当我举起剑时，我希望犯人能获得永生。”[3]

——行刑剑上的刻印文字，埃尔福特，1719 年

---

1 所有引言均摘自 Sehling, Die evangelischen Kirchenordnungen, Bd. 11/I, 531ff。

2 Schleusingen 1635, 198; online unter: http://diglib.hab.de/drucke/323-5-theol-2/start.htm (letzter Zugriff 31.03.2014).

3 1705 年汉堡的行刑剑上也有类似的刻印文字，详见 Wosnik, Beiträge, 13。

怀特·迪特里希的《基督教仪式书》，是牧师对死刑犯进行心灵劝说的指南。牧师的所行所想，可以通过纽伦堡日耳曼国家博物馆一个特别的死刑史手稿来详细了解。一个18世纪的手稿副本里，留有了纽伦堡牧师约翰·哈根多恩的日记。1605—1620年，他和另外一位名为吕德斯（Lüders）的牧师负责法兰克帝国自由城纽伦堡死刑犯的心灵劝说工作。哈根多恩1563年生于纽伦堡附近的黑尔斯布鲁克，大学后见习了若干年，1596年被任命为圣泽巴尔德教堂的副主祭。圣泽巴尔德教堂临近市政厅（地下监狱），故而教堂的两名牧师也负责死刑犯的心灵劝说工作。1620年，哈根多恩升为最高牧师，这也许是他将死刑犯的心灵劝说工作交给其他牧师的原因。哈根多恩将自己在1605—1620年这15年的经历，以日记的形式记载了下来，不仅能让我们了解牧师是如何争取犯人的灵魂的，也为我们留下了研究死刑实践的重要素材。因而，日耳曼国家博物馆前馆长提奥多·汉佩（Theodor Hampe）在约一百年前就计划编辑哈根多恩的日记就不足为奇了。可惜的是，编辑工作未能展开。萨尔布吕肯历史学家理查德·凡·迪尔门在20世纪80年代也想对其进行编辑，但也未能如愿。[1]

哈根多恩的日记，最吸引人的是他那关注死刑犯灵魂拯救的视角。对于死刑犯的罪行，他未进行只字评价。比如1612年对数位6—11岁的女童进行了严重性侵的安德雷亚斯·福伊尔施泰因（Andreas Feuerstein），他使得一名受害女童很长一段时间都在与死亡做斗争，另一名则长时间大小便失禁。虽然福伊尔施泰因的罪行

1　Hampe, Malefizbücher, 7; Dülmen, Theater des Schreckens, 215.

令人发指，但哈根多恩却很喜欢与他对话。他的死亡准备也进行得很顺利。哈根多恩记载道，福伊尔施泰因并不需要特别指导，对基督教问答手册及其注释都很了解，也熟知一些优美的忏悔诗及祷告词，直到死前都在唱忏悔诗、做祷告。[1]哈根多恩略去了他心灵劝说对象的罪行。他只关心死刑犯的心灵状态，死刑犯是否愿意接受上帝的怜悯等。而这需要死刑犯真诚悔过，而且得在牧师、法庭，尤其是行刑的围观群众面前表现出来。

对死刑犯进行心灵劝说，可以减轻死刑犯的负担，可以使他们人生的最后一程变得容易些。而对于那些认为自己无辜或真无辜的死刑犯来说，心灵劝说则非常恐怖。因为牧师们并不关心死刑犯是否无辜，而是要不惜一切代价将一个因悔过而变得纯净的灵魂交到上帝手中。

如果能成功，死刑行刑便是一个完美的宗教表演，牧师对自己的工作也会满意。哈根多恩的前任便记载了几十例成功行刑的案例。1561 年，盗窃犯沃尔夫·昆尼希（Wolf König）认罪后，顺从地、基督式地走向了死亡。几年后，两名盗窃犯也虔心祷告，因而“也许基督式地死去了”。一名被施以剑刑的杀人犯则“热切地祷告着，基督式地死去了”。弑童女犯芭芭拉·赛格（Barbara Seger）被关押进地下监狱时，是一个彻头彻尾的异教徒，但她在关押期间，获得了基督教牧师的指导，故而“满怀对天堂的希望而死去了”。[2]

当然，有些记载本身就是一种不自觉的讽刺，将身体之痛和

1 Hampe, Malefizbücher, 44. 福伊尔施泰因的罪行请见 Keller, Maister Franntzn, 72。

2 GNM, Hs. 3857, f. 25vf., 27v., 29r.

宗教修身直接连在了一起。1549 年被处剑刑的强奸犯汉斯·丢德（Hans Döder）便是“信仰得到了加固，愉快地死去了”。1552 年被处轮刑的格奥尔格·施蒂希（Georg Stich），“被轮子砸了 32 次后，他基督式地死去了”。一名强盗“表现得很虔诚，虽然康拉德大师处死他时一波三折，但他还是基督式地死去了”[1]。试问，如果一个人的骨骼被刽子手用轮子砸得稀巴烂，他还能基督式地死去吗？如果一个人被刽子手砍去头颅，他能虔诚地死去吗？在牧师眼里，这是可能的，因为对牧师来说，重要的是犯人的内心想法、灵魂状态，而身体上的痛苦是次要的。

哈根多恩的记载也不外乎如此。1612 年，马图斯·维特弗里茨（Matthäus Werthfritz）因偷盗被判死刑。维特弗里茨被称为“八指”，因为他在与“宿敌土耳其”的战斗中，在匈牙利失去了两根手指。哈根多恩对他也怀有敬意：“这种男人气概，他到死都保持着。他冷静地接受了死亡，证明了自己是个有思想的骑士。因而我希望，通过短暂的躯体受苦，他可以获得永生。他一共被刽子手用轮子砸了 21 次，头两次是脖子，然后 6 次（8 次）心脏，最后是四肢，都被砸得稀巴烂，上帝想让他愉快地复活。”[2] 在描述了残酷的轮刑后，马上表达出上帝让犯人复活的愿望，这样的思路，我们很难理解。更可笑的是，哈根多恩竟然将 1610 年被处剑刑的女盗窃犯玛利亚·胡纳（Maria Hunner）描写成是在断头台上睡去了，好像她是平静地死去了似的。哈根多恩称，“她的后背直直地

1　GNM, Hs. 3857, f. 21v., 22v., 25v.

2　Hampe, Malefizbücher, 27.

对着刽子手，就这样基督式地死去了”。[1]

一般来说，哈根多恩都是在行刑前 4 日去对死刑犯进行心灵劝说的。但如果案例特别棘手，心灵劝说的时间可以随意增多。纽伦堡的市政记录，提到了 1614 年有两名死刑犯让牧师“很费劲”，心灵劝说持续了 10 天。[2] 这也是 1574 年被处死的盗窃犯塞巴斯蒂安·赛茨（Sebastian Seitz）所需要的，因为他被证实非常不虔诚，不知道如何祷告，对上帝也知之甚少。牧师虽对他进行了心灵劝说，但收效甚微，只好放弃。不过，陪审团以此为戒，规定以后地下监狱看守在犯人入狱时，应摸清犯人对基督教的掌握程度，以给牧师留下足够的时间，在犯人被处死前将其教导成基督徒。[3]

地下监狱的死刑犯中，既有可以和哈根多恩用拉丁文交谈的文化人，也有熟知《圣经》令哈根多恩印象深刻之辈，当然也有哈根多恩觉得信仰不坚定者。[4] 对弑童犯卡塔琳娜·菲德罗伊特（Katharina Federreuter），哈根多恩写道：“这是一个头脑简单之人，完全不会祷告。”[5] 1584 年被送上绞刑架的 5 名青少年盗窃犯，从未进过教堂，也不会祷告。[6] 来自拜罗伊特的盗窃犯汉斯·德雷克斯勒（Hans Drechsler），宗教知识一片空白，既没听说过基督教的问答手册，也不知道其他宗教文本。[7] 有时，哈根多恩对那些没有

1 GNM, Hs. 3857, f. 68v.

2 Grieb, Die Henker von Nürnberg, 186.

3 Grieb, Die Henker von Nürnberg, 114.

4 GNM, Hs. 3857, f. 57, 65v., 80r.

5 Hampe, Malefizbücher, 71.

6 Keller, Maister Franntzn, 15.

7 Hampe, Malefizbücher, 71.

文化的死刑犯还能表示理解。比如他认为，41 岁的芭芭拉·蔡勒（Barbara Zeiler）的信仰不强烈，是因为她住在乡下，很少去做礼拜。在地下监狱看守的帮助下，哈根多恩也尽力使汉斯·德雷克斯勒和芭芭拉·蔡勒在基督教问题上准备得充分，以便他们死后能升入天堂。[1]

信仰是通向极乐的关键。弗朗茨大师 1617 年 11 月 13 日最后一次在纽伦堡执行死刑时，哈根多恩谈到了这个问题。当时，弗朗茨对一个磨坊工人执行火刑，行刑很不顺利，但最后的结果令哈根多恩印象深刻："犯人意识到了自己的罪过，也在我面前承认了这一点，所以我宣布他不再有罪恶。接着，他走上了柴火垛，请求周边的人原谅，'用我们的主'结束了自己的讲话。随后，刽子手将他带到了橡树柱子上，用一根绳子套住他的头。一点火，刽子手便会用那根绳子勒死他。最后，刽子手用一根镣铐绑住了他，在他脖子上挂了一小袋粉末，手臂和双腿之间放上涂满沥青的圆圈，周边是一捆捆干草。刽子手的助手'狮子'试着用手柄将绳子卷起，将他绞死，但没有成功。而我一直在和他一起祈祷，直到火点着。我从他身边走开、往后退时，我还对着他大喊：'主啊，我把我的灵魂交到你的手上'。火光熊熊时，我有几次听到他在火中祷告：'我主耶稣，接受我的灵魂吧。'这个祷告，毫无疑问是被亲爱的上帝听到了，他的灵魂被上帝接受了，获得了永生。他的信仰是如此强烈，我从未在其他犯人身上看到过。"[2]

能让哈根多恩如此肯定灵魂能登极乐的犯人很少。汉斯·诺伊

1　GNM, Hs. 3857, f. 57.

2　GNM, Hs. 3857, f. 115.

鲍尔很有文化，受到了哈根多恩的极力肯定。在他眼里，诺伊鲍尔毫无疑问也是基督式地死去了。1605 年被处决的杀人犯汉斯·格罗塞芬格（Hans Grosselfinger）的表现也颇具典范。也许这是因为格罗塞芬格当时已 75 岁，所以对无法避免的死亡没有那么害怕。哈根多恩这样写道："他在地下监狱的表现很好，也愿意就死，并公开表示自己因犯下过错要以死来偿命。对于我的劝导，他欣然接受，直到死还一直坚信着耶稣。所以，我丝毫不怀疑他死后能登极乐，可以获得永生。"[1]

对那些信仰不够坚固的死刑犯，虽然他们在狱中的表现颇具典范，但哈根多恩还是不肯定其灵魂能登极乐。他多次这样写道："我希望他是基督式地死去了。"[2] 对其他死刑犯，他一般都是表达希望上帝能让其愉悦地复活的愿望。[3] 他对通奸犯芭芭拉·施林普芬的记载很详细："她虽是个大罪人，犯了如此耻辱之罪，历时 12 年之久。但她已经赎罪，已真诚悔过，留下了悔恨的泪水，所以我希望亲爱的上帝能像对待玛利亚姆·玛格达雷娜姆（Mariam Magdalenam）一样，宽大地接受她、原谅她，用基督的血洗清她的罪过，将她接纳到永远快乐美好的天国。上帝会看在耶稣基督的面上，在耶稣复活的那日也让她复活。"[4]

不过，如果死刑犯不顺从，拒绝基督式地死去，哈根多恩的同情则完全可能转化为鄙夷。本书前面已讲过一名喝醉了的死刑犯在

1 GNM, Hs. 3857, f. 56v.

2 GNM, Hs. 3857, f. 57r., 62v., 64r.

3 GNM, Hs. 3857, f. 68v., 81v.

4 Hampe, Malefizbücher, 98f.

去刑场的路上摔了一跤而抱怨的例子。哈根多恩便指责他关注身体比关注灵魂要多得多。而对于1612年因盗窃罪被判绞刑的塞巴斯蒂安·格斯纳（Sebastian Gessner），哈根多恩指责他只知道吃饭喝酒，“更关心肚子的痛苦，而非灵魂的痛苦”。[1] 1619年，珠宝盗窃犯汉斯·雅克布·法贝尔（Hans Jakob Faber）在纽伦堡落网。他游走在欧洲各处，倒卖偷来的珠宝和宝石。最后一次的战利品把他带到了纽伦堡，他在那将价值约为2000古尔登的金饰卖给了一个金匠。被捕后他被法庭判处绞刑。行刑前，他被关押在了地下监狱，由哈根多恩负责心灵劝说。哈根多恩对法贝尔的灵魂状态很不满，因为他总为自己辩解，“找了各种理由，试图延长自己的生命，希望能躲过一死，担心身体比担心灵魂要多”。哈根多恩提到，虽然他并不需要对法贝尔进行基督教讲解，但对法贝尔的心灵劝说却很费力。法贝尔在青少年时期虽熟读了《圣经》问答手册，对《圣经》中的一些诗篇也很熟，但他的心没打开：“无论对他好说歹说，他只关心自己能否活下来。”至于法贝尔死后，灵魂是否能登极乐，哈根多恩表示出了担心，认为法贝尔没有表现出任何悔过以获得上帝的怜悯，因而很可能受到永恒的诅咒。[2]

而另一个死刑犯此前虽顽固不化，但在去刑场的路上却与之前判若两人：“看到圣洛伦佐教堂时，他的心软了，开始放声大哭，并说道：‘哎，这是最美的教堂’。我打断他，问他说：‘这个教堂让你这么感动吗？它不过是由石头和木头做成的。那么，为赎罪者

1　Hampe, Malefizbücher, 73.

2　Hampe, Malefizbücher, 17f.

和基督徒准备的天国——耶路撒冷会更让你感动几分呢？’”[1]

根据弗朗茨的记载，曾被哈根多恩责骂的盗窃犯汉斯·施伦克（Hans Schrenker）是名天主教徒。对新教牧师来说，拯救天主教徒的灵魂是件非常重要的事，也是一个特别的挑战。在路德教的法兰克福，天主教巴尔多禄茂慈善机构的主教曾多次表示愿意对被逮捕的天主教徒进行心灵劝说，但几乎都遭到法兰克福议会的拒绝。议会派路德教牧师去对被判死刑的天主教徒进行心灵劝说，劝导他们回归正途。[2]不过，牧师的努力也不总能获得成功。哈根多恩辅导的施伦克，不仅是名天主教徒，而且还特别执拗。他在纽伦堡附近的小城劳夫被逮捕。关押期间，他挣脱了两根镣铐的束缚，正想从监狱逃跑时，碰到了来巡视的城市民兵。出于安全考虑，他被送到了纽伦堡的地下监狱。施伦克在地下监狱的行为“比恶劣还恶劣”，不仅拒绝进食，还朝守卫乱扔东西。哈根多恩的同事吕德斯听闻后进行了干预。他给纽伦堡议会写了一封信，抱怨了施伦克的执拗。议会随后指派吕德斯和哈根多恩一起，尽力将施伦克从天主教的信仰中解放出来。哈根多恩按照计划，在施伦克的牢房里待了将近两小时。他声音都说哑了，但依旧无济于事。施伦克的情绪不稳定，一会儿大笑，一会儿又谈起了圣母玛利亚及教皇崇拜，并要求去他的忏悔牧师那朝圣，承诺朝圣后将自愿回到监狱等等。哈根多恩气恼地用上帝之语斥责了施伦克的这些非分之想，但施伦克注意力涣散，不为所动。哈根多恩怒了，威胁施伦克惹怒上帝将受到上帝永远的惩罚，但也不成功。刽子手将施伦克带上刑场时，也警告

1 GNM, Hs 3857, f. 67rf.

2 Meinhardt, Das peinliche Strafrecht, 115.

施伦克应为自己的灵魂考虑考虑，但施伦克依旧沉默不语。在去刑场的路上，施伦克夸口说自己带了一把刀，一被吊上绞刑架，他便会用刀将绳子割断逃跑。弗朗茨大师简单地评注道："但没发生"。[1] 吕德斯则比哈根多恩要成功些。他成功劝服了天主教徒、盗窃犯安德雷亚斯·慕斯转信新教。为达成这一目的，行刑被推迟了一个星期。哈根多恩去地下监狱对改信新教的慕斯进行辅导时，慕斯多次表达了希望多活 3 个月来学习、消化路德教的愿望。哈根多恩的反应很冷酷，挖苦说已经缓期执行死刑了，上帝已让他多活了几天，已满足了他这个愿望。[2]

虽然哈根多恩的日记找不到劝服犹太人改信基督教的记载，但法兰克福几个案例说明，当地牧师为说服被判死刑的犹太人信仰基督教，付出了极大的努力。当一名犹太死刑犯表示想接受洗礼时，他的行刑日期被推迟了 8 天，以便牧师有足够的时间去确认该犯人是否确实想改变信仰，而并非为了规避犹太人的专属刑罚才希望受洗。牧师确定该犯人是真心想改信基督教后，才让他受洗，然后像基督徒那样受刑。大部分时候，犹太死刑犯还是坚持自己的信仰。文献中他们通常被贴上"固执""执拗"的标签，我们将此称为"坚定"。1615 年，法兰克福的牧师们不得不承认，说服犹太死刑犯塞缪尔（Samuel）改信基督教的努力失败。塞缪尔最后提了一个让牧师惊愕不已的问题：上帝有一个儿子，但没有妻子，这怎么可能？他的"顽固和恶毒"，让议会决定对他执行犹太人专属的绞

1　GNM, Hs. 3857, f. 66vf.; Keller, Maister Franntzn, 67f.; Grieb, Die Henker von Nürnberg, 175.

2　Hampe, Malefizbücher, 72f.

刑——双脚吊在绞刑架上、头朝下。[1]

如果心灵劝说成功，对死刑犯自己来说也是一个心理减负。信仰上帝，希望得到上帝的怜悯，可以让死刑犯更好地接受残忍的命运。牧师负责为死刑犯就死做好准备工作。至于牧师采取何种策略，可以通过已提及多次的芭芭拉·施林普芬的案例得到很好的说明。哈根多恩第一次去芭芭拉处，目的主要是从精神上摧毁芭芭拉。他对芭芭拉说，上帝、《圣经》对她所犯的通奸罪只知道一种刑罚：火刑。他引用了一连串《圣经》语录，让芭芭拉意识到自己的罪行深重，开始痛哭起来（“一直哭个不停”）。接着，哈根多恩开始进行第一轮安慰，说希望议会对她进行宽大处理。哈根多恩知道自己在做什么。第一天他如何尽力恐吓芭芭拉，让她悲伤痛苦，“在第二天便如何尽力安慰她，给她念福音，讲基督教教义”。之后，哈根多恩和芭芭拉聊了基督式的死亡、上帝的怜悯、复活等。法庭也开始着手准备芭芭拉的葬礼，芭芭拉也确立了遗嘱。在遗嘱中，她注明将若干古尔登转让给她的忏悔牧师吕德斯，哈根多恩什么也没得到。哈根多恩猜测，也许是因为他第一天对她太严厉了。[2]尽管如此，哈根多恩依旧认为自己取得了成功。最终，芭芭拉安静、胆怯、乐意地踏上了人生的最后一程。

1610年，玛利亚·科尔杜拉·胡纳（Maria Cordula Hunner）因盗窃罪、侵吞公款罪被处剑刑。哈根多恩对她极尽褒扬之词，记载说她在监狱里表现良好。他宣布刽子手会来带她去法庭、刑场时，她的表情很镇定。她请求双手绑起来之前，允许她先结束祷

1 Meinhardt, Das peinliche Strafrecht, 114f.

2 Hampe, Malefizbücher, 96f.

告。弗朗茨大师很情愿地满足了她的请求。被绑后她一边祷告，一边祝福其他被关押的犯人、监狱的看守等。监狱的女仆据说感动得流下了同情的泪水。刑场上上演的也是同样神圣的画面。哈根多恩为她祷告了一次，然后又为她祷告了一次。她请求周围人原谅后，“将后背直直地伸到刽子手面前”。[1] 1612 年，伊莉莎白·梅希特林因多次通奸被判剑刑，在地下监狱等待着行刑。“我们去辅导她的那四天，她都真诚地为自己的罪行流下了悔恨的泪水，说只要知道自己死后能登极乐，她便愿意接受死亡，为死亡做好准备。她甚至还多次说，能离开这个凶险可恶的世界，她非常开心，会像去参加舞会一样欣然走向死亡。不过，她后来的表现与她的这些话并不一致。随着刑期的临近，她表现得越来越痛苦，越来越沮丧。”[2]

当然，行刑日对死刑犯来说，心理压力是非常大的，不是每个犯人都能像玛利亚·科尔杜拉·胡纳那样镇定。1606 年，苏珊娜·里特琳（Susanna Rittlin）因弑童罪被审判。一开始，她承认了自己的罪行，但随后又否认了，导致行刑不得不推迟九天。哈根多恩给她讲了新教的六大基本点，最后也达成了目的，因为她表示“愿意接受当局的命令”。哈根多恩向她宣布刽子手即将绑她去法庭时，她的勇气立马变少了：“她变得有些沮丧，走出监狱时，步子缓慢，身体左右晃动，我们不得不派人扶着她，防止她倒在地上。”[3] 磨坊工人洛伦兹·施洛普（Lorenz Schropp）是继苏珊

1　GNM, Hs. 3857, f. 68v.

2　Hampe, Malefizbücher, 40.

3　GNM, Hs. 3857, f. 62rf.

娜·里特琳之后，又一个死在刽子手之手的犯人。行刑前，施洛普显然忍受着巨大的心灵煎熬。行刑前的周日，哈根多恩跟他聊了很久，聊如何拯救他的灵魂等，聊到天都亮了。施洛普表达了在耶稣受难像右边而非左边受刑的愿望，以此表明自己是个知错悔过的好罪犯。此外，他祷告得很勤奋，也很乐意接受牧师的劝导。但哈根多恩显然无法给他足够的安慰使他确定自己的灵魂能被拯救。哈根多恩写道："被带出监狱时，他有些沮丧，流着泪……还在怀疑自己的罪过是否能在某种程度上被上帝原谅。"[1]

行刑日当天，一般从宣读审判决议开始。1657年6月16日，安娜·列西纳（Anna Lechner）站在了法庭上。法官宣布她犯了弑童罪，判处她剑刑。"安娜非常热切地感谢了法庭的宽大判决，说这是上帝对她的怜悯，并感谢了高贵智慧的议会成员，祝福他们一直富有、健康。她也与在场的所有人告了别，祝福了他们，并表示自己愿意死亡。"[2]从芭芭拉·施林普芬的案例中，我们知道，死刑犯如果先从牧师那里得知自己原本应受到何种惩罚和折磨，在听到法庭较轻的审判决议时，肯定会认为这是法庭的怜悯。向法官表示感谢，便是理所当然的了。在法官宣读审判决议时，芭芭拉还问哈根多恩是否应感谢法官，哈根多恩的回答是肯定的。不过，最后芭芭拉并没有开口。盗窃犯汉斯·乌尔里希（Hans Ulrich）和贝内迪克特·费尔丁格（Benedikt Feldinger）的反应则不同。哈根多恩此前已告诉他们，法庭将会免除他们绞刑。"听到自己被判剑刑后，他们感谢了法庭对自己的怜悯，出去时还祝福了所有人，请求了

1 GNM, Hs. 3857, f. 63v.

2 Hampe, Malefizbücher, 30.

原谅。”而另一个被宽大判处剑刑的盗窃犯，哈根多恩是这样记载的：“法庭宣判了对他的决议后，他哭得很厉害，感谢了法庭对他的宽大审判，出去时一路唱着歌，很多人，包括刽子手在内，都感动得同情起他来。”[1]

据记载，很多死刑犯“在去往刑场的路上一直哭”，一边唱着虔诚的赞美诗，一边祝福路边的人。[2]对盗窃犯克里斯托夫·豪克（christoph Hauck），我们只知道，他在刑场上与周围的人“基督式地告别了”。[3]不过，也有抗拒者。1562年，克劳斯·克劳斯（Klaus Kraus）对已承认的罪状进行了否认，并拒绝接受牧师的心灵劝说。因证据确凿，陪审团最终决定执行审判决议，并示意牧师使尽浑身解数，务必功破克劳斯的心理防线，将他引入正途——真诚悔过，并告诉他，他没有任何被赦免的希望。[4]我们知道，牧师们关心的不是犯人是否有罪，他们争取的是犯人的灵魂。1576年，尤尔克·多尔曼（Jörg Dolman）在地下监狱接受了牧师们三天的辅导，但他还是一如既往地执拗，丝毫不为所动。作为对他不顺从的惩罚，牧师们拒绝授予他圣餐，最后也放弃了对他灵魂的争取，将他交给了刽子手。[5]农民康拉德·罗德勒（Konrad Rodler）因打死妻子被判死刑。行刑前一天，纽伦堡议会商量是否应将行刑日延后。原因是罗德勒拒绝认罪，也拒绝接受圣餐。议会令负责心灵劝说的两名牧师再去一趟监狱，迫切地敦促罗德勒“像一个好基督徒那样

1 Hampe, Malefizbücher, 15f.

2 GNM, Hs. 3857, f. 21r.

3 Keller, Maister Franntzn, 11.

4 Grieb, Die Henker von Nürnberg, 91f.

5 Grieb, Die Henker von Nürnberg, 122.

承认自己的罪过”。如果劝说成功，将在第二天——礼拜四给他提供圣餐，星期五行刑。如果他不接受基督教劝导，则按原计划在第二天进行。两名牧师的努力没有取得成功，罗德勒死在了礼拜四，也就是1555年8月29日。[1] 1576年，纽伦堡三名盗窃犯被判绞刑，其中两名接受了自己的命运，在当年的7月26日被处死。另一名盗窃犯马丁·罗特（Martin Rot）则拒绝接受绞刑，扬言会在行刑时竭力反抗。他表示自己愿意接受死亡，但不想死在绞刑架上，希望法庭改判他剑刑或轮刑。如果法庭强行将他带去绞刑场，他一路都会大喊大叫，高喊法庭违反了上帝的旨意，对他进行了最不公平的判决。议会随后将马丁·罗特的诉讼程序与其他两人分开，并委托法学家出具一份鉴定。鉴定的结论是：虽然马丁·罗特提出了抗议，但他应被处绞刑。根据我们掌握的文献，马丁·罗特的行刑在7月31日执行，并未出现什么波折。[2]

但并非所有波折都能避免，有些波折就算尽了全力也无法避免。如果犯人反抗、举止放肆，当局也很无力。根据弗朗茨的记载，1580年，两名盗窃犯在去往绞刑架的路上非常“放肆和自大”，欢呼着将绞刑架称为橡树制成的樱桃树。[3] 5年后，盗窃犯、骗子汉斯·梅勒（Hans Meller）在被带出法庭时谩骂了陪审团，在去刑场的路上也傲慢无比。直到看到绞刑架，他的表现才像刽子手和牧师期望的那样：没有发表长篇演讲，而是唱了两首应景的虔诚赞

1 Grieb, Die Henker von Nürnberg, 81, 356.

2 Grieb, Die Henker von Nürnberg, 121, 365.

3 Keller, Maister Franntzn, 10.

美歌。[1] 1540 年，一名农场帮工、杀人犯在去往刑场的路上一直破口大骂，言语十分难听。刽子手第一次挥剑砍他的头不中时，便认为是他的责任。[2] 另一名死刑犯不想踏上刑场之路，因为等待他的是轮刑。牧师哈根多恩口气厌恶地记载说，此人被带出去时非常执拗，以至于行刑的队伍根本无法向前。[3]

当然，当权者也会采取预防措施来避免行刑仪式上出现阻碍。1554 年，安娜・施密特（Anna Schmid）被判死刑，因为她把新出生的孙女掐死后埋在了马厩里。10 月 30 日是她的行刑日，当天应再当众宣读一次审判决议。不过，陪审团和市长决定，将审判决议进行小小的更改，不再强调是她让自己的孙女无法受洗，因为保留这句话会有很大的风险——施密特可能会更绝望，她的状态已经很不好了，70 岁的她身体虚弱。她被放在一张椅子上抬去了刑场。因怕她昏迷，陪审团还特意命人准备香料以及其他材料，一旦她因虚弱而昏迷便能用上。最终，行刑并没有出现什么值得提起的波折。[4]

1534/1535 年，伯尔尼处决了一名亵渎神明者，整个案例颇神秘，闹得沸沸扬扬。记录官塞巴斯蒂安・费舍尔记录说，伯尔尼当局逮捕了一名纵火犯，一个卑鄙狂野之人。当局把他关在塔牢里，时间长达一年之久。其间也多次对他进行刑讯，但他就是不认罪。最终，他因朝塔牢外的过路人谩骂上帝而被判浸河。死刑决议宣布时，该男子大喊大叫，辱骂法官，信誓旦旦地称自己是无辜的。不

1 Keller, Maister Franntzn, 17.

2 GNM, Hs. 3857, f. 20r.

3 GNM, Hs. 3857, f. 20v.

4 Grieb, Die Henker von Nürnberg, 77, 356.

过，一切都依照审判决议进行。他被交到了刽子手手中，记录官是这样记载的："我的上帝，这真是一个可怜人，穿着一件破破烂烂的裙子，没穿裤子，光着脚走路。胡子又黑又长，头发也很长，像个女人一样。"我们知道，他之所以看起来这么落魄，一个可能的原因是他被关在塔牢期间，没有机会剪发、洗发或刮胡子。

现在，他踏上了人生的最后一程。与其他死刑行刑一样，有牧师随行，一是安慰他，二是劝他悔过。牧师们要求他认罪时，他发出刺耳的尖叫，大喊不想听任何话，牧师们不要再试图说服他，因为他不是罪人。一路上他都在绝望地辩解，扯着嗓子高喊自己无辜，围观群众都感到害怕。行刑队伍来到阿尔河时，他抗拒上船。刽子手不得不用暴力将他推进船里。行刑即将开始时，他变得沉默起来。刽子手、牧师敦促他进行死前祷告、认罪并悔过，但他置若罔闻，"像个哑巴那样一言不发"。刽子手和牧师没有其他办法，只好中断行刑。他双手被绑着，呆呆地坐在船里。刽子手和牧师希望他能想通，能改变主意。但他没有。过了一会，刽子手将他投入了阿尔河中。[1]

这些例子说明，不是所有争取犯人灵魂的努力都取得了成功。对哈根多恩来说，这些失败牵动着他敏感的神经。有一次，他甚至难受得说不出话来。我们之前提到过，格奥尔格·默茨在去刑场的路上喝得醉醺醺的，在刑场上也没按哈根多恩的指示行事："他请求了刑场围观人群的原谅，祝福了他们，然后用'主祷文'结束了祈祷。随后我大声问他，他现在要死了，想把灵魂交给谁。他

1 Fischer, Chronik Ulm, 69f.

听后大笑着说：‘哈哈，灵魂。’这让我很受刺激，之后对他也说不出话来。”[1] 不过，默茨并不是唯一一个在哈根多恩眼中丧失了灵魂的犯人。1552 年，汉斯·施恩拜（Hans Schienbein）死在了刽子手之手。直到最后，他都没有表示出悔恨，也不想将自己交给上帝：“他扬言要报仇，没有一点悔过之意。他留下了妻子以及四个孩子。”[2] 1604 年，弗朗茨大师去了临近纽伦堡的黑尔斯布鲁克对两名盗窃犯执行绞刑：“谢弗（Scheffer）死得很基督式，但兰格（Lang）不想祷告，不想提到上帝，也不想承认基督的名字。问他上帝的事，他都说自己不知道，不清楚，也没法跟着祷告。他说自从一名女子给了他一件衬衣后，他就没法祷告了。他未获得圣餐，在罪恶中死去了。他后来从绞刑架上掉了下来，不是刽子手，而是恶疾把他勒死了。他是个不信奉上帝的人。”[3]

弗朗茨大师的记载带有高度的倾向性，因为这个兰格实际上是汉斯·德伦茨（Hans Drentz），他是在为自己的生命而抗争。根据另一个文献的记载，被指控犯了盗窃罪的德伦茨接受了牧师的日夜劝说，但没有表示出悔过，也不想接受圣餐，而是坚持自己无罪：“他说，上帝是如何真实地活在天国，他就是如何地无辜……所以他请求看在耶稣基督的面上，不要对他进行这么不公正的处置。”[4]

1578 年被处剑刑的弗里茨·克罗伊泽（Fritz Kreuzer）的案例也很类似。“直到死，他都是个不肯赎罪之人，虽多次被警告，但

1　Hampe, Malefizbücher, 21.

2　GNM, Hs. 3857, f. 22v.

3　Keller, Maister Franntzn, 61.

4　GNM, Hs. 215, Bl. 314a, 320b.

他还是不想原谅任何人，也不想接受圣餐，在走出监狱时也不想祷告，而是一直喊冤，还说天上会下冰雹。”[1] 而另一个死刑犯在法庭上还控告法官，说上帝知道他是无辜的，他受了这么多屈辱、被不公正地判了死罪，上帝会找对此负有责任的人算账。[2] 对于此类言论，路德教牧师的心理很矛盾。

1557 年瓦伦丁·戈尔特（Valentin Golter）被关在纽伦堡地下监狱几个月，议会对他进行了刑讯，也派了牧师对他进行心灵劝说。戈尔特的案例非常特殊。他指责自己的第二任妻子与许多议会成员以及行会成员之间有不正当关系，还强迫她将婚外性伙伴的名字写下来。此外，他还动用了毒药，还辩解说毒药是他岳父的，他岳父想用毒药杀死他。[3] 这个案例很奇特，但戈尔特为此付出了生命的代价，因为法庭指责他损坏了许多议员的名誉。他妻子以及一些亲朋好友，在最后关头为他递上了求情信，但法庭恰恰在这个案例中毫不留情，宣布要按原则办事，称扬善除恶是法庭的职责、上帝的旨意。[4] 在去往刑场的路上，戈尔特举止正常，与牧师们期望的一样，“他一路上都唱着‘上帝之子说，来我这里’的赞美诗，大声念着主祷文”。临死前，他突然又恼怒起来，“说出‘我竟然因一个婊子而死’的话。这个‘婊子’指的是他的妻子。虽然他此前虔诚地接受了牧师的心灵劝说，但他死前的这副德行，上帝会知道的”[5]。

英国从 16 世纪 30 年代开始，逐步确立了“最后的演讲”（final

---

1 Hampe, Malefizbücher, 91.

2 GNM, Hs. 130714, Mappe XI, fasc. 3.

3 Grieb, Die Henker von Nürnberg, 357.

4 Grieb, Die Henker von Nürnberg, 84.

5 GNM, Hs. 3857, f. 23vf., Hampe, Malefizbücher, 71.

speech）的实践流程，即允许死刑犯在行刑前对围观群众发表演讲。这些演讲有时会被印成传单，分发给群众，内容都是虔诚平和之语。行刑前，死刑犯当着所有人的面，再次承认自己的罪行，承认自己误入歧途，对上帝、社会和国王犯下了错误，并请求其原谅。[1]

德国并没有此类规定，但死刑犯在死前也应公开向上帝认罪。玛格达雷娜·费舍尔（Magdalena Fischer）的死亡之路，可以称得上是典范。玛格达雷娜是一名21岁的单身女仆，但她与雇主及雇主的儿子均发生了性关系。根据对《圣经》的严格解读，玛格达雷娜犯了乱伦罪。法庭宣布判处她死刑。[2]哈根多恩陪她走完了人生的最后一程。一路上，她都在祷告，吟诵着《旧约》的诗篇，还祝福着一路围观的群众，感谢上帝赐予她这么美好的一天。在刑场上，玛格达雷娜再次公开承认了自己的罪行，并请求获得原谅。随后，哈根多恩和她一起念了主祷文。当哈根多恩示意她准备就刑时，她请求再进行一次祷告。哈根多恩同意了。不过，他觉得这已经够了："她又想再祷告一次。我告诉她，祷告已经够了。她随后将头直直地伸到了刽子手的面前。"[3] 1613年，格奥尔格·普吕克纳（Georg Prückner）在刑场唱了一首告别尘世的怨诗，然后开始请求围观群众原谅。如果不是哈根多恩中断了他，他肯定还会继续滔滔不绝。[4]虽然死刑犯悔过是人们喜闻乐见的，但悔过也应适可而止，不能因此而耽误行刑。

1 Sharpe, Punishment, 48.

2 Keller, Maister Franntzn, 69.

3 GNM, Hs. 3857, f. 70vf.

4 GNM, Hs. 3857, f. 90v.

天主教的心灵劝说

“他会被剥夺尘世的生命，但他还有补过的机会。真正的审判不是现在，而是在天堂。”[1]

——加缪，1957 年

宗教改革影响了天主教对死刑犯进行的心灵劝说。中世纪晚期的文献中，偶尔提及的神父反对世俗当权者的死刑判决之举，在 16 世纪已荡然无存。神父们变身为心灵的捕捉者，目的是规劝死刑犯对自己的罪行真诚悔过，避免行刑过程中出现波折。此外，他们也和新教的同僚一样，为法庭跑腿，比如行刑前给死刑犯传达“好消息，兄弟，明天你会进入天堂，和耶稣在一起”之类的信息。[2]

不过，关于德语区天主教对死刑犯所进行的心灵劝说，我们知之甚少。据笔者所知，并没有相关的研究，已有的文献记载也非常少。1556 年，科隆一位市民为亚历山大兄弟会设立了一个基金会，用以资助对死刑犯进行的心灵劝说。[3] 可惜的是，相关的文书已找不到了，它最后的位置是科隆城市档案馆，但档案馆在 2009 年坍塌，档案部分被损坏，部分还未能整理归类。不过，一个约 30 厘米高的木制耶稣受难像遗留了下来。犯人去往刑场的路上、刑场

1 Camus, Die Guillotine, 130f.

2 Radbruch, Ars moriendi, 137.

3 Giergen, Das Alexianerkloser, 68.

上，该耶稣受难像都会被举在犯人面前（见图 12）。[1] 在欧洲其他天主教统治区，这样的耶稣受难像很普遍，在死刑仪制中扮演着一个关键角色。

新教与天主教的心灵劝说，一个基本区别是，天主教的心灵劝说主要是由未授圣职的僧侣负责，而新教统治区从 16 世纪起只有神职人员才能对死刑犯进行心灵劝说。至于天主教是否还在某种程度上反对死刑，根据现有研究我们无法确定。一开始，天主教的心灵劝说主要由托钵修会负责。巴塞尔主要是由多明尼哥会的僧侣和奥古斯丁会的僧侣负责心灵劝说。[2] 15 世纪早期的吕贝克，也是由僧侣负责。[3] 但罗马语族国家的发展有些不同。早期的教会对关押的犯人进行心灵劝说，是展示基督教怜悯的一个重要手段。[4] 从 14 世纪开始，负责囚犯心灵劝说的多明尼哥会发展成为兄弟会，专门负责死刑犯的心灵劝说。[5] 意大利第一个未授圣职的兄弟会是 1335 年在博洛尼亚成立的“已死的圣母玛利亚兄弟会”。其他城市如佛罗伦萨、那不勒斯也相继成立了类似的兄弟会。1488 年，罗马成立了“被斩首的圣施洗者约翰”安慰兄弟会。[6] 里昂和阿维尼翁成立

1 Giergen, Das Alexianerkloser, 68.

2 Israel, Hinrichtung, 665.

3 Rau, Beiträge zum Kriminalrecht, 77f.

4 Heinerth, Die Heiligen und das Recht, 40ff.

5 Ferretti, In Your Face, 84.

6 Pamela Gravestock, Comforting the Condemned and the Role of the Laude in Early Modern Italy, in: Christopher F. Black (Hg.): Early Modern Confraternities in Europe and the Americas. International and Interdisciplinary Perspectives, Cornwall 2006, 129–150, hier 130; Nicholas Terpstra, Introduction. The Other Side of the Scaffold, in: Ders. (Hg.): The Art of Executing Well. Rituals of Execution in Renaissance Italy, Kirksville 2008, 1–13, hier 1; Cajani, Tröstung, 59.

了怜悯兄弟会（也称黑色兄弟会）。1600 年起，成立没多久的“紫色忏悔者”兄弟会开始负责利摩日死刑犯的心灵劝说。兄弟会成员和死刑犯在小教堂里祈祷，希望死刑犯能从阴暗的想法中解放出来，然后陪同死刑犯走上充斥着泪水、抱怨的最后一程。[1] 1662 年出台的兄弟会章程，确定了更多细节。行刑前，兄弟会所有成员都会穿着黑衣（也许还穿着黑色斗篷）聚集在教堂，在两名神职人员的带领下，列成两队前往监狱，安慰即将行刑的犯人。两名神职人员的任务是告诫犯人应虔诚就死、接受犯人的忏悔、授予犯人圣餐等。随后，黑衣兄弟会的僧侣们走在行刑队伍前列，一路为死刑犯唱祈祷歌。行刑后，又为死刑犯唱传统的死亡祈祷曲——《从深处》（*Deprofundis*）。唱完后将死刑犯的尸体进行松绑，然后放入一具棺木中，由四名僧侣抬去教会。僧侣们一边抬棺木，一边继续唱赞美诗，希望以此保佑死者的灵魂进入天堂。第二天，在规定场所将死刑犯下葬。[2]

法国西南部城市利布尔纳的兄弟会不同，他们会在行刑前夜以及上刑场时，陪着死刑犯，以此来表达对死刑犯的慰藉。未授圣职的僧侣去看望死刑犯，会先给死刑犯展示一个黑布包着的十字架。[3] 博洛尼亚“已死的圣母玛利亚”兄弟会每半年任命一次兄弟会首脑。该兄弟会还有一本专门的兄弟会首脑手册，里面列举了兄弟会僧侣的具体任务。行刑前一日，当局会通知兄弟会首脑派两名僧侣去对死刑犯进行心灵辅导。入夜前，兄弟会首脑和两名僧侣会在兄弟会

1 Bée, Le spectacle, 851.

2 Friedland, Seeing Justice Done, 106.

3 Bée, Le spectacle, 851.

的医院汇合，首脑穿上一件带斗篷的黑色长袍，两名僧侣则穿一身白色。接着，僧侣开始在医院的小教堂祈祷。首脑会告诉他们应该如何行事，然后将耶稣木版画交给僧侣。行刑路上举在死刑犯面前的，便是这个木版画。

随后，三人在夜色中前往监狱，一边走，一边轻声背诵《诗篇》(Misere mei) 第 51 篇的“福音曲”。穿过巴蒂斯塔广场，便是“玛利亚圣坛”。在那里，他们会跪下来请求圣母玛利亚保护死刑犯的灵魂。最后，他们到达市政厅——监狱所在地。告诉监狱看守后，他们便去为他们准备好的一个房间。随后，死刑犯也会被带去房间。兄弟会首脑会先问候他，然后告诫他，要将死亡视作上帝的旨意，耐心地接受上帝的安排。告诫完后，首脑会向死刑犯介绍随行的两名僧侣，告诉死刑犯，僧侣会从晚上开始一直陪着他，一直到他上刑场。说完这些话，首脑会做一个祷告，然后离开监狱。

行刑两小时前，兄弟会首脑会再次回到监狱。在行刑路上、刑场上将耶稣木版画举在死刑犯面前的，也许就是兄弟会首脑。两名白衣僧侣则跟在他后面祷告、唱赞美歌。行刑后，白衣僧侣会先回去。几小时后，他们又会出现在刑场，将犯人的尸体从绞刑架或轮子上解下来下葬。[1]

耶稣木版画作为科隆耶稣受难像的样板，在天主教对死刑犯进行的心灵劝说中扮演了特别显著的角色。遗留下来的耶稣木版画，最早的是 14 世纪下半叶，即安慰兄弟会创建没多久。其中最古老的一幅据说是博洛尼亚艺术家西莫内・迪・菲利波（Simone

1　Terpstra, Theory into Practice, 134f.

di Filippo）所刻。它与大多数同类别的木版画一样，两面都刻有耶稣受难、基督教徒殉教的场景。不同的是，它上面还刻有圣母玛利亚怀抱圣子的画面（博洛尼亚安慰兄弟会名为玛利亚）。玛利亚的左右，圣徒安东尼以及耶稣使徒大雅各面前都有一个跪在地上被捆绑、脖子上缠了一条蛇的男子。[1]对木版画的使用，美国历史学家塞缪尔·埃杰顿（Samuel Edgerton）推测说，在监狱里是将基督教徒殉教的那一面举在死刑犯面前，在去刑场的路上则是举着耶稣受难像那一面。[2]总之，死刑犯生命的最后时刻，离不开耶稣木版画。安慰兄弟会会专门派一名兄弟，负责将木版画举在死刑犯的面前，从监狱到刑场，直到死刑犯咽下最后一口气。死刑犯所有的注意力都应在木版画上。木版画应起到安慰的作用，会提醒死刑犯，他的命运与基督以及许多圣徒的命运是一样的，都被处决，但都深信并忠于自己的信仰，应视他们为榜样。如果犯人后悔自己的所作所为，愿意接受上帝的惩罚，那耶稣基督和圣母玛利亚都会拯救他。

天主教和新教的心灵劝说，相同点远多于不同点。16世纪，天主教的心灵劝说也成了当权者一个无条件的传声筒。和新教牧师一样，天主教的安慰兄弟也试图让死刑犯相信，对他们执行死刑，体现了上帝的怜悯，因为这样能让他们在死前悔过，与上帝缔结和平。如果上帝不怜悯，大可以在犯人犯了罪后立刻让犯人死去，将

1 August Rave, Frühe italienische Tafelmalerei. Vollständiger Katalog der italienischen Gemälde der Gotik, mit Beiträgen von Ralph Melcher, Stuttgart 1999, 180–187 (Abb. 182f.).

2 Samuel Y. Edgerton, A Little-Known »Purpose of Art« in the Italian Renaissance, in: Art History 2 (1979), 45–61, 此处 49。

犯人永远打入地狱。[1] 安慰兄弟会认为，就算死刑犯是无辜的，也不应该在行刑时哭诉，破坏充满悔恨、虔诚就死的理想场景。1665 年，罗马兄弟会首脑庞佩欧·塞尔尼（Pompeo Serni）撰写了一本安慰兄弟职责的指南。指南说，安慰兄弟也应劝那些被判死刑的无辜犯人接受自己的命运："如果他说自己是因受不了刑讯才认罪，那就告诉他，这都是上帝的旨意和决定，是上帝让他变得虚弱，让他说出与事实不符合的话……这样他的灵魂便能升入天国。比起戴罪受死，无辜受死要更好，更能让灵魂升入天国。"[2]

天主教统治的意大利，与路德教统治的纽伦堡一样，并非所有死刑犯都愿意相信安慰兄弟的话，温顺地走向死亡。费拉拉的安慰兄弟会记录下了每一个接受过他们心灵劝说的死刑犯。这些安慰兄弟与纽伦堡牧师哈根多恩一样，喜欢记载成功的案例。称有一名死刑犯情愿地、准备充分地死去了，另一人死时则满心欢喜，人们从未看到过这样的场景等。不过，也有顽固不化者。1570 年，一名死刑犯在去往绞刑架的路上，高呼着魔鬼的名字，一直到死都顽固不化。杀人犯吉罗拉莫·马诺（Girolamo dalla Mano）也是如此。虽然神父和安慰兄弟不停地劝他，他还是不想忏悔，也不想念出主的名字。在绞刑架上，他还试着逃跑。围观的群众也出现了骚乱。法庭不得不将一把滑膛枪派上用场，一名男子被打死，也有其他人受伤。最终，吉罗拉莫被抓获，随之被押回刑场重新受刑。记录中说，他死时如一头动物，直接被埋在了路边。[3]

1 Cajani, Tröstung, 60.

2 Cajani, Tröstung, 62.

3 Prosperi, Consolation or Condemnation, 98f.

不同教派的心灵劝说，主要区别在于细节，但这些细节并非不重要。虽然天主教的心灵劝说也涉及了神父，但其主要的承载者是未授圣职的僧侣。直到 16 世纪末，情况才发生了改变。但这一发展的广度和影响，至今并没有相关的研究。1583 年，那不勒斯、西西里国王菲利波二世（Filippo II）下令，禁止将未授圣职的僧侣召入那不勒斯安慰兄弟会。几年后，博洛尼亚主教加埃塔尼（Gaetani）试图将心灵劝说工作交给嘉布遣会修士，遭到了安慰兄弟会的广泛抗议，最后只好作罢。[1]

另一个中心区别是心灵劝说者在死刑犯处待的时间长短不同。路德教牧师对死刑犯的心灵劝说，历时 4 天甚至更久，而天主教的安慰兄弟只在行刑的前一晚去。可以推测的是，路德教牧师会花时间对犯人进行神学指导，给完全没有文化的犯人讲解新教教义，让其熟悉新教的六大基本点[2]等。但天主教的安慰兄弟没有这样的能力，也不想这么做。他们与路德教牧师不同，对他们来说，信仰不是一种文化体系，而只是关乎心灵和感情的一件事。中世纪晚期博洛尼亚一本心灵劝说者指南中写道，安慰兄弟应完成 3 件事：首先，死刑犯应原谅周围人对他进行的不公正对待，就像基督一样，虽然无辜，但也原谅了处罚他的人。其次，死刑犯要承认自己的罪行，并请求上帝原谅。最后，死刑犯应该明白，只有在他真诚悔过并将自己交到上帝手上时，接受圣餐才有作用。[3]

相关理论就说到这里。如果死刑犯不打开心扉，天主教的安慰

1 Ferretti, In Your Face, 80f.

2 六大基本点包括十诫、坦白信仰、主祷文、受洗、圣餐、忏悔。

3 Terpstra, The Art of Executing Well, 204ff.

兄弟可使用的手段很多，这与注重教导的路德教牧师完全不同。如果死刑犯拒绝与安慰兄弟连祷，不呼唤上帝，那安慰兄弟便会静静地跪下来。已提到过的1665年庞佩欧·塞尔尼撰写的指南，便描述了静跪之后安慰兄弟的做法："然后，每个安慰兄弟都从地上站起来。牧师在死刑犯面前跪下，殷切地希望万能的上帝能用善来帮助他们克服软弱，能让他们面对面对抗死刑犯，用上帝的话告诉他，耶稣基督也为他的灵魂流了血，希望他能同情他们，不要像这样把他们打入地狱，而应用他们提供的方法来拯救他们。"如果死刑犯依旧顽固不化，那安慰兄弟便使用下一个武器——谦卑，在死刑犯面前跪下来，亲吻死刑犯的脚，这样便能再次阻止死刑犯的反抗。如果这样还不成功，便可对死刑犯进行辱骂和威胁。

如果辱骂和威胁依旧不能让死刑犯改变心意，便要重新转换策略：安慰兄弟会把灯灭掉，使死刑犯处于一片黑暗之中。然后，安慰兄弟会开始自责，说自己无能，无法软化死刑犯的心，这是对他们罪过的惩罚，然后用鞭子抽打自己。如果连这都没用，他们便会让死刑犯一个人待着，带去的圣坛和基督受难像也会被撤出来。过一会儿，他们会回来宣布死刑犯已被上帝遗弃。虽然他们会继续陪死刑犯去往刑场，但他们会像陪犹太人和异教徒一样陪他去。只有一个安慰兄弟需扮演"好人"的角色，给予他同情，时不时告诫他不要这么残忍地对待自己的灵魂。

安慰兄弟最后的希望是刽子手。黔驴技穷时，安慰兄弟会把刽子手叫来。为保证死刑犯能听到，一个安慰兄弟会大声向刽子手宣布，他们已经没什么可做的了，接下来就交给他了。这意味着暴力的开始。刽子手会抓住死刑犯，开始给他剃头。如果死刑犯依旧无动于衷，刽子手会把他扔到地上，将刀片架在他脖子上。同时，法庭公证人则继续试图说服死刑犯，尽早悔过。[1]

虽然天主教和新教对死刑犯的心灵劝说存在细节上的差别，但作用是相似的，都试图给死刑犯施加巨大的心理压力，迫使死刑犯承认罪过、接受审判决议、将灵魂交给上帝等。无论是路德教的牧师还是天主教的安慰兄弟，他们通过对死刑犯进行心灵劝说、陪同死刑犯受刑，显著地影响了死刑的行刑仪制。

围观群众：悲伤与愤怒

> "臣民们在看到刽子手闪闪发光的剑时，应想到这是上帝之剑，是统治者之剑。而我，也不想做反抗者，而是任由刽子手做上帝委托他所做之事。"[2]
>
> ——约翰·瓦格纳，1605 年

围绕死刑行刑的围观群众以及他们对行刑的反应进行的研究，会让人对理查德·凡·迪尔门提出的"近代早期的死刑行刑，是一出恐吓戏剧"的观点产生很大的怀疑。因为恐吓、害怕虽存在，但出现的频率很低。1579 年 8 月 6 日，纽伦堡 3 名男子被处决。这 3 名男子因偷盗抢劫被判剑刑，剑刑后尸首要绑在轮子上腐烂。行刑队伍去往刑场时，围观群众中有一名女子。当 3 名死刑犯从女子身边走过时，女子吃惊地发现，其中一名死刑犯竟是自己的丈夫。她

1 Cajani, Tröstung, 64f.

2 Wagner, Supplicium Achanis.

冲上前去，抱着丈夫亲吻痛哭。根据弗朗茨的报道，该女子并不知道自己丈夫靠偷盗为生。[1]

死刑犯在去刑场的路上遇见亲戚熟人，并非不寻常之事，大多时候也不会像刚刚提及的例子那么偶然。1582 年，声名狼藉的偷蜂者瓦伦丁・恩斯特（Valentin Ernst）被处绞刑。行刑时，他的妻子和 3 个孩子都在一旁看着。抑或她们不得不看？相关文献并没有对此给出说明。[2] 1606 年，女仆苏珊娜・里特琳在去刑场的路上，祝福了围观的群众并请求他们的原谅，尤其是那些"她认识"的人。围观群众递给她的饮料和点心，她都没有接受。[3] 4 年后，市民之子汉斯・迈尔踏上了人生最后一程。他全程的表现都很得体。审判决议宣读后，他礼貌地感谢了法庭判处他剑刑而非绞刑，称这是对他的怜悯。牧师哈根多恩记载说，被带出去时，汉斯一边祷告，一边和认识的人打招呼，并祝福了他们。[4] 1615 年，玛格雷特・林特纳（Margarethe Lindtner）死在了刽子手之手。负责她心灵劝说的牧师记载说，玛格雷特在纽伦堡许多家庭共做了 8 年女仆，在去刑场的路上在围观群众中发现了不少熟人，她不断地和他们打招呼，并祝福他们。[5]

行刑时，统治者希望有民众围观。公开行刑一直以来都是统治者展示统治合法性的一个手段。从 16 世纪开始，统治者越来越强

1　Keller, Maister Franntzn, 8.

2　Grieb, Die Henker von Nürnberg, 136, 369.

3　GNM, Hs. 3857, f. 62rf.

4　GNM, Hs. 3857, f. 69r.; Keller, Maister Franntzn, 69.

5　Harrington, Die Ehre des Scharfrichters, 126.

调公开行刑的震慑作用。[1]慕尼黑在死刑行刑前，都会敲响所谓的罪钟（Malefizglocke）[2]，法兰克福和纽伦堡是敲警钟。[3]法庭相信死刑的震慑作用，因而希望很多人来围观。1577年，位于纽伦堡东北部的小城费尔登决定对两名关押在纽伦堡地下监狱的盗窃犯执行绞刑。纽伦堡议会决定，在将这两名盗窃犯移送到费尔登之前，应先查清费尔登的集市日是哪天，“或者什么时候人最多”，然后再据此来确定行刑的日期。[4]瑞士弗里堡的行刑日大多在周六，因为周六是集市日，能保证行刑会有很多观众。[5]在许多法国城市也是如此，都习惯将行刑日定在集市日。[6]1578年，阿波洛尼娅·福格尔（Appolonia Vogel）因弑童罪被纽伦堡法庭判处死刑。法庭决定，将行刑地点设在阿波洛尼娅生活时间最长的地方——利希特瑙。法庭希望这样做能一箭多雕：一来，利希特瑙已很多年没有进行过死刑行刑，将行刑移到利希特瑙，能向利希特瑙展示纽伦堡的司法权；二来，近年来弑童犯多为住在乡下的农民，在利希特瑙行刑，对那些轻浮的农民能起到杀鸡儆猴的效果。另一个案例是这样说的：在当地行刑，“目的是警告农民不要犯类似的罪”。[7]纽伦堡议会最后决定，与利希特瑙的司法机构一起协商，确定对阿波洛尼娅行刑的最合适日期。然而，这场司法权的宣誓，并不是没有问题

1 Schubert, Räuber, Henker, arme Sünder, 47.
2 Schattenhofer, Das alte Rathaus, 319.
3 Rau, Beiträge zum Kriminalrecht, 31.
4 Grieb, Die Henker von Nürnberg, 123.
5 Gyger, L’Epée et la corde, 208.
6 Bée, Le spectacle, 844.
7 Grieb, Die Henker von Nürnberg, 221.

的。去往利希特瑙的路，位于边境伯爵统治区内。为避免边境伯爵的袭击，纽伦堡陪审团于 6 天后决定，将阿波洛尼娅在晚上送往利希特瑙，并派四名步兵护送。[1]

刑场虽不乏震慑、恐吓的氛围，但更多的是安静、同情、感动和悲伤。慕尼黑还曾专门派人维持刑场的秩序。[2] 死刑犯哭泣的例子比比皆是，围观群众哭泣的案例也不在少数。至于我们能在多大程度上恰当地描述围观群众的感情，相关的研究文献是有争议的。本城子民和外来人员被处决，围观群众的感情肯定是不同的。可以认为，围观的群众在观看行刑时，有可能会觉得大快人心、心满意足。[3] 但根据当时文献的记载，公开行刑时围观群众的反应中，有一种情感超出了其他所有情感——同情与悲伤。

1512 年，佛罗伦萨贵族彼得罗・保罗・博斯科利（Pietro Paolo Boscoli）被带去刑场。上刑场时，他盯着举在他面前的木版画说道："主啊，你就是我的爱，我把我的心给你。主啊，我在这里，我会快乐地来到你身边。"[4] 说这些话时，他的表情非常温柔，当时所有围观者都流下了眼泪。

让・勒菲弗尔（Jean Lefèvre）是审判约翰娜・冯・奥尔良的法官。1456 年，他再度审阅约翰娜的案件时，描述了 1431 年约翰娜被处决时围观群众的反应："我认为，约翰娜虔诚地结束了自己的生命。她死的时候，'耶稣！耶稣！' 叫个不停，一边哭

1 Grieb, Die Henker von Nürnberg, 125.

2 Schattenhofer, Das alte Rathaus, 322.

3 对围观群众情感的讨论请见 Nowosadtko, Hinrichtungsrituale, 84ff。

4 David Freedberg, The Power of Images. Studies in the History and Theory of Response, Chicago, 1989, 8.

一边诉苦，声音很大。在场的人无不为她落泪。是的，特鲁安纳（Thérouanne）先生以及周围其他先生都感动得落泪。我记得很清楚，约翰娜还请求每一位在场的牧师都给她读一段弥撒曲。我不忍心再看下去，就先走了，没坚持到最后。”另一名法官皮埃尔·米格（Pierre Miget）也是如此，也提前离开了刑场：“我已经看不下去了，所以走了。我和很多人一样，被感动得落泪。”努瓦永的主教也受不了：“我很快就离开了，我不想看着她被火烧，很多围观的人都哭了。”公正官纪尧姆·芒雄（Guillaume Manchon）将约翰娜的行刑描述成对他个人影响深刻的经历：“约翰娜耐心地听完了长长的祷告，她自己的祷告也非常恭顺，使得旁边站着的法官、高级教士以及其他人都流下了泪。他们同情约翰娜的痛苦、抱怨，我自己也从未这样流过泪。整整一个月，我都无法平复自己。”[1]所有关于约翰娜行刑的记载，都提到了围观群众的同情与泪水。只有一名目击者说，有几名英国人在约翰娜行刑时笑了。

但这并非英国人的特性。我们此前提到过，在英国，死刑犯进行“最后的演讲”是很普遍的。死刑犯也很清楚要如何软化围观群众的心。大部分记载中，围观群众都同情死刑犯，经常感动得流泪。[2]德意志民族神圣罗马帝国其他地区的记载也如此。在对被免职的奥古斯堡市长乌尔里希·施瓦茨的记载中，一名记录官称，施

---

1 Ruth Schirmer (Hg.), Der Prozess Jeanne d' Arc: 1431–1456. Akten und Protokolle, München 1978³, 111, 190, 200, 291.

2 James A. Sharpe, The Decline of Public Punishment in England, Sixteenth to Nineteenth Centuries. Law, Public Opinion, and Modernity, in: Reiner Schulze / Thomas Vormbaum / Christine D. Schmidt / Nicola Willenberg (Hg.): Strafzweck und Strafform zwischen religiöser und weltlicher Wertevermittlung, Münster 2008, 73–88, 此处 75。

瓦茨在绞刑架下做了最美的祷告，使得观众“十分同情他”。也许我们最好应这样来翻译：他们被感动得流泪。[1] 曾有一位名叫阿玛尼亚克（Armagnake）的死刑犯在巴黎刑场受刑。按照习俗，他表示会原谅对自己行刑的刽子手，并请求亲吻刽子手。这感动了围观群众的心，几乎所有人都热泪盈眶。在布鲁塞尔，一名杀人犯、纵火犯行刑前发表了虔诚的演讲，感动了围观的群众，为他留下了同情的泪水：“围观的群众都说，他的死是他们见过的最美的死。”[2]

试问，看恐吓戏剧的观众会说这样的话吗？应该不会。围观行刑的观众更多会认为自己是一场宗教活动的参与者，会想起自己也容易犯错，所以一般会请求对罪犯从轻发落，希望罪犯能回到信徒圈子中。至于观众是在天主教还是新教统治区观看行刑，并没有什么区别。在新教统治区，忏悔的罪犯会公开承认自己的罪，怀抱对上帝的信任走向死亡，是一个在人生尽头相信上帝会宽恕他灵魂的基督徒。而在天主教的理解中，死刑犯愿意接受死刑，是在为犯下的罪赎罪，能帮死刑犯消除罪恶，最终获得灵魂的拯救。不管是天主教区还是新教区，死刑犯都在进行切实的祷告，而这会给他们笼罩上一层神圣的光环。这两种情况下，死刑犯都是带着悔恨走向死亡，特别之处都在于行刑是公开的。如此一来，死刑犯作为刽子手的牺牲品，比其他基督徒历史上最有名的被处决的犯人——耶稣更近。

法国历史学家米歇尔·贝（Michel Bée）强调死刑犯的神圣性，是有理由的：“死刑犯接受死亡，牺牲生命，故而不会被诅咒。

1　Chronik des Hector Mülich, 437.

2　Huizinga, Herbst des Mittelalters, 4.

在观众眼中，死刑犯受折磨而死，以此来平息上帝的愤怒，是一个为所有人的罪过而祈祷的神圣牺牲者。”[1] 牧师们也是这样给基督徒布道。1616 年，萨洛蒙·罗特对萨克森弗赖贝格一名四重杀人犯的行刑进行了布道。他在布道上指出：使用死刑，不仅表达了上帝对犯罪行为的愤怒，也表达出了上帝对基督徒的怜悯。上帝帮统治者找出罪犯，让罪犯接受恰当的处罚。但是，上帝不愿让罪犯在罪恶中死去，因而犯人应承认自己的罪，以获得永生。犯人应以与基督一起被钉在十字架上的“好罪犯”为榜样，“通过接受体刑、承认罪恶、信仰基督教，从而升入天堂”[2]。

罗特提到的跟基督一起钉在十字架上的“好罪犯”是个盗窃犯、杀人犯。根据《路加福音》的记载，该罪犯向耶稣求救，耶稣允诺他：“我明白地告诉你：你今天就会和我一起升入天堂。”（路加福音 23、43）路加福音没有提到这名“好罪犯”的名字，但中世纪和近代早期的人却对他很熟悉。《新约外传》记载说，此人名为迪斯马斯（Dismas）。教会成立初期，他的声望便很高。他虽未被正式授予圣徒的称号，但却被视作圣徒，受到教徒的追捧，以圣方济会为甚。迪斯马斯被认为是凡人、掘墓人的保护神。如果死刑犯表示出悔恨，迪斯马斯的圣徒之光便会照耀在他身上，观众会经历一场令人潸然泪下的宗教祭奠仪式，经常让人联想到福音中记载的耶稣于复活节星期五在各各他被处决的盛大场景。我们不要忘记，很多地方的绞刑架山都叫“头颅之地”（拉丁语：locus Calvariae，德语：Kalvarienberg），是由阿拉姆语各各他山（Golgatha）这

1 Bée, Le spectacle, 851

2 Rothe, Mord-Leichen-Predigt.

个词的拉丁语翻译引申而来。每场行刑都会引述基督所承受的痛苦以及“好罪犯”迪斯马斯的悔恨。许多牧师大力赞扬悔恨的迪斯马斯，并让死刑犯将他视作典范，在人生的最后一程效仿他。1697年在莱比锡印刷的一本心灵劝说指南，建议牧师对死刑犯说如下的话：“你们被带去绞刑场时 / 带着你们的想法走向各各他山 / 你们的耶稣——上帝最钟爱的儿子便是在那被处绞刑 / 他是为你们赎罪而死 / 你们应向知错悔过的罪犯迪斯马斯学习 / 在死亡的那一刻好好表现 / 神圣地结束你们的生命。”[1]

如果神圣的行刑仪式失去了神圣性，观众的情绪可能会发生骤变。不是所有审判、行刑都会得到围观群众的赞同和支持。有时，他们也会有微词，也会抗议。比如1664年，纽伦堡刽子手在执行剑刑时，剑砍偏了。这惹怒了一名叫托马斯·鲍尔（Thomas Bauer）的围观者。虽然纽伦堡议会规定，民众在观看行刑只能静观，但鲍尔还是表达了对刽子手的不满。当局随即将这名年轻的手工业者关进了地下监狱，并派人告诉他，议会本来要严惩他这种放肆之举，因为怜悯他，所以只关押他3天。[2]17世纪早期，一名路德教牧师抨击了人们对当局司法实践的普遍批评。他在布道中说道，“当局对罪犯刑讯并处其极刑时”，臣民经常会有意见，会批评甚至辱骂统治者。如果这种批评是明令禁止的，这些人会偷偷派发匿名批评传单，传单上会将市长和议会成员比喻为警犬和刽子手。他自己最近也收到了一张类似的诽谤传单。这样的行为，教会是不能接

1　Althaus, Auf dem Weg zum Galgen, 477.

2　Grieb, Die Henker von Nürnberg, 232.

受的。“每个臣民都应明白，当局是在执行上帝的旨意和命令。”[1]

然而，不是所有臣民都愿意相信这个说辞。1535 年，一名被判浸河的男子进行了反抗。他在行刑前不愿悔过，高喊自己无罪，再加上他的外表近乎野人，使得围观群众颇有微词。记录官费舍尔记载说，几名外来的手工业者对此提出了批评。他们认为，浸河的刑罚太过严重，因为犯人的精神显然不太正常，也许还犯有精神病。这种情况下，很多地方的当权者都不会判其死刑。其他人，也包括记录官费舍尔，则捍卫了死刑决议，认为如此亵渎神明之人，一定要处决，这样其他人才会害怕，不敢再亵渎神明。[2]

16 世纪，臣民对死刑机构越来越敬而远之。臣民可以以刽子手行事不坦诚为由，拒绝与死刑部门合作。1580 年晚夏，纽伦堡刽子手费了诸多力气，才找到一匹马送被判死刑的玛格瑞特·贝克去刑场，因为负责提供马匹的夜间猎手把所有的马都赶出了城。情急之下，刽子手没收了一名农民的马。然而行刑后，该农民拒绝收回自己的马，而是要求刽子手支付一笔钱将马买走。市长听闻此事后很不悦，派人告诉农民赶快将自己的马取回，否则就真的将其充公，议会不会付钱给他。市长也将夜间猎手集合起来，告诉他们今后必须严格履行职责，为刽子手提供马匹。如果他们担心会因此得罪某人，则应向议会报告，议会会采取相应措施来保护他们。[3]

有时，观众对死刑的抗拒，会演变成公开的冲突，甚至会出现袭击刽子手的情况。对此最早的记录是 15 世纪中叶。1457 年，在

1 Wagner, Supplicium Achanis, 16.

2 Fischer, Chronik Ulm, 70.

3 Grieb, Die Henker von Nürnberg, 130.

纽伦堡的一场行刑中，一名雇工因朝刽子手扔石头而被法庭驱逐出城。[1] 1464 年，首次出现了刽子手被围观群众袭击致死的情况。5 月中旬，奥古斯堡的刽子手奉命对一名男子执行剑刑。一名记录官非常简短地记载说，刽子手在行刑时，剑挥偏了，随即便被愤怒的观众用石头砸死了。[2] 16 世纪以来，刽子手遇袭的记载越来越多。但刽子手遇袭身亡的数量有限，所以很难判断这是因为相关的文献记载增多了，还是说围观群众对行刑不成功的容忍度变低了。虽然当局明确规定，行刑时民众要静观，不得生事，但这并非一直都奏效。[3]《加洛林纳法典》第 97 条规定，法官当众宣布审判决议、将棍子一分为二后，还应公开宣布：即便行刑不成功，围观者也不得阻碍刽子手执行公务。这与 1507 年出台的《班贝格刑法条例》的规定几乎如出一辙。统治者再三向围观群众强调该规定，威胁他们如不遵守，便会被严厉制裁。1572 年，哈尔议会通过决议：为防止"不良事件"发生，议长每次行刑前都应向围观群众高声宣布，如果有谁在刽子手行刑不成功时袭击刽子手，将会被处体刑。[4] 尽管如此，谩骂、袭击刽子手的事情依旧经常出现。

此类冲突在剑刑刑场上出现得最多。如果刽子手不能一剑将犯人的脑袋砍下，围观者便容易情绪激动，从而引发血腥暴力事件。我们举一个发生在纽伦堡的不成功剑刑案例来说明，因为它具有

1　Oppelt, Über die Unehrlichkeit, 260. 袭击刽子手的案例也可参照 Spierenburg, The Spectacle of Suffering, 33f。

2　Chronik des Hector Mülich, 201.

3　这是 1506 年纽伦堡的情况，详见 Knapp, Lochgefängnis, 63。

4　Hildegard Nordhoff-Behne, Gerichtsbarkeit und Strafrechtspflege, in der Reichsstadt Schwäbisch Hall seit dem 15. Jahrhundert, Schwäbisch Hall 1971, 92.

代表性。据记载，被处剑刑的是一名叫玛格雷特·福格林（Margarethe Vöglin）的女子，罪名是弑童。玛格雷特被逮捕时，尚处在产褥期，在监狱中休息了约两周，才渐渐恢复。剑刑行刑时，瓦伦丁“大师”非常犹豫不决，像一只猫围着一锅热粥一样，围着年轻的玛格雷特转了一圈，然后才把剑放到玛格雷特的脖子上。他举起剑朝玛格雷特挥去，但没挥到脖子上，而是将她头上一大块肉砍掉了。玛格雷特受剑力驱动，从椅子上掉了下来。她随即站了起来，恭顺地请求刽子手可怜她，说自己已经很勇敢地把头伸到了刽子手面前，刽子手现在应该放她一马。但刽子手和助手还是再次将她按到了椅子上。随后出现了一幕短暂的抢剑场景：助手想将剑从刽子手手中抢过来，代刽子手行刑，但刽子手不依，坚持要独自完成任务。他又一次将剑挥向玛格雷特，但又不中，玛格雷特再次倒在地上。刽子手恼羞成怒，开始对玛格雷特进行屠杀，把玛格雷特的头生生用剑切了下来。[1] 围观群众的反应很强烈，纷纷对刽子手掷石。当时的场景可以用“石如雨下”来形容。最后，刽子手靠城市民兵的帮助，才从愤怒的人群中逃脱。其时，刽子手瓦伦丁·多伊斯特（Valentin Deuster）在纽伦堡任刽子手才几个月，显然还不能胜任这个职位。议会将瓦伦丁投入监狱。陪审团决定将其解雇，因为瓦伦丁在如此短的时间内已是第三次未能完成任务。不过，陪审团也认为，民众如此放肆，必须坚决对相关人员进行制裁。议会派了差役和城市民兵，走访了大街小巷，以查明掷石者的身份，甚至连两名行刑时在场的牧师都接受了陪审团的审问。陪审团承诺，如果谁

---

1 Oppelt, Über die Unehrlichkeit, 269f. 该书 260ff，也有许多袭击刽子手的案例。

能查出掷石者的名字，便会对其进行嘉奖，并重用他。几天后，瓦伦丁出狱。陪审团建议他暂时不要出门，因为反对势力还未消除。[1]

1620 年，纽伦堡新上任的刽子手贝恩哈德·施莱格尔（Bernhard Schlegel）执行了他在当地的第一次行刑。行刑的对象是死刑犯汉斯·雅克布·法贝尔。法贝尔被处死的场景非常凄惨，观众很同情他，同时也对刽子手很愤怒。一名记录官是这样记载的："他死得很惨，很久才死去。因为他是刽子手施莱格尔第一个处决的人，所以施莱格尔对他进行了残忍的折磨。第一次行刑没成功，施莱格尔于是令人搬来了一个新的新鲜橡木做的双梯，然后爬上绞刑架，对着犯人的耳朵高喊了 3 次耶稣，然后拽着他的头发，将他使劲往下按，如此重复了多次，毫无怜悯之心，直到将他绞死才作罢。在场所有围观群众都开始嘲笑、谩骂刽子手，有的骂得十分难听。如果不是因为地上结了冰，他们肯定会拾起地上的泥，将泥卷成块来扔死他。"[2] 1539 年，维尔茨堡的刽子手在对死刑犯维普菲尔德（Wipfeld）执行剑刑时，砍了 7 次才将维普菲尔德的头砍下，导致"在场的年轻人用石头砸刽子手，将他活生生砸死了"。20 年后，这一幕又重演。刽子手在维尔茨堡的朔顿安格行刑时不成功，结果被围观群众用石掷死。[3]

1569 年，纽伦堡的督军们讨论了此前两起不成功的剑刑案例。督军很头疼，因为在行刑时，围观观众很不耐烦，发表了威胁性言

1　Grieb, Die Henker von Nürnberg, 219f.

2　Georg Wolfgang Karl Lochner, Der den armen Sündern zu Nürnberg von 1605–1620 geleistete geistliche Zuspruch, in: Zeitschrift für deutsche Kulturgeschichte 2 (1857), 699–718, 此处 705。

3　Engel, Rats-Chronik, 89.

论。督军们认为，可能是刽子手的剑太重，行刑时不好发力，导致行刑不顺利。督军下令对此进行调查，并派人向城市民兵重申，如果围观群众抗议，应先用言语警告，而不是像之前那样马上使用武力。对于沮丧的刽子手，督军安慰他不要垂头丧气，督军会考虑以后要如何保护他不受围观群众袭击。[1]

刽子手自己也知道，如果行刑不成功，会有什么样的危险。所以，刽子手也多次向议会呼吁，更改他们无法执行的审判决议，或直接请求议会不要派他们去执行某个行刑。本章前面提到的纽伦堡刽子手贝恩哈德·施莱格尔，便在1639年知会陪审团，称自己不敢执行接下来的一个剑刑。[2]

除了身体上的限制，还有其他原因会让刽子手格外小心。1549年，纽伦堡的刽子手向法院陈情，说他感觉氛围不对，自己“太笨手笨脚”，没法对两名罪犯执行轮刑，担心可能会“引发不好之事”。最终，陪审团做出了让步，改判那两名罪犯剑刑。[3]

1558年，纽伦堡的刽子手告知议会，因为身体原因，他觉得自己无法执行两天后的一个剑刑，也担心会因行刑失败而受到袭击，因为几名骑士已警告过他，如果行刑失败，便会将他枪毙。议会向忧心忡忡的刽子手保证，会给他提供保护，并令人在行刑前警告所有围观者，如果胆敢袭击刽子手，将会受到严惩。[4]

1659年，纽伦堡的刽子手上表议会，称不确定自己能否将一

1 Grieb, Die Henker von Nürnberg, 109.

2 Grieb, Die Henker von Nürnberg, 218.

3 Grieb, Die Henker von Nürnberg, 62.

4 Grieb, Die Henker von Nürnberg, 86.

名女子的头砍下来，因为她“身体都长在一起了”。陪审团示意他照原计划行刑，同时承诺会派几名武装骑士去刑场，以保证他的安全。[1]

很显然，刽子手很清楚如果围观群众情绪愤怒，会有什么威胁，所以刽子手都试图避免犯错来规避危险。不过，对于观众愤怒的原因，我们几乎一无所知。

一个可能的解释是，行刑仪式的宗教色彩，容易让围观群众变得兴奋。按照基督教的理解，行刑如果是上帝的旨意，犯人也对自己的罪过忏悔并愿意为此而死，犯人在受刑时，不应出现其他的障碍。如果行刑不顺利，刑场上的氛围又庄严，观众的兴奋便会转化为愤怒、气恼甚至攻击。[2] 当然，我们也可以将围观群众对刽子手的袭击理解成一种政治立场，说明了民众对当局以及执法机构的深度不信任。民众很肯定，被处死的犯人中也不乏无辜者。我们之前提到过，当时流行一种说法：如果挂在绞刑架、轮子上的死刑犯的头发和指甲死后还在长，便证明死刑犯是无罪的。虽然16世纪上半叶医生、哲学家帕拉塞尔苏斯认为这纯粹是胡说八道，因为人死后长头发和指甲是自然进程，但我们知道，迷信在人们心中是根深蒂固的。[3]

纽伦堡陪审团因围观群众对刽子手袭击，说出了“民众傲慢”之类的话。我们由此可知，当局与民众的关系如何。前现代的统

1 Grieb, Die Henker von Nürnberg, 227.

2 Friedland, Seeing Justice Done, 106.

3 Paracelsus, Volumen medicinae, 885. 奥地利1012年被处死的科罗曼（Koloman）死后备受关注，甚至被追为圣徒，原因是他被绞死后，头发、胡子以及指甲还继续生长着。详见Heinerth, Die Heiligen und das Recht, 58f。

治，是权威性的。当权者傲慢，必然会引起民众的反抗。这一反抗，尤其针对最下层的警力机构。在纽伦堡及其他城市，年轻男子喜欢在晚上对警力人员发难，经常有警力人员为此受伤。[1]

此外，民众有时也会拒绝与当局的代表合作。在玛格雷特·福格林的弑童案中，被杀的婴儿的父亲也是当局追捕的对象。一名城市民兵被派去圣约翰尼斯的园丁处寻找婴儿的父亲，因为有人说最后一次看见他就是在那里。然而，园丁们拒绝让城市民兵进入。不过，这是有后果的。拒绝合作的园丁随即被带到市政厅，城市民兵也受到了警告，因为他没有坚持进入园子，反而让园丁打发了。[2]

16 世纪初，巴塞尔加大了对通奸罪的惩罚力度。巴塞尔的法庭听差提出了抗议，他们担心公开处罚通奸者可能会涉及议会成员，很难估量“议员会作何反应”。这纯粹是说辞，实际上法庭听差关心的是别的：作为死刑的执行者，他们担心围观群众会把愤怒转到他们头上，让他们不能安全地走在大街小巷上，也担心这会给他们带来一定的社会后果。如果离职，正当行业的人以及正当人都不会乐意看到他们。[3] 潜在的意思是，民众会因死刑执行人员过于关注他人卧室的动态，从而贬损他们不正直，以此来将他们从社会中隔离出去。

总的来说，民众对刑罚的一切变动都很敏感，有时甚至会为此惩罚刽子手和警力人员。我们不要忘记，纽伦堡首次对女性执行绞刑时，刑场出现了骚乱。1615 年圣诞前夕，弗朗茨大师将五名

---

1 Bendlage, Henkers Hetzbruder, 153.

2 Grieb, Die Henker von Nürnberg, 218f.

3 StaatsA Basel, Straf und Polizei C 10, Blatt 2.

盗窃犯带上绞刑架时，围观的群众表示了愤怒，他们认为在节日前夕处死犯人很不仁慈。弗朗茨大师在日记中将其描绘成“民众的怒号”。[1] 刑罚变严，最容易受年轻男子诟病和反对，因为大部分被处死的犯人和他们都属同一个年龄段。

至于当局和臣民间紧张对立的关系在刑法领域有何演变，至今并没有相关的研究。可以肯定的是，当权者都试图将刽子手行刑失败的风险控制在最小范围内。1646 年，纽伦堡的刽子手助手被投入地下监狱，因为他在上一次行刑中又没有好好履行职责。议会指责他，每次需要他时，他都喝得醉醺醺的。[2] 1684 年，刽子手米歇尔·维特曼（Michel Widmann）执行剑刑失败。随后，他和他的助手都被审讯。议会虽接受了刽子手的道歉，但同时警告他要放弃之前“轻浮、放荡、酗酒”的生活方式。6 年前，议会便已警告过他，不能再如此放荡不羁、挥霍无度地生活，还派人监视过他，以查出他究竟和谁在家定期酗酒。[3] 这并不是什么新鲜事。1578 年，纽伦堡议会认为，刽子手虚弱的原因是“懒惰以及生活不检”。议会随后派人口头警告刽子手，如果再这样下去便将其解雇。[4]

除了几十年如一日在法兰克帝国自由城恪尽职守、令所有人都满意的传奇刽子手弗朗茨大师，民众对死刑执行人员的能力存在普遍怀疑。有一个问题很突出：刽子手很多都酗酒。1550 年，刽子手雅各布·魏斯（Jakob Weiss）请求离职，但遭到议会拒绝。议会

1 Keller, Maister Franntzn, 78.

2 Grieb, Die Henker von Nürnberg, 221.

3 Grieb, Die Henker von Nürnberg, 250, 254, 414.

4 Grieb, Die Henker von Nürnberg, 125.

称对他并没有不满意，并允诺他，今后如能少喝白兰地，议会会将他的合同延期一年。[1]

剑子手如何行刑，会受到严格的监督。记录官塞巴斯蒂安·费舍尔不无惊奇地记载1534年，伯尔尼刽子手如何残忍地将一名杀人犯绑在马尾巴上拖去刑场。称刽子手赶马赶得非常急，可怜的犯人被磨得遍体鳞伤，好像他不是人一样。[2] 1551年，新上任的纽伦堡刽子手被人指责"非常残忍地痛打"了尤尔克·克劳斯（Jörg Kraus），使得克劳斯在城门前因疼痛而崩溃。刽子手受到了口头警告。议会告诫他，不能这样将犯人鞭打出城，这在纽伦堡不常见。[3] 1535年，慕尼黑议会将刽子手雅各布（Jakob）"大师"关在重刑犯监狱九天，其间对他用刑两次。原因是他因未获得想获得的酬劳，而将怒气发在一个被判绑在耻辱柱上示众的盗窃犯身上，并公开宣扬该犯人属于绞刑架而非耻辱柱。行刑当日，在市政厅楼梯上，雅各布就开始用一根荆条鞭打他。在去往城门的路上，雅各布继续狠狠鞭打他。犯人的腿被绑得太紧，已经是举步维艰了，雅各布还多次威胁他，说因为他而错失了一磅钱，为此他会"好好"对待他。这暗指如果该犯人被判死刑，刽子手会拿到更高的报酬。一个目击者说，在耻辱柱上，雅各布将该犯人"打得死去活来"。直到一名围观者干涉，雅各布才停止。[4]

当然，有时也会出现议会命刽子手不要下手过轻的情况。1588

1 Grieb, Die Henker von Nürnberg, 65.

2 Fischer, Chronik Ulm, 71.

3 Grieb, Die Henker von Nürnberg, 69.

4 Nowosadtko, Scharfrichter und Abdecker, 57f.

年，两名强盗杀人犯被判轮刑。行刑前，纽伦堡陪审团告知刽子手，将二人带往刑场时应用热钳烫他们。之前法庭判处用热钳烫犯人时，刽子手大多只用热钳轻触犯人，时间很短，犯人基本上感觉不到疼痛。而这两名杀人犯犯罪情节严重，陪审团叮嘱刽子手不要手软，务必重烫他们，让他们感觉到实实在在的痛苦。[1]

为避免出现骚乱，当局也会在较棘手的案例中不公开行刑。但对此也没有相关的研究。我们只知道，从 16 世纪开始，秘密行刑的死刑案例日益增多。1576 年，伯尔尼将两名分别为 10 岁、12 岁的男孩在晚上偷偷浸河，原因是他们与一只山羊进行了兽交。[2]当局偷偷行刑，是因为害怕民众反对处决青少年吗？ 1667 年，圣加仑监狱一名刚满 17 岁的女子自杀身亡。议会命刽子手当天晚上便将其尸体埋在刑场下面，而没有采取通行的做法——火烧尸体，也是为了避免很多人围观，避免出现“民愤”。[3]对被处决的犯人，当局也经常派人在晚上将其偷偷下葬。

如果政治局势紧张，当局会秘密行刑，以避免骚动。1524 年，奥古斯堡两名纺织工被判剑刑。据记录官克莱门斯·森得记载，行刑当天，奥古斯堡城很安静，因为议会没有派人敲响警钟，为的是避免围观和骚动。[4]

众所周知，宗教改革在慕尼黑引发了信仰冲突。在冲突的开始阶段，为避免骚动，对异教徒的处决都是秘密进行的。1528 年，

1 Grieb, Die Henker von Nürnberg, 145.

2 Tscharner, Todesstrafe Bern, 37.

3 Moser-Nef, St. Gallen, Bd. 5, 341.

4 Schuster, Verbrechen und Strafe, 62.

慕尼黑城市法庭宣布，判处九名再洗礼论者火刑，罪名是叛教。法庭规定，火刑应秘密、悄悄地进行，城门都要关闭。[1] 1536年，贝恩德·贝斯克（Bernd Beseke）在汉堡被处决。行刑当天，当局明令关闭汉堡所有城门以及入口，以防有人去刑场。3天后，贝斯克的同伙被处决时，汉堡市民才被允许观看。[2]

替代刑的发现——早期的劳教所

“偷盗者不再偷盗，改为劳动，用双手为那些需要的人，做一些力所能及的好事。”

——《以弗所书》4、28

死刑的历史，同时也是死刑的批判史。这种批判有时很大声，但大多数时候是小声、拘束、个别地表达出来。一般来说，批评者都是引用《圣经》，特别是“十诫”中的第五诫——对基督徒的告诫：不可杀人。虽然教会从13世纪引入宗教法庭后，便与死刑达成了和平协议，但也有一些牧师和神学家，包括教会的忠诚代表，对此不满意，对教会展开了批评，这些人都被贴上了“异教徒”的标签。

尼克拉斯·冯·皮尔格拉姆（Nikolaus von Pilgram）是神学的边缘人。他是塔波尔派人，波西米亚胡斯运动的右翼代表。15世纪初，他在布道及文章中，对杀死他人的权力进行了批判性研

1 Schattenhofer, Das alte Rathaus, 320.

2 Beneke, Hamburgische Geschichten, 91f., 95.

究。他虽承认，有时在对决中不得不杀死对方，但他主张限制死刑的运用。对异教徒和盗窃犯执行死刑，违反了第五诫。[1]类似的观点，教会中坚力量也曾有过。1395年起任巴黎大学总务长的法国神学家让·格尔森在此前便质疑死刑是否与基督教价值观相吻合。1405/1406年，他写下了“根据上帝之法，盗窃犯不应用死刑来惩罚”的语句，认为这违反了第五诫。[2]

16、17世纪，对死刑发出批评之声的，仅限于教会的边缘人。在埃尔茨山脉乔保传教的瓦伦丁·维格尔（1533—1588）虽是路德教牧师，但也是这样一个边缘人，同时也是路德教正统教义的批评者。他认为，惩处罪恶只是上帝的职责，只有上帝能认识到罪恶的规模并仁慈地赦免犯罪之人。因而，上帝拒绝处死罪犯，只要求罪犯回头是岸。在维格尔的眼里，谁坚持使用死刑，谁就是异教徒。因为杀人都是异教徒的行为，而当权者应“按照上帝之法，来统治国家和人民”。不过，出具法学鉴定、对法庭施压的法学家们与他的理念相差甚远。维格尔绝望地写道：“第五诫，不可杀人，未被任何一个法学家理解。”[3]

因为这些言论，维格尔，一个路德教牧师，被骂成是“秘密的

1　František Šmahel, Die Vier Prager Artikel. Das Programm der hussitischen Revolution, in: Winfried Eberhard / Franz Machilek (Hg.): Kirchliche Reformimpulse des 14./15. Jahrhunderts in Ostmitteleuropa, Köln 2006, 329–340, 此处 338。

2　Claude Gauvard, Violence et Ordre Public au Moyen Age, Paris 2005, 62f.; G. H. M. Posthumus Meyjes, Jean Gerson et l'Assemblée des Vincennes (1329). Ses conceptions de la juridiction temporelle de l'église, accompagné d'une edition critique du »De iurisdictione spirituali et temporali«, Leiden 1978, 40.

3　Schmoeckel, Die Reformation und der Strafzweck, 38–41.

加尔文主义者”。[1]因为从16世纪下半叶开始，加尔文教派又开始批判死刑。相比路德教徒，他们更信奉“《圣经》至上”，称《旧约》中并没有任何处死盗窃犯的佐证。17世纪初，勃兰登堡议员、加尔文主义者约翰纳斯·科朋（Johannes Cöppen）援引《圣经》来反对处死盗窃犯。他的论据简短，称根据上帝之法，盗窃犯不应被绞死。作为历经了宗教改革的海德堡大学法学家，莱恩哈德·巴赫奥夫·冯·艾希特（Reinhard Bachoff von Echt）赞同维格尔的意见。“独独对多为下层贫民的盗窃犯实行如此残忍的刑罚，不符合上帝之法，也不合理智。”[2]

此外，还有另一条线索值得追踪，1516年，托马斯·莫里斯（Thomas Morus）的著作《乌托邦》（*Utopia*）问世。当中也有对死刑的批判，与教会边缘人抨击的是同一缺口，但没有援引《圣经》，而是阐明了许多犯罪现象，特别是偷盗出现的社会原因。该书前几页再现了一段对话，对话的一方描述了自己去拜访坎特伯雷大主教、不列颠大法官约翰内斯·莫顿（Johannes Morton）的情景：“很偶然，那天，我正好坐在大法官的桌旁。当中有一名信徒，也是法学家。我不知道我们怎么会谈到这个话题，但他开始大力赞扬英格兰对盗窃犯实行的严厉刑罚。他说，处死盗窃犯的例子不胜枚举，有时甚至出现在一个绞刑架上连续绞死20人的情况！因为很少有盗窃犯能逃过死刑，所以他更不理解，到底是什么灾难才会让盗窃犯层出不穷。‘呃，’我说道（因为我可以在大主教那随意发言），‘没什么好奇怪的。这样处罚盗窃犯，本来就越过了正当的

1 Schmoeckel, Die Reformation und der Strafzweck, 39.

2 Marschall, De laqueo rupto, 83.

处罚界限，也不符合公共利益。将盗窃犯处死的刑罚太过严厉，也无法杜绝偷盗。一方面，普通的偷盗并非重罪，不至于要砍头。而另一方面，没有任何刑罚能严厉到可以让人不再偷盗，因为偷盗之人通常没有其他的谋生手段。在我看来，不只是你们，大半个世界都以那些宁愿责打学生而不是去教导学生的坏老师为榜样，所以才会如此残忍地惩罚盗窃犯。事实上，我们应保证让盗窃犯能正当谋生，而不是被逼得先偷盗、后因偷盗而死'。"[1]

这并非从根本上拒绝死刑，托马斯·莫里斯反对的是对死刑的过度运用，以及社会对盗窃犯和强盗的不宽容。《乌托邦》给我们描绘了不同的可能。虽然犯罪也可能面临死刑，但犯人首先被视作一种资源，可进行奴隶劳动："通奸犯会被判最重的劳役。如果通奸的双方都已婚，其伴侣可以抛弃他们，也可以相互结合或与他们喜欢的其他人结合……重罪一般都会被判劳役。《乌托邦》认为，对犯人来说，这并不是比死刑轻的刑罚。对国家来说，这也比匆忙将犯人处死更有益。一来犯人劳役比死有用，二来可以长期警醒他人不要犯罪。但如果犯人在劳教所不服从安排，执拗倔强，像野兽那样，监狱关不住，绳索也绑不住，那就只能被处死。而对那些听话的犯人，则会给他们留下一点希望。如果在经受了长时间的痛苦后，他们的心灵被软化，能真诚悔过，认为折磨他们更多的是曾经犯下的罪，而不是现在所受的劳役之苦，便有可能得到王侯的宽宥，或者通过大家的一致决定，解除他们的劳役惩罚。"[2]

《乌托邦》描述的是一个遥远的岛国。几十年后，它才在欧洲

1　Morus, Utopia, 24f.

2　Morus, Utopia, 114f.

成为现实。1586 年，尼德兰人文主义者迪尔克·库尔赫特（Dirck Coornhert，1522—1590）写了一本名为《惩治罪恶》（*Boeven-tucht*）的书，是第一本系统研究如何解决犯罪问题的社会学著作。该书并未给当时的刑罚体系一个高的评价，但库尔赫特绝不是死刑以及其他刑罚的反对者。相反，他认为，刑罚是有必要的，能让好人避免误入歧途，也能将坏人从歧途上拉回来。但同时他也强调，刑罚的使用要有度，使用得越少，统治者的统治就越值得称赞。但在近些年，刑罚的发展却明显朝着另一个方向。在过去的 10 年、20 年中，犯人被流放、鞭打、刻上烙印、绞死、烧死或者绑在轮子上致死的案例多了 10 倍，但这并没有起到什么效果。相反，骗子、流浪汉以及罪犯的数目一直在上升。这说明，当时的刑罚体系是失败的，死刑无法震慑犯罪分子，因而必须采取“一种比死刑更能让人痛苦的刑罚”（“a punishment more bitter than death”）。

库尔赫特的这个想法，也许受到了欧洲海上霸权殖民经历的影响。他试图为被视为无用的社会群体（乞丐、流浪汉、游手好闲之辈、犯罪分子等）研究出一种特别的苦役，一种犯罪分子没法逃脱的苦役。通过服苦役，他们可以变成有用的、有创造力的臣民。库尔赫特的论据有点讽刺：基于西班牙和意大利对未受过训练的奴隶喊出的价格，我们必须意识到，欧洲的犯罪分子可作为劳动力，价格可能比奴隶高，因而杀死他们太不值了！库尔赫特提出了各种可能性。第一种是在橹舰上做苦役。而第二种是在拘留所，犯人得定期劳作。没有完成定额，便没有饭吃。犯人劳作的收入，可用以支付拘留所的日常开销、犯人的生活费用等。理想情况下，犯人也可获得少量的零花钱。对于重罪犯，应该在其身上做标记，比如在其脸上烙印或将其鼻子分开，这样如果他们逃跑便能很容易辨认出来。任何官员都可将其视为逃跑的奴隶，无须经过司法程序便可处死。而对于其他的犯人，要警告他们如果逃跑后被抓回，关押的期限会翻倍。[1]

帝国自由城纽伦堡有时也试图寻找死刑、驱逐出城的替代刑。一是罚犯人去匈牙利参加对奥斯曼人的战争，二也是在橹舰上做苦役。从中世纪晚期开始，这种刑罚在地中海国家便有了。[2] 1569 年开始，巴伐利亚公爵统治区开始将橹舰苦役犯人送去意大利。[3] 据说巴伐利亚公爵还说服了纽伦堡的统治者，将已审判的盗窃犯作为橹舰苦役出卖。但几年后，这项买卖被终止。[4] 从 1571 年开始，犯了伤害他人身体罪的犯人，经常被判在橹舰上做苦役。[5] 1573 年 10 月，纽伦堡的法官在短短几天时间里，便宣布判处两名盗窃犯几年的橹舰苦役刑罚。[6] 1607 年，纽伦堡的文献中提到了一名申请做法院听差的男子。该男子此前在意大利曾面临着做刽子手还是去橹舰上做苦役的选择。[7]

对纽伦堡人来说，劳教所的概念也不陌生。1588 年，针对到

---

1 Dirk Coornhert, Boeven-Tucht. The Discipline of Misbehaviour Or the Means to Reduce the Number of Harmful Idlers (1587), in: Theoria 56 (118/2009), 89–104; Roger Deacon, »A Punishment More Bitter Than Death«. Dirk Coornhert' s Boeven-Tucht and the Rise of Discipline, in: Theoria 56 (118/2009), 82–88.

2 Hans Schlosser, Art. Galeerenstrafe, in: HRG 1, Berlin 2008, 1914–1917, 1914; Heinerth, Die Heiligen und das Recht, 48.

3 Reinhard Heydenreuter, Kriminalität in München, Verbrechen und Strafen im alten München. (1180–1800), Regensburg 2014, 42ff.

4 Harrington, Die Ehre des Scharfrichters, 65.

5 Hampe, Malefizbücher, 25.

6 Grieb, Die Henker von Nürnberg, 114.

7 Grieb, Die Henker von Nürnberg, 174

处蔓延的乞讨之风，议会成员保卢斯·科勒（Paulus Koler）提出了几点建议。他认为，应将年老体弱的乞讨者及其子女隔离起来，给他们提供食物。而那些可以去劳作的流浪汉及身体强壮者，则应强迫其去劳作。如果谁不听命，便将他交给刽子手。不过，科勒的建议并没有被执行。[1]

几年后，也就是 1596 年，阿姆斯特丹创建了欧洲第一个劳教所——拉斯普惠斯（Rasphuis）[2]。在随后的 17 世纪，很多劳教所相继建立。不过，17 世纪的劳教所与 19、20 世纪的劳教所，除了名字相同外，共同点很少。17 世纪的劳教所，不是为了关押重刑犯，而是为了让乞丐、穷人、妓女、游手好闲者、流浪汉能自食其力，不再惹是生非，成为有德之人。劳教所是一个理念。在统治者眼里，淫乱必须要用劳教所来治理，教育手段是“劳作和殴打，上课和心灵辅导”。[3]

劳教所的条件一般都很差。阿姆斯特丹的拉斯普惠斯劳教所建立一年后，议会便开始探讨看守问题，并做了一个引人注目的决定：如果劳教所的看守伤害或杀死了某个囚犯，不得追究看守的法律责任。[4] 这便导致了某些看守肆无忌惮地惩罚犯人。

劳教所的犯人一般都要做重活，绝大多数都要用不锋利的锉刀将热带树木锉成末，以作为印染的原料。通过路德教徒、诗人、作家菲利普·冯·泽森 1664 年对阿姆斯特丹城的描述，我们可以了

1 Harrington, Escape from the Great Confinement, 309.

2 Rasphuis 是荷兰语，由“Rasp”（磨木、挫木）和“huis”（房屋、场所）两部分组成。

3 Radbruch, Die ersten Zuchthäuser, 101

4 Spierenburg, The Prison Experience, 50.

解当时拉斯普惠斯劳教所的情况。在劳教所的内院，有一根柱子，上面画有正义女神手持代表正义的天秤和长剑的图画。这也是劳教所的耻辱柱，如果哪个犯人做了坏事，便会被绑在耻辱柱上。当然，鞭打犯人也是在那里。成年的犯人每天都在庭院边上做活："这些人有的被绑，有的没被绑……做着累人的体力活。主要是将巴西木锉成末，必须锉得非常细，要花很多力气。虽然他们几乎是裸身作业，但经常还是汗如雨下。他们每天必须要完成定额，才可以收工。"庭院上面坐着到处游荡乞讨的小孩，"给巷子里的人制造麻烦"。他们必须做一些轻活，但也要去学校上课。"每个周日，所有劳教所的小孩都必须去学校。先带领他们读《圣经》，然后批评他们之前的可耻人生，并给他们指出改变人生、向善的道路。"如果有谁在课上调皮，那"他的头会被按到一张长凳上，用两根棍子夹住，然后用荆条抽打他的脸"[1]。

劳教所不是宽宥之地，也不应该是。相反，犯人在劳教所劳作，应感受到痛苦、折磨，心灵应慢慢被软化。1657 年，英国作家威廉·汤姆林森（William Tomlinson）认为，盗窃犯喜欢宣称自己的生命虽短暂，但很甜蜜，绞刑架不会让他们感到害怕等。"但是，如果他们的生命被延长，他们不得不去劳作，那他们看到的就不是短暂而甜蜜的人生，而是漫长的奴役劳作，日复一日地干着重活，每日只有片刻消遣。比起在绞刑架上的半个小时，这更能让他们害怕。"[2]

至于是哪些思想流派促成了劳教所的成立，争议已久，至今仍没有一个明确的答案。因为在 16 世纪，很多因素都对劳教所的成

1　Zesen, Amsterdam, 389f.

2　Tomlinson, Of Hanging for Theft, 18.

立起到了推动作用。[1] 经济上，劳教所可以利用那些贫困、被社会排挤在外的人员的生产力。在社会福利方面，劳教所接纳穷人，是解决社会贫困、乞讨问题的一种有效途径。劳教所作为劳动场所，理论上可以自给自足，但在实际操作中却不可能。作为一项社会政治措施，劳教所的目的是给乞丐、流浪汉和骗子指出一条出路，教育他们去劳作。

阿姆斯特丹男子劳教所拉斯普惠斯成立一年后，女子劳教所施宾惠斯（Spinhuis）[2] 创建，大门上刻了如下文字：

> 勇敢向前吧！我不报复，我迫使自己变好。
> 虽然我的手很累，但我的思想是积极的！[3]

此外，人们对用死刑来惩罚盗窃犯的实践心生不满，也起到了不小的作用。确定在阿姆斯特丹成立劳教所的一个直接导火索是 1589 年对一名 16 岁的盗窃犯的处决。[4] 那之后的几年，阿姆斯特丹议会陆续起草了很多草案。1598 阿姆斯特丹著名政治家科内利斯·皮特斯·霍夫特（Cornelis Pietersz Hooft）讲述了拉斯普惠斯 1596 年建立的动机。他认为，议会法庭过去几年在审判盗窃犯时，依律应判处死刑，但却经常犹豫不决。具体霍夫特是这样说的：

---

1 Lee Beier, Foucault Redux? The Roles of Humanism, Protestantism, and an Urban Elite in Creating the London Bridewell, 1500–1560, in: Louis A. Knafla (Hg.): Crime, Gender and Sexuality in Criminal Prosecutions, Westport 2002, 33–60.

2 Spinhuis 为荷兰语，由“Spin”（纺织）和“huis”（房屋、场所）两部分组成。

3 Radbruch, Die ersten Zuchthäuser, 101.

4 Bonger, Dirck Volkertszoon Coornhert, 259f.

"我认为，议员们犹豫不决的原因是：《旧约》并未指出要判处盗窃犯死刑。这是一个无法轻视的理由。我也清楚地知道，这样的考虑在过去几年的许多案例中都有，这也是在这个城市建立一个劳教所最重要的原因。"[1]

至于早期的劳教所是否是监狱，目前仍有争议。如果答案是肯定的，那劳教所的相继建立，应该会影响死刑的数目。尤尔根·马楚卡特（Jürgen Martschukat）对此提出了怀疑。他列举了汉堡的情况，认为汉堡1618年建立的劳教所"一开始并没有成为体刑真正的替代刑"，盗窃犯被处死的数目没有减少，从17世纪60年代起反而增加了。直到18世纪中期，人们才越来越多地对那些声名狼藉的盗窃犯处关押的刑罚。[2]

不过，汉堡的情况是否是普遍现象？答案是否定的。其他城市的情况与汉堡大相径庭。[3]比如说不来梅。1609年，不来梅第一个劳教所建立。根据几十年后记录官彼得·科斯特（Peter Koster）的记载，在劳教所，"那些不信仰上帝、腐化堕落的人，不论是男是女，是老是少，都应该通过强制劳动和教育，教导他们学习劳作，掌握一门手艺，摆脱游手好闲的毛病，过上更好的生活。他们要有道德，要敬畏上帝"。同一编年史也记载了该劳教所在1629年出现了一定的解散迹象。[4]不过，1644年，不来梅当局通过了一个决议，不仅令人重新修葺劳教所，还在劳教所旁建了一个作坊。劳

1　Spierenburg, The Prison Experience, 44.

2　Martschukat, Inszeniertes Töten, 20f, 255.

3　Evans, Rituale der Vergeltung, 73f 指出了盗窃犯数量的下降。

4　Spierenburg, The Prison Experience, 57 页指出了科斯特的错误，认为不来梅的劳教所是1627年暂时关闭的。

教所的男子可以去作坊锉木头，女子可以去纺线，男性青少年也可以去那里学习手艺。[1]决议中根本没有提到盗窃犯，但记录官彼得·科斯特在其他地方提到了新修葺的劳教所对死刑实践产生的影响：1676年，两名犯了多重盗窃罪（含入室盗窃）的士兵被处绞刑，这是不来梅1644年以来的首起绞刑案。[2]很显然，不来梅劳教所翻修后的32年里，一直都没有用到绞刑架。那两名被绞死的士兵的尸体，也无须挂在绞刑架上示众。行刑当晚，他们的尸体便被刽子手从绞刑架上解了下来。原因可能是30多年过去了，不来梅当局很难向民众解释，为何要将两具尸体绑在城门前腐烂。

劳教所与死刑实践之间存在关系，也可以在吕贝克得到证明。1601年，吕贝克在一个修道院成立了圣安嫩救济院（作坊），供有劳作能力的穷人和孤儿劳作、居住。1613年，当局计划着手扩大救济院，增加一个劳教所。至于劳教所有什么规则，与救济院有何不同之处，我们不得而知。但可以明确的是，陆陆续续有盗窃犯被关进了劳教所。[3]1614年，吕贝克大教堂的神甫伯恩哈德·布鲁姆（Bernhard Bluhm）在救济院下属的圣安嫩教堂揭幕式的布道中，指出了救济院（作坊）对社会的影响："这个救济院给大家带来了什么好处，大家都清楚。如果谁13年前来过吕贝克，注意过吕贝克的贫困，那他不得不承认，吕贝克的情况发生了根本性的好转。13年前，一个正派人既不能安静地坐在桌边用餐，也不能安心地

---

1 Koster, Chronik Bremen, 85. 1647年，一道雷击中了劳教所，导致劳教所起火后被烧毁，1649年重新修葺。详见Spierenburg, The Prison Experience, 67f。

2 Koster, Chronik Bremen, 289. 1644年一名偷马贼被处绞刑，详见该书82页。

3 Pelc, Gründliche Nachricht, 13ff.

在床上睡觉，因为他会不断地被穷人的哭泣声和抱怨声打扰。穷人诅咒谩骂那些比他们过得好的人，而正派人则要担心自己的钱包被偷。乱伦、卖淫现象也非常普遍。感谢上帝，自从有了救济院，情况得到了改善。穷人不再诅咒和谩骂，而代之以祷告和劳作。仔细的人也会注意到，在过去的12年，盗窃犯被处绞刑的案例要比之前少得多。"[1]

马楚卡特认为，劳教所在创建初期，不是体刑的替代刑，这一观点是正确的。早期的劳教所不是监狱，而是教养所。不过，二者之间的界限是流动性的。有些历史学家认为，早期的劳教所从一开始也是监狱。[2]事实上，也有一定的佐证可以说明这一点。比如阿姆斯特丹拉斯普惠斯劳教所的12位居住者中，有6位是因犯了罪才被安顿在里面。[3] 1648年，不来梅法庭对年轻的盗窃犯约翰·施密特的命运进行了商讨。法庭认为，施密特进行了无数次偷盗，应判处他绞刑。但施密特因未成年以及其他原因，躲过了死刑，最终被判终身监禁。记录官彼得·科斯特对此的记载很是模糊。此外，法庭还派人在施密特脖子上焊一个铁圈。1649年，废旧的劳教所被翻修，重新投入使用后，施密特很快被移交到了那里。1652年，他成功逃出了劳教所。[4]当然，也有反对将劳教所用作监狱的做法。

1　Pelc, Gründliche Nachricht, 99.

2　Karl Härter, Freiheitsentziehende Sanktionen in der Strafjustiz des frühneuzeitlichen Alten Reiches, in: Gerhard Ammerer / Falk Bretschneider / Alfred Stefan Weiß (Hg.): Gefängnis und Gesellschaft. Zur (Vor-)Geschichte der strafenden Einsperrung, Leipzig 2003, 67–99, 此处 87。

3　Spierenburg, The Prison Experience, 50.

4　Koster, Chronik Bremen, 86.

比如1667年，吕贝克议会请求当地的劳教所接纳两名已关押了半年的街头强盗和盗窃犯，遭到了拒绝。劳教所的经管人强调，劳教所不是为街头强盗，而是为那些乞讨者以及不听话的孩子们准备的。[1]

劳教所作为监狱的理念，慢慢才发展成型，至18世纪最终确立。[2]尽管如此，劳教所从一开始便是一种曲线救国的尝试，试图以此来间接减少死刑数。这在不来梅和吕贝克取得了成功，但在汉堡没有。不过，易北河畔城市汉堡的劳教所在创建初期，也有人表达了希望通过建立劳教所来显著减少盗窃犯被判死刑的愿望。1614年，汉堡一场为筹建劳教所（作坊）而进行的抽彩活动带来了七万马克的资助。中奖号码表是与一首共17段的歌一起被印刷的，歌中再次总结了建立劳教所的动机，明确指出希望随着劳教所的建立，不会再有如此多的盗窃犯死在绞刑架上。[3]

劳教所的创始人并不想让犯人用劳作来代替死刑，而是想通过劳教所来清除盗窃犯的储备力量。1622年，汉堡的劳教所条例确定了进入劳教所的人群：首先是不能养活自己的贫困人、穷人，然后是那些本可以找事做，因懒惰而宁愿去乞讨的人，还有那些强壮的、懒惰的、放肆的、好色的、不信仰上帝的、放荡的、叛逆的酒鬼。[4]

创建劳教所的初衷是，如果强制穷人、乞丐、孤儿、流浪汉劳

1 Pelc, Gründliche Nachricht, 140f., 14f., 127.

2 Spierenburg, The Prison Experience, 135ff.

3 Albert Ebeling, Beiträge zur Geschichte der Freiheitsstrafe, Breslau-Neukirch 1935, 29.

4 Sammlung der hamburgischen Gesetze, 384.

作，让他们习惯劳作，那他们便不会将偷盗作为谋生之道。如果看看盗窃犯典型的人生轨迹，便可以知道这个考虑确实有一定道理。大部分盗窃犯从少年时代就开始偷盗了。由于物质上的匮乏，加上又没有什么社会根基，他们很容易走向偷盗之路。驱逐出城、鞭打、体罚甚至割耳、割鼻、割指等惩罚都不能让他们放弃偷盗，而他们最后的结局都是死在绞刑架上。[1]这种恶性堕落必须得到制止。1669年，汉堡当局明确指出，责打、驱逐出城都不能让盗窃犯停止盗窃，因而不应将其驱逐出城，而是送到劳教所去。[2]

劳教所的出现，是对神圣而血腥的死刑的首次冲击，在一开始也只取得了有限的成功。除了尼德兰出现了许多劳教所，在德意志民族神圣罗马帝国境内，一开始只在几个汉莎同盟城市建立了为数不多的劳教所。除了已经提到的不来梅、汉堡、吕贝克，但泽（1629 / 1630年）也在首批建立劳教所的城市之列。[3]而且劳教所里的人大多都很少。1624年，乌得勒支的劳教所里只有42名男子、22名女子。1596年2月3日，阿姆斯特丹的劳教所有12名男子。而阿姆斯特丹的纺织所1611年也一共只有15名女子，但这一人数在17世纪末上升为80人。而在同一时期，汉堡的劳教所里有500人。[4]

总的来说，17世纪劳教所的建立，主要局限在新教统治区。据统计，17世纪共有63个新教区建立了劳教所，而天主教区只有

1　关于盗窃犯的生涯，详见 *Sammlung der hamburgischen Gesetze* 第二十章。

2　Sammlung der hamburgischen Gesetze, 422, 427.

3　Spierenburg, The Prison Experience, 56; Bonger, Dirck Volkertszoon Coornhert, 260f.

4　Spierenburg, The Prison Experience, 50, 142.

六个，且都是在 17 世纪最后 30 年建的。[1] 1609 年，巴伐利亚公爵马克西米连试图说服慕尼黑议会在一个秘密场所给那些被判长期拘留的犯人建一个监禁所（carcer perpetuus），但没有成功。直到 1682 年，慕尼黑议会才在城墙附近建了一个选帝侯劳教所。[2] 1608 年，勃兰登堡的选帝侯下令建一个劳教所，但并没有建成。1612 年和 1619 年，明斯特和科隆分别讨论了建劳教所的必要，但都没有结果。1621 年，奥斯纳布吕克的尝试也是如此。[3]

早期的劳教所，也并非一帆风顺，有的很早就宣告失败。除不来梅外，莱顿、吕伐登、格罗宁根、乌得勒支、代尔夫特的劳教所也都在几年后便倒闭，具体原因不详。尽管如此，劳教所的理念已深入人心。就连骄傲的帝国自由城纽伦堡也在 1669 年向不来梅市政府请教劳教所方面的经验。[4] 1670 年，纽伦堡在美因河南岸建了第一个劳教所。[5]

早期的劳教所虽没有取得决定性的胜利，但它为限制判处盗窃犯和其他轻型罪犯死刑打开了一扇门。17 世纪早期，这一目标尚不清晰。当时的劳教所想成为教养所，而不是监狱。劳教所的创始人试图将劳教所与刑法体系相隔绝，至于是否成功，要具体城市具体分析。不过，可以肯定的是，随着时间的推进，劳教所逐渐朝监狱的方向发展。1600 年前后，人们对劳教所的讨论主要围绕乞丐、

---

1 Harrington, Escape form the Great Confinement, 312.

2 Schattenhofer, Das alte Rathaus, 300.

3 Spierenburg, The Prison Experience, 57.

4 Spierenburg, The Prison Experience, 137.

5 Harrington, Escape from the Great Confinement, 308–345; Marlene Sothmann, Das Armen-, Zucht-und Werkhaus in Nürnberg bis 1806, Nürnberg 1970.

贫困人、穷人进行，1700 年前后则发生了根本性的变化：这一时期的劳教所，是关押罪犯的地方。[1] 17 世纪，在劳教所劳作成为死刑的替代刑，得到了广泛普及，并开始在欧洲的刑法体系中变得重要起来。

血腥司法的受害者

“血在整个国家四溅。是的，很多血，每年都如此，但又没有足够的土壤去承受它。”[2]

——威廉·汤姆林森 ,1657 年

“……每个社会都有其应有的罪犯。”[3]

——加缪，1957 年

18 世纪，历史学家们开始书写纽伦堡的死刑史，整理出了第一批数据。根据这些数据，纽伦堡死刑的历史始于 1298 年，当时和整个法兰克一样，许多犹太人“因行为不检”被处火刑。我们有必要对“行为不检”进行一下解释。1298 年，法兰克盛传着一个谣言：几名犹太人在小城勒廷根亵渎了圣饼。这一谣言直接引发了一波对犹太人的屠杀，史上称为“伦特弗莱希（Rintfleisch）屠杀”。这是基督教会仇恨犹太人的一个大事件，成千上万的犹太人

1 Spierenburg, The Prison Experience, 139, 此处指的是荷兰。

2 Tomlinson, Of Hanging for Theft, 19.

3 Camus, Réflexions sur la Guillotine, 154.

死于这场屠杀，光纽伦堡就有超过700名犹太人丧命。27年后，纽伦堡才再次出现死刑案例，用剑刑处死了一名敌对分子。1337年，一名议员的奴仆被指控偷了议员一条金项链。在严刑拷打下，奴仆“出于害怕和恐惧”，承认偷了项链，随之被处死。过了一段时间，金项链又奇迹般地找到了。原来是议员的孩子在玩金项链的时候，不小心将金项链掉进了雪里。直到融雪天气到来，金项链才又从雪地里冒了出来。[1]

据此，纽伦堡死刑的历史始于3个案例。而这3个案例中，至少有2个是误判或屈打成招。但这对死刑的接受度并没有任何影响，因为误判不可避免。巴塞尔有这样一个案例：一名女子因和丈夫起了冲突，一气之下就离开了丈夫。当一名无名女尸在莱茵河被发现后，这名丈夫便被怀疑以这种方式杀害了妻子。刑讯后，丈夫招供了，随后被处死。3天后，妻子又回来了，想和丈夫重修旧好，但为时已晚。[2]1446年，纽伦堡处死了一名盗窃犯。盗窃犯被带到绞刑架前，还高喊自己无辜，称自己将像耶稣基督死在十字架上一样。尽管如此，刽子手还是执行了审判决议。不久，所偷之物在修葺房屋时又找到了，说明该盗窃犯确实是无辜的。[3]

我们知道，对犯人刑讯逼供时，犯人招供的可能并非事实，但这在文献中很少出现。1566年，牧师出面干涉了库尔姆巴赫的日工西蒙·施耐德（Simon Schneider）的诉讼案。西蒙承认自己犯了抢劫杀人罪，因而被判轮刑。但行刑前一夜，他向牧师保证自己并

1 GNM Nürnberg, Hs. 3857, f. 7v.

2 Ochs, Basel, Bd. 6, 482.

3 GNM Nürnberg, Hs. 3857, f. 10r.

没有杀人，只是偷了死者的财物。牧师向陪审团陈情，认为西蒙的告解很可信。陪审团随后宣布减轻对西蒙的刑罚，改判剑刑。[1]

1469 年，维尔茨堡议长以及一名议员去了约 25 千米外的阿恩施泰因，原因是阿恩施泰因有名男子声称是自己而非最近在维尔茨堡被处死的 3 名男子杀了人。维尔茨堡议会急切地想弄明白此事，因为民间已经有流言称维尔茨堡法庭错杀了 3 名无辜男子。最后，议长和议员成功地说服了散布谣言者撤回谣言。[2]一般来说，议会对这样的案例都会很小心。但如果确实出现了误杀无辜之事，当权者也会试图逃避责任。1522 年，巴塞尔书记官在议会薄中记载了这样一件事：巴塞尔议会曾委托一名去诺伊恩堡的信差，去看望一名在巴塞尔被处轮刑的无辜男子的妻子，看她是否需要生活资助。[3]

也就是说，议会知道误判是可能的，上帝不可能阻止所有的审判错误。但这丝毫不影响人们对体刑和死刑实用性的信任。法学家、牧师和当权者一再强调，公开体罚和处决犯人是为了震慑他人，给潜在的犯人一个紧急的警告。死刑作为唯一的救命稻草，能将犯人从犯罪的泥潭中拉出来。1602 年，很多人为被判死刑的汉斯·诺伊鲍尔求情，但纽伦堡议会不为所动，理由是“必须惩罚犯罪行为”[4]。1604 年，圣加仑议会认为，执行死刑“是为了震慑他人”[5]。杀一儆百的对象，经常是盗窃犯。为此，当权者经常进行连续行刑。奥古斯堡议会 1551 年在一周内将 7 名盗窃犯送上了绞刑

1 Grieb, Die Henker von Nürnberg, 104.
2 Sprandel, Würzburger Ratsprotokoll, 249.
3 Ochs, Basel, Bd. 5, 746f.
4 GNM, Hs. 3857, f. 65v.
5 Moser-Nef, St. Gallen, Bd. 5, 40.

架，其中无一人是奥古斯堡居民。[1]在纽伦堡，弗朗茨大师也曾连续将5名盗窃犯绞死在绞刑架上。[2]在法兰克福，议会1572年命令一次性绞死9名盗窃犯。7年后，7名盗窃犯也在同一天上了绞刑架。1586年4月30日，剑子手一口气绞死了6名盗窃犯。[3]

当权者对刑罚的力量深信不疑。残酷刑罚的高潮，无疑是假行刑，目的是杜绝年轻罪犯的犯罪倾向。1575年初，纽伦堡抓获了一个盗窃团伙。和其他盗窃团伙一样，该团伙也有一个头目，带领一群小孩偷盗。头目是16、17岁的汉斯·贝克（Hans Beck），其余5个小孩均在7—11岁之间。汉斯最后被判绞刑。一封法律鉴定认为，那五名小孩也应判处死刑，但法庭无法下定决心按照该鉴定进行判决，而是宣布将那5名小孩套上绞绳，绑在耻辱柱上示众三天，每天半小时。示众的最后一天，这5名小孩身上戴着镣铐，脖子上套着绞绳，和头目汉斯一起被押送去了绞刑场，去看汉斯如何被绞死。汉斯行刑后，他们的镣铐被打开。剑子手警告他们必须离开纽伦堡，如果胆敢回来，也会像汉斯一样被绞死。[4]至于纽伦堡议会是否故意让这5名小孩觉得自己也会被绞死，是否在他们登上绞刑架梯子吓得“魂飞魄散”时才宣布对他们宽大处理，相关文献并没有记载。赫尔曼·科纳普（Hermann Knapp）以及提奥多·汉佩（Theodor Hampe）认为是这样的。这也确实可能。[5]可以肯定的是，对这五名小孩来说，去往绞刑场的路，是地狱般的煎熬。议

1 Die Chroniken der deutschen Städte, Bd. 32, 242.

2 Keller, Maister Franntzn, 78.

3 Meinhardt, Das peinliche Strafrecht, 123.

4 Grieb, Die Henker von Nürnberg, 115f, 364（其中汉斯·贝克的年龄数据不一）.

5 Knapp, Lochgefängnis, 75; Hampe, Malefizbücher, 84.

会的书记员记载说，他们被带出去时哭得很厉害，非常无助、绝望，不时地看向他们的头目汉斯。[1]

当时普遍的教育观都相信暴力、震慑和恐吓的作用，故而经常上演假死刑行刑。1607 年，小亨斯·安德雷亚斯·霍夫曼（Henßlein Andreas Hoffmann）被关进了纽伦堡地下监狱。当时他还只有 14 岁，但已被证实进行了 130 多起盗窃，已四次被关押。而这一次，他在地下监狱绝望地等待着死亡。牧师哈根多恩非常冷漠地描述了他所承受的心理恐吓："他可怜兮兮地喊着'上帝救命'，多次十指交叉地跪在地上，流着泪请求上帝宽恕他，不要处死他，并保证以后绝不偷盗，最后连我也开始同情他。"小亨斯很幸运，他是纽伦堡一位市民之子。被关押期间，其父已经在幕后动用了一切力量，请到了重要的求情者为他求情，并承诺会支付关押引起的费用并赔偿偷盗造成的全部损失。随后，法庭同意赦免他，但小亨斯自己还不知道。他在监狱里继续待了 8 天，等待着行刑的到来。大家一起合伙上演了一场残忍的闹剧。牧师们知道行刑只是一场表演，但不能告诉他，因为法庭的意思是要"吓吓他，让他以后不要再犯类似的罪"[2]。牧师们当然遵守了法庭的命令。一个星期二，小亨斯听到了城市民兵在地下监狱前列队的声音。他很确定：这是在执行他的死刑命令。直到最后一刻，牧师才告诉他实情。[3] 而在 4 年前的 1603 年，尤尔克·维特曼（Jörg Widmenn 或 Widtmann）和尼克拉斯·维特曼（Niklas Widmenn 或 Widtmann）两兄

1 Hampe, Malefizbücher, 84.

2 Hampe, Malefizbücher, 85.

3 GNM, Hs. 3857, f. 64v.

弟因多起盗窃案被抓获。陪审团认为，这两人原本应被判绞刑，但因两人都非常年轻，尤尔克才14岁，故而决定只上演一场死刑假戏。两人被带进审判庭，陪审团宣布了对他们的死刑决议。随后，法庭又派人告诉他们，如果他们提出赦免请求，将会向法庭转达。就这样，这两人在害怕与担心中度过了一段狱中时光。最后，法庭命人用荆条连续抽打他们3天，然后将其驱逐出城，终身不得靠近纽伦堡十英里之内的地方。他们的父亲也不能逃避惩罚，法庭命他将两人带出城，还告诫他最好也离开纽伦堡城，去别的地方谋生。[1]有一天，这两兄弟又回来了。随后我们还会再提到他们。

虽然假行刑至今还未受到历史学家的重视，但在当时它是很普遍的。1429年，法兰克福刽子手得到了一磅芬尼的报酬，因为他绑了一名女子，将其押到了桥上，准备浸河。但这名女子最后被释放。[2]18世纪，美因茨大主教区的当权者曾多次制造行刑假象，来恐吓犯人，让犯人以为自己会死而惴惴不安（horror mortis）。有一个案例涉及的是一名16岁的流浪汉。法庭命令刽子手，向该流浪汉宣布法庭的死刑决议。3天后，他被迫做好被处决的准备。刽子手将他从监狱带去了刑场，在刑场上刽子手才向他宣布，法庭决定免除他死刑，改判他去挖战壕。[3]这看起来似乎是宽宥，实际上却是表演。

较典型的是那些“最后一刻的宽宥”，法庭肯定不是在“最后一刻”才决定宽宥犯人，一切都只是表演。哈丽特·鲁道夫（Har-

1 Grieb, Die Henker von Nürnberg, 168.

2 Rau, Beiträge zum Kriminalrecht, 58.

3 Härter, Policey und Strafjustiz, 727.

riet Rudolph）给我们讲述了奥斯纳布吕克侯爵主教区不少类似的案例。法庭不仅要等到最后一刻，而且是最后一秒才宣布赦免犯人。在一个案例中，一名死刑犯绞绳都已套在了脖子上，下一秒就要行刑，法庭这才宣布免除他死刑。[1] 类似的案例法兰克福也有。抓获一个 5 人盗窃团伙后，法庭决定判处其中 4 人死刑，第 5 人因年龄太小，还不能判处死刑。尽管如此，法庭还是决定将他和其他 4 人一起带去绞刑场，让他认为自己也会被处死，等他被带到绞刑架下后再宣布赦免他。类似的心理恐吓，一名临阵脱逃的士兵也经历了。到了刑场，刽子手才告诉他，法庭宽宥他，将免除他死刑，只体罚他。[2]

法国也有一例类似的案例。1634 年，鲁昂一名修鞋匠因参加了起义而被判死刑。在两名牧师陪同下，他脖子上套上了绞绳，由一辆推车押往刑场。半路上，突然有人一声大喊，一名军官疾驰而来，手里拿着一封国王的赦免信。民众开始欢呼，将修鞋匠脖子上的绞绳剪断，并高喊“国王万岁”。随后，鲁昂城燃起了火焰，欢庆修鞋匠的命运在最后一刻得以逆转。[3] 这显然是一场可笑但有效的表演，因为“最后一刻的宽宥”，会让围观群众感情强烈。这里提到的国王，便是提高皮革税从而引发了起义的那位国王。而现在，他却因在最后一刻赦免了修鞋匠而受到了民众的拥护。

假行刑和“最后一刻的宽宥”之所以有市场，是因为当权者相信死刑的震慑作用，希望以此让民众屈服，同时也将刑罚视作教

1 Rudolph, Eine gelinde Regierungsart, 324.

2 Meinhardt, Das peinliche Strafrecht, 96f.

3 Bée, Le spectacle, 860. 类似的案例请见 Friedland, Seeing Justice Done, 123。

育儿童的一种有效工具，使用时没有丝毫顾忌。1466 年，圣加仑法庭对多次用言语侮辱自己母亲并对其施暴的两名少年进行了惩罚。在用荆条将他们鞭打出城之前，他们在晚祷前被绑在耻辱架前示众，这样“其他小孩”便会以此为戒，不再犯同样的罪，尊敬父母。[1] 16 世纪 20 年代，伐木者米歇尔·欧希（Michael Öch）因发表了亵渎神明的言论被纽伦堡法庭判处死刑，行刑方式为剑刑。刽子手将他的头砍下之后，将他的舌头也割了下来，插到了一把刀上，然后将刀举起，把血淋淋的舌头展示给围观群众看。一边展示，一边还进行告诫演讲。他劝导父母一定要让自己的孩子去除诅咒和谩骂的习惯，免得落得像米歇尔一样的下场。随后，米歇尔的舌头被插到了一根杆上，挂在弗莱施桥上示众。[2]

我们无法去查证处决犯人起到了多大的震慑作用，但我们有相关的佐证。死刑存在了几百年，但并未在世界的任何地方让犯罪现象绝迹。阿图尔·科斯特勒（Arthur Koestler）和阿尔贝·加缪在其反对死刑的文章中便已指出了这一点。对死刑犯进行公开行刑，并没有起到实质性的作用。在英国，对盗窃犯执行绞刑时，依旧有盗窃犯猖狂地顺手牵羊。根据统计，英国 1900 年 250 名绞刑犯中，有 170 名曾观看过一次或两次公开处决。1886 年，布里斯托 167 名死刑犯中有 164 人曾观看过处决。[3] 根据现有文献，可以证明加缪的观点是正确的：许多被处决、受到体刑的罪犯都有很长的犯罪生涯，也知道等待他们的是什么。他们都有前科，说明他们

1 Moser-Nef, St. Gallen, Bd. 5, 118, 313.

2 GNM, Hs. 3857, f. 18r.

3 Camus, Die Guillotine, 104–107; Camus/Koestler, Réflexions.

此前已经历过司法的残酷处置。他们依旧选择铤而走险，这是他们在社会上、经济上都没有出路的结果。英国女作家希拉里·曼特尔（Hilary Mantel）在小说中描写英格兰都铎王朝时期贫困者、失败者的处境时一针见血："所有事都有季节：挨饿的季节以及偷盗的季节。"[1]

纽伦堡的文献便足以说明，即便是最残忍的死刑行刑，其震慑作用也有限。我们此前提到过，维特曼两兄弟最后一刻被赦免时，绞绳就要套到他们脖子上了，但他们并没有吸取这次教训。两年后，两人因偷盗再次被抓，死在了纽伦堡的绞刑架上。[2] 1581年，弗朗茨大师绞死了盗窃犯克里斯托夫·豪客。虽然豪客此前也差一点被绞死，但他不以为意，继续着偷盗之路。[3]本书一开头介绍的米歇尔·小根佩尔在1612年便因多重偷盗罪、抢劫杀人罪以及其他罪被刽子手施以轮刑。而早在3年前，小根佩尔已因偷盗罪被判处死刑。但当时有人为他求情成功，让他躲过了绞刑。不过很显然他并没有以此为戒。相反，他变得越发猖狂，从一个少年盗窃犯变成了一个多重抢劫杀人犯。[4]

前现代刑罚体系的失败，可以通过两个文献直白地证明：一是海因里希·戴克斯勒的纽伦堡编年史，记录了1500年前后纽伦堡的司法案例；二是纽伦堡刽子手弗朗茨·施密特约80年后的日记，一直到17世纪早期。这两人见证了体刑和死刑实际上并无意义，

1 Hilary Mantel, Falken, Köln 2014, 241.

2 Keller, Maister Franntzn, 65. 伯尔尼的类似案例请见 Tscharner, Todesstrafe Bern, 121f。

3 Keller, Maister Franntzn, 11.

4 Keller, Maister Franntzn, 71.

但这并不是他们记录的本来目的，因为他们并不反对死刑，不是出于反对死刑而记载了那些无论荆条、割耳、刺印还是绞刑都无法让其回头的犯人。他们描写的是他们所熟悉的司法实践，揭示了一个冷血社会的无助。

1604年6月16日，弗朗茨大师将年轻的格奥尔格·迈尔（Georg Mayr）带上了绞刑场。弗朗茨大师对此案的记录，虽简短却十分明了："6月16日，来自温特里斯巴赫的乞讨者、盗窃犯格奥尔格·迈尔，因多次偷盗在利希特瑙被绞死，死时17岁，8年前开始偷盗。"[1]大部分罪犯都是从小，也就是七八九岁的样子开始犯罪。他们的人生轨迹已经注定，没有什么能让他们回头。此外，根据弗朗茨大师的记载，1581年2月18日，他用荆条将埃莱娜·罗伊博尔特（Ellena Leubolt）鞭打出了城。此前她曾20次被关入地下监狱，两次被抽打出城，且手指都被砸断。[2] 1594年9月，纽伦堡两名16岁的盗窃犯死在了刽子手的剑下。原本法庭要判绞刑，但二人进行了"恭顺的求情"，法庭最终改判剑刑。二人的犯罪生涯很是惊人，"经常被关入地下监狱"。将这两人进行处决，并非当局乐意之事。法庭的书记员在此次行刑的记录中引用了一句毕达哥拉斯的话，表达了一种绝望："如果不惩罚坏人，便是对好人不公。"[3]海因里希·戴克斯勒记载了许多年轻的盗窃犯被荆条鞭打出城的案例，称这些盗窃犯的父亲们也曾试图用鞭打的方式使自己的

1 Keller, Maister Franntzn, 60.

2 Keller, Maister Franntzn, 84.

3 Keller, Maister Franntzn, XIX, 39; Grieb, Die Henker von Nürnberg, 156.

儿子走上正途。[1]

处置毫无希望的罪犯，死刑是最后的方法，当权者最后也会硬起心肠。弗朗茨·伊尔西格勒（Franz Irsigler）和阿诺德·拉索塔（Arnold Lassotta）合著的一本研究中世纪晚期科隆社会边缘团体的著作中，乞讨、盗窃章节中最后一节的标题是“最后的结局是绞刑架”，这是非常准确的。文中用了两个例子来说明盗窃犯的人生轨迹：从小开始偷盗，偷盗多年后被处死刑。[2]纽伦堡的情况与科隆的相仿。据记载，1562年，汉斯·施耐德（Hans Schneider）此前已因盗窃而被割耳，但他对此毫不在乎，继续“毫无悔恨”地行着盗窃之事，最终“获得了应得的惩罚，被处剑刑。”[3]1503年1月13日，彼得·齐格勒（Peter Ziegler）被关进了纽伦堡的地下监狱。此前，他曾从临近纽伦堡的施瓦巴赫的监狱中成功逃出。他多次被刑讯，法庭想逼他招供更多盗窃事实，以便放心地处死他。齐格勒此前的履历绝非一张白纸：曾四次被刽子手用荆条鞭打出城，还被砍掉了10指。不过，法庭这次的证据并不充足。同年3月和6月，他4次从监狱被移到了审讯室。刽子手警告他，如果不招供，便会对他进行刑讯。7月1日，他的招供记录终于齐备，法庭开始考虑应如何审判他。1503年7月4日，齐格勒被判死刑。法庭给出的理由很值得人注意，因为他“不存在改过的希望”。一周后，齐格勒死在了绞刑架上。[4]

1 Heinrich Deichsler’s Chronik, 663.

2 Irsigler/Lassotta, Bettler und Gaukler, 67.

3 GNM, Hs. 3857, f. 26r.

4 Grieb, Die Henker von Nürnberg, 9ff., 344.

我们看到的，是一个对罪犯采取放弃态度的社会。这种放弃态度，最后演变成毫不留情的政策。1563 年，克里斯托夫·赫尔姆斯（Christoph Helms）被带上了绞刑架，因为“他没有改过自新的希望”。他此前曾戴过铁镣，也受过其他刑罚，但依旧继续偷盗。而这一次，等待他的是死亡。[1] 年轻的格奥尔格·普里科纳（Georg Prückner）是一名纽伦堡市民，曾多次被关押。1613 年，他在行盗时再次被抓。这一次，他要为此付出生命的代价，因为他“没有改过自新的希望”[2]。巴塔萨·普莱斯（Balthasar Preys）是一位市民之子，年纪尚轻，曾多次因偷盗被捕。1615 年，他再次因偷盗而入狱。根据弗朗茨大师的记载，巴塔萨此前曾 11 次被关进地下监狱，多次被带去了施普林格（类似劳教所的地方），且有半年时间身上被铸上铁镣，但他“就是不想放弃偷盗”。1615 年，弗朗茨将巴塔萨斩首。[3] 几年后，陪审团将弗里兹·阿诺德（Fritz Arnold）和汉斯·席勒（Hans Schiller）定性为“两名臭名昭著的盗窃犯，已无悔改的希望”。[4] 希罗尼穆斯·普法芬格（Hieronymus Pfäffinger）曾因偷盗被关入纽伦堡地下监狱 7 次，“但他没有改过之心，故被处以绞刑”。[5]

盗窃犯的故事总是惊人的相似。1501 年，一名盗窃犯死在了绞刑架上，此前他曾 4 次因盗窃而被刽子手用荆条鞭打出城。戴克斯勒在记载这名盗窃犯时，感情中夹杂着难以置信和放弃：“他不

1 Grieb, Die Henker von Nürnberg, 97.

2 Keller, Maister Franntzn, 74.

3 Keller, Maister Franntzn, 76.

4 Grieb, Die Henker von Nürnberg, 148.

5 GNM, Hs. 3857, f. 27v.

想停止”。[1] 盗窃犯是不想停止还是不能停止呢？我们无法为每个盗窃犯给出量身定制的答案，但我们有佐证可以说明，大部分被判死刑、被鞭打出城、被体罚的犯人，并没有多少机会重返社会，过上正常的市民生活。他们大多在孩提时期便已步入犯罪行业，被抓后身上打下了实实在在的司法烙印：割耳、切指、脸上烙印等。1553年，汉斯·奈德尔（Hans Neydel）被怀疑参与了多起抢劫案，议会将他关押在了纽伦堡地下监狱。而议会的第一个指令，便是让人检查他的十指是否完好无损。[2] 有无犯罪前科，是判别犯人有罪无罪的一个重要标志。1502 年，慕尼黑的差役抓获了一名无耳的女盗窃犯。对差役来说，这已足够证明该女子有罪。[3] 1470 年，法兰克福抓捕了一名无耳的男子。因为没有耳朵，议会认为他很可疑。该男子解释说自己的耳朵是在圣温德尔无辜被割，但议会不想在法兰克福见到无耳之人。最后，议会将该男子释放，同时将他驱逐出城，并告诉他，只有从圣温德尔带来一份书面证明，证明他的耳朵确实是无辜被割，他才能再次进入法兰克福城。[4]

刑罚也会留下看不见的烙印。1459 年，法兰克福议会拒绝让格勒·克莱泽（Gele Keiser）在浴场工作，理由是他曾受过刽子手的惩罚。[5] 如果谁与刑场扯上了关系，那整个家族，甚至所有亲戚也许都会名誉扫地。因而，在出现争执时，争执双方都喜欢拿对方有前科来说事或嘲笑对方的亲戚是犯罪分子。1460 年，一女子指

1 Schuster, Verbrechen und Strafe, 62.

2 Grieb, Die Henker von Nürnberg, 73.

3 Schattenhofer, Das alte Rathaus, 302.

4 Rau, Beiträge zum Kriminalrecht, 5f.

5 Rau, Beiträge zum Kriminalrecht, 221.

责艾格尼丝·林登弗雷辛（Agnes Lindenfrelsin）偷了尼龙布，称艾格尼丝是一个将所见之物都纳为己有的小偷。艾格尼丝听后十分气愤，一把冲向她，将她的头狠狠地往楼梯上撞，试图将她压倒在地。[1] 1514 年，苏黎世一名男子因犯了破坏和平罪被审判，因为他对卡斯帕·施泰格（Kaspar Stäger）说了这样的话："卡斯帕，你有一个罪犯朋友（亲戚），如果不是朋友们为他求情，他的尸体现在已经挂在绞刑架上了。"[2] 影射对方有犯过罪的亲戚朋友，以此来羞辱对方，在前现代社会很普遍，经常出现因此类纠纷闹上法庭的情况。对此的记录大多不详细，但也有例外，比如 15 世纪末巴塞尔两名女子之间的相互诋毁和争执。我们姑且不谈两人争执的原因，她们的对话更值得我们关注。在对对方的侮辱中，双方都提到了对方与罪犯的关联。首先是玛格雷特·冯·法赫（Margarete von Fach），她指责马德雷娜·库福尔（Madlena Kuffer）是犹太人之女。马德雷娜针锋相对，说即便这样也比玛格瑞特好，因为玛格瑞特的父亲被处轮刑，母亲被处火刑，兄弟则在诺伊堡刑场被处绞刑，"她说不定还能在诺伊堡的绞刑架上找到她兄弟双腿的骨骼呢"。而玛格瑞特则回答说，就算马德雷娜躺在埃泽尔塔牢高处，虔诚之人也不会在意。马德雷娜的反击非常迅速，称如果自己躺在埃泽尔塔牢高处，那她希望玛格瑞特躺在埃泽尔塔低处，这是在暗讽玛格瑞特曾经差一点被套上镣铐，支付了一笔赎罪金后才免于该

---

1 StaatsA Basel, Gerichtsarchiv D10, f. 81.

2 Katja Hürlimann, Soziale Beziehungen im Dorf. Aspekte dörflicher Soziabilität in den Landvogteien Greifensee und Kyburg um 1500, Zürich 2000, 101.

刑罚。[1]

任何人和死刑案扯上了关系，都会名誉受损。1601 年，慕尼黑议会严令慕尼黑的最高法官，不得在议会不知情的情况下让市民进入重刑犯监狱探监。1482 年，慕尼黑市长命人将一名骑士安置在了重刑犯监狱。公爵阿尔布雷希特四世（Albrecht IV）得知后非常生气，马上让人将骑士转移到了议会塔牢。[2]

相关的文献记载了很多背井离乡的职业罪犯。绝望时，他们会对着一块石头忏悔，因为他们不敢向牧师忏悔。[3] 我们前面已提到过，有些死刑犯得学习好几天，才能掌握基督教的基本教义。很多死刑犯都是十来岁的小孩，年纪虽小，却不得不以偷盗为生，被抓后通常会被刽子手鞭笞，背上也会留下伤疤。在有些地区，被捕的盗窃犯每 3 个便有一个是未成年。[4] 1593 年，纽伦堡当局铲除了一个多人盗窃团伙。该盗窃团伙有两名头目，手下有 4 名小孩：维尔茨堡的两兄弟以及慕尼黑的两个男孩。这 4 名小孩主要被派去偷钱包，如果成功，便会得到一些零花钱、食物、床铺等。他们被如此剥削、误导，但没人同情他们。最后，那两名头目被处死，4 名小孩则被刽子手用荆条鞭打出了城。[5]

当权者对身处困境的年轻人，采取的是一种残酷无情的政策，

1 StaatsA Basel, Gerichtsarchiv D16 (1493–96), f. 170r.

2 Schattenhofer, Das alte Rathaus, 308, 310.

3 Peter Schuster, Die mittelalterliche Gesellschaft vom Eigentum her denken. Gerichtsquellen und Mentalitäten im späten Mittelalter, in: Otto Gerhard Oexle / Pierre Monnet (Hg.): Das Recht in der spätmittelalterlichen Stadt, Göttingen 2003, 167–180, 此处 175。

4 Harrington, Die Ehre des Scharfrichters, 255.

5 Keller, Maister Franntzn, 33f., 100.

但也有例外。1560 年，纽伦堡议会宣布，将几名年轻的盗窃犯套上铁镣，绑在耻辱柱上示众。这几人过的都是食不果腹、四处漂泊的生活。议会随后探讨了他们的窘境，思考了如何给他们衣物和住所，让他们熬过即将到来的冬天。[1]

偷盗既无法使人致富也无法让人快乐，它更多的是穷人在生存斗争中采取的一种策略。1584 年 1 月 14 日，弗朗茨大师用荆条将盗窃犯、强盗巴斯特拉·豪客（Bastla Hauck）赶出了城。巴斯特拉的出身，决定了他没有任何机会。巴斯特拉的父亲和一个兄弟也是盗窃犯，很早就被绞死了，另一个兄弟也已被荆条鞭打出城。但这并不能阻止巴斯特拉偷盗。[2]1503 年，刽子手将强盗恩德雷斯·库尔茨（Endres Kurtz）斩首。根据记载，恩德雷斯的父亲和两位兄弟也经历了同样的命运。[3]1597 年，弗朗茨用剑处死了盗窃犯安娜·斐格纳（Anna Faigner）。一年半前，安娜作为一个“偷盗婊子”，被刽子手用荆条赶出了城。不过，这并不是她短暂的一生中所承受的唯一打击。她的第一任丈夫汉斯·埃斯曼（Hans Eysmann），也曾两次被刽子手用荆条从纽伦堡赶了出去，最后在一个名为埃克尔斯海姆的地方被处死了。第二任丈夫也没能让安娜从犯罪行业中解脱出来，他也是犯罪分子，后来也被抓获，在黑尔斯布鲁克被处死了。随后，安娜和两名男子迪特里希·迈尔（Dietrich Mayr）和彼得·拉姆施特肯（Peter Rammstecken）一起，在纽伦堡一带行窃。这两人也被判处绞刑，和安娜一起去了

1 Grieb, Die Henker von Nürnberg, 89.

2 Keller, Maister Franntzn, 87.

3 Heinrich Deichsler’s Chronik, 663.

刑场，死在了绞刑架上。[1] 安娜留下了 4 个孩子，其中一个孩子年龄实在太小，法庭不得不将其带到在地下监狱的安娜身边。行刑 5 天前，纽伦堡陪审团一起商议，要如何处置安娜死后无依无靠的 4 个孩子，最后得出结论：先不忙着行刑，先看看应如何救助这些孩子。最小的那个，陪审团决定送去育婴堂。这几个孩子的社会处境，应该非常差。虽然之后的犯罪记录中没有这几个孩子的名字，但这说明不了什么。因为安娜·斐格纳的案例再次说明，社会底层人士的名字可以被随意使用。安娜在文献中有着各种姓氏，如斐格纳（Faigner）、怀格纳（Feygner）、怀英格（Faihinger）、艾斯迈因（Eyssmeyin）等。彼得·拉姆施特肯的绰号是劳德慕斯（Laudemus），审判时又被称为汉斯·哈姆尔（Hans Hamer）。迪特里希·迈尔在 2 月 5 日被判死刑，法庭对他的罪行深信不疑，却并不知道他的原名。行刑 3 天前，即 2 月 7 日，陪审团派人去问迈尔，他的名是尤尔克还是迪特里希。法庭宣判时，他是尤尔克·迈尔（Jörg Mayr），但在 2 月 10 日行刑时，他又成了迪特里希·迈尔。至于安娜的孩子们叫什么，我们就不得而知了。[2]

当然，也不乏真正的盗窃家庭，比如说维斯特法伦的比特比尔（Bitebier）一家。这家人有个小农场，但还是经常靠偷盗来赚取额外收入。此外，这家的家庭成员，相互之间、对外都毫不手软。父亲和儿子一样，侮辱他人、暴打他人、强奸妇女，无所不为。1590 年，儿子约翰纳斯被告上法庭，因为他用斧头扔自己的父亲，伤了父亲的腿。1602 年，儿子约布斯特在一个酒馆和自己的兄弟海因

1　Keller, Maister Franntzn, 43, 101, 103.

2　Grieb, Die Henker von Nürnberg, 157f.

里希起了争执，随后用一把刀刺向了海因里希。在酒馆老板的干预下，一场流血事件才被避免。比特比尔一家的盗窃史、暴力史、侮辱史，在法院的档案中存了很多年。从诉讼档案中可以了解到，一个儿子1604年在一场争斗中受伤而死，另一个儿子在达文斯贝格被处死，父亲也死于刽子手之手。1606年，法庭对这一家进行了大清洗，主要针对的是那些还活着的家庭成员。刑讯后，一个女儿承认自己和亲生兄弟乱伦，随后被处死。她的妯娌也被指控犯了偷盗罪，但她逃出了监狱，躲过了一死。这场大清洗的结果是：比特比尔一家最少有3名家族成员死在了刽子手之手。[1]

纽伦堡的恩格尔（Engel）一家也经历了类似的命运。不过，恩格尔一家都是纽伦堡市民。克劳斯·恩格尔（Claus Engel）从事帽子相关行业，女儿芭芭拉·恩格尔1513年因犯了多重盗窃罪被活埋，妻子玛尔塔·恩格尔（Martha Engel）也被怀疑与偷盗案有关，也被逮捕。六年后，玛尔塔的命运尘埃落定。1519年1月4日，法官宣判玛尔塔偷盗罪成立，判处她浸河的刑罚。3天后，一家之长克劳斯·恩格尔也站在了法庭上。他犯了杀人罪，被判轮刑。两个月后，当局抓获了克劳斯的兄弟——米歇尔·恩格尔（Michel Engel），他被指控参与了在雷根斯堡发生的杀人案。3月17日，他也死于轮刑。[2]不过，这一家的命运也许并非如此。另一个文献说，玛尔塔被处死后，并非她的丈夫和小叔，而是她的两个儿子被指控犯了杀人罪，一个儿子被抓后死于轮刑，另一个则逃跑了。4

1 Margarete Wittke, Mord und Totschlag? Gewaltdelikte im Fürstbistum Münster 1580–1620. Täter, Opfer und Justiz, Münster 2002, 50ff.

2 Grieb, Die Henker von Nürnberg, 28, 33f., 347.

个星期后，逃跑的儿子回到了纽伦堡，进城时看到了被绑在轮子上的兄弟的尸体，但这并没有阻止他进城。他随即被逮捕，也死于轮刑。玛尔塔的第三个儿子据说绑架了圣泽巴尔德一名神父的情妇，后去了班贝格，因数重罪被处剑刑。一家之长克劳斯·恩格尔也非无辜的羔羊。他因犯了人身伤害罪，被刽子手用荆条抽打出了纽伦堡城。[1]约一百年后，记录官约翰纳斯·米尔纳觉得这个犯罪家庭非常不同寻常，所以将其记录进了纽伦堡的编年史中。他是以讽刺的话语结束记录的：这一家子还真让人敬畏。[2]不过，这个敬畏可不包含同情或惊叹，而只是讽刺和嘲弄。

恩格尔一家之所以特别，是因为这一家人都享有市民的权利。1578 年到 1595 年，弗兰茨处决了 191 人，当中只有 9 人是纽伦堡现居市民、曾经的市民或市民之子。1600 年前后，圣加伦判处犯了重大盗窃罪的市民昆拉特·阿普特（Cunrath Abbt）剑刑。因为当时处死本城居民很不寻常，故而议会在审判决议中附加了一段祷告文，祈求上帝不要让圣加伦的市民走向犯罪之路："万能的上帝，请保佑他可怜的灵魂能够得救，宽恕我们所有人的罪，保佑所有市民都不要染上恶习，败坏社会风气。阿门。"[3]纽伦堡也是如此，死刑主要用于处罚下层人以及外来人。然而，即便死刑残忍无比，犯罪现象还是无法抑制，原因在于死刑对一部分人起不到震慑作用。和其他城市一样，纽伦堡从 14 世纪起便开始系统地使用死刑和体刑来消除犯罪，清洗和净化社会。在文献中，犯罪分子经常被称为

1 GNM, Hs. 3867, f. 13r.

2 Müllner, Annalen, Bd. 3, 454.

3 Moser-Nef, St. Gallen, Bd. 5, 528.

有害分子。[1]法学家、地方长官乌尔里希·藤勒则将犯罪分子与害虫相提并论，认为“每个人都有责任、有义务协助司法部门，清除该地区该省份的作恶分子”[2]。

然而，当权者的清洗运动收效甚微。成百上千的杀人犯、盗窃犯、强盗死在了弗朗茨大师手下，但抢劫、偷盗以及其他犯罪现象并没有因此而减少。事实上，1600 年前后，人们便应该意识到，传统的刑罚体系只能起到部分震慑作用。

对死刑进行基础性批判，在当时并不存在。充其量在近代伊始，有一些思想家对死刑的泛滥和过度运用提出了指责。16 世纪最有头脑的思想家蒙田，虽对死刑提出了批评，但在找出死刑合理的替代刑上，他则显得有些滞后。在著名的《随笔》中，他写道：“我不为那些死者感到惋惜，我羡慕他们，但我非常惋惜那些将死之人。在我眼里，那些将死人肉拿来蒸着吃的野蛮人，也没有那些残酷迫害人、折磨人身体的人可恶。就算是公正的处决，我也没有办法直视……对我来说，除了将死刑犯简单处死外，对死刑犯进行的各种折磨都是暴行。我们应该确保犯人的灵魂在离世时处于一种好的状态，如果死前对他们进行难以忍受的折磨，导致他们精神错乱而陷入绝望，我们便不可能达成目标。”不过，蒙田接下来的结论却出乎意料地苍白：“我的建议是，一切用以震慑民众的严厉刑罚，都应在犯人死后才用。看着犯人的尸体无法下葬、

---

1 Beispiele: StaatsA Nürnberg, Rst. Nbg. ASTB 189, f. 8v. 对比 Hermann Knapp, Das alte Nürnberger Kriminal-Verfahren bis zur Einführung der Karolina, in: Zeitschrift für die gesamte Strafrechtswissenschaft 12 (1/1892), 200–276, 216。

2 Tengler, Layen Spiegel, f. 132v.

被暴晒、被肢解，民众也会震惊。这与犯人活着受这些刑罚时，效果是一样的。”[1]

1 Montaigne, Essais, 214f. 对比该书 347 页。

第五章　结语

“如果不将死刑从法律中移除，那人心和社会道德都不可能长久和平。”[1]

——加缪，1957 年

在谈到死刑的受害者时，蒙田的视角与当时牧师的视角是一致的。他在考虑死刑的构成时，中心点是犯人的心灵救赎。很显然，如果不援引人的存在的超验特征，我们无法理解死刑的历史。连蒙田这样的思想巨人都无法列出死刑的替代刑，再次突出地说明了 16 世纪死刑在人们脑海中是多么地根深蒂固。现存的所有数据都说明，欧洲死刑数最多的时期是近代早期。从 17 世纪早期开始，死刑数便逐渐减少。

死刑以及死刑的行刑仪制是中世纪的遗产。死刑裁判权被视作君王的权利，是一种统治手段。但在研究中世纪死刑的使用时，我们越来越多地发现，死刑在中世纪大多是在极端特殊的情况下才会使用，主要是在出现军事和政治冲突时。一般来说，理想的统治者都不会用最严厉的刑罚来统治臣民。恰恰相反，理想的统治者是受

1 Camus, Die Guillotine, 139.

基督教启发，仁慈而懂得宽宥的君主。当然，说得难听些，君主仁慈，是希望得到回报的。中世纪的君主，都希望从统治权中获得经济收入，司法权也不例外。中世纪的贵族在对待犯罪分子时，更倾向于对其进行金钱处罚或没收其个人财产。中世纪晚期，城市取得死刑裁判权后，情况才开始发生变化，死刑成为了维护社会和平与稳定的一种国家工具。值得一提的是，盗窃犯被处死刑的数目较多，说明死刑的做用更多是一种保护公民财产不受侵犯的工具，而非对暴力行为做出的一种反应。

一直到中世纪晚期，贵族都不太使用死刑。从近代早期开始，死刑作为统治国展示统治权的一种通用手段，已从城市扩大到了乡村。有时，贵族甚至会在有争议的地区执行死刑，以展示对该地区的统治和领土要求。如果政治冲突局面需要，贵族随时会展开对女巫的审判，在争议区处决女巫，以此来展示自己的统治权。

需要指出的是，国家死刑是极其残忍的。从近代开始，死刑的残忍度虽有所降低，但这并不是因为国家意识到了死刑的残忍性，而是出于宗教原因，会对犯人进行一定程度的宽宥。死刑方式多种多样，但无不残忍。这一点，人们很早就知道，对死刑的相关描写也很多，但人们对死刑犯几乎没有表示出一丁点的尊重。当权者令人将死刑犯的尸体悬挂在绞刑架上或轮子上，以起到震慑的作用，而这些尸体也成了偷盗的对象。死刑犯的四肢、睾丸等会被人偷偷割下来，用作迷信之用。也有人偷死刑犯的衣物，有人为拼成一副人骨而去偷死刑犯的骨头，有人用桶去接死刑犯身上涌出的热血，有人将死刑犯身上的皮撕下来，有人将死刑犯的骨头捣碎、内脏取出，目的是将其制成药品。不但药剂师会这样做，刽子手也会。16

世纪起，解剖学家们也加入了这一行列，因为他们需要人体供观察研究所用。死刑犯的尸体被他们视作一个划算的猎物，最终他们也在某种程度上获得了这一猎物。

14 世纪末以来死刑增多，教会做出了相关反应，15 世纪甚至与世俗当权者的意愿进行了部分抗争，影响了死刑的仪制。教会设立了一个光荣目标——拯救死刑犯的灵魂。对此，教会报以了极大的热忱，做出了极大的努力。虽然随着宗教改革的出现和发展，教会拯救死刑犯灵魂的理由在细节上发生了变化，但死刑犯的灵魂却受到了所有基督教教会的重视。1937 年，瑞士一名国家议员还对此进行了赞扬："他（死刑犯）悔恨自己的罪过，对死刑的准备也会因此变得容易，教会拯救了一个自己的孩子，完成了神圣的使命，所以教会一直都承认死刑。这不仅是一种自卫方法，也是获得永生的一种有效手段。"[1] 正是基于这一点，教会才同意对死刑犯的身体进行毁坏。另外，基督教会将犯人悔过提升为灵魂拯救所必需的（天主教）或足够的（新教）先决条件，在一定程度上推动了刑讯的使用。必要时，即使犯人无辜也不例外。总的来说，牧师与死刑犯的交流，应被单独研究。拉德布鲁赫认为，死刑犯在人生的最后几小时，像学生一样背诵着赞美诗、祷告词。这一观点，至今没有人提出反对意见，也许是因为它道出了事情的本质。[2] 此外，约翰纳斯·哈根多恩的日记则给人留下了这样一个印象：牧师和死刑犯不是在祷告，而是在高喊。牧师的声音嘶哑，看死刑犯的目光是从上而下的。

1　Camus, Die Guillotine.

2　Radbruch, Ars moriendi, 138.

尤尔根·马楚卡特认为，死刑仪制带有宗教色彩，“可以让死刑失去一部分打击力”，世俗死刑的决定性和绝对性也因此被剥夺。这一观点，在我们研究的时间区域内并没有得到证实。[1]恰恰相反：最迟从宗教改革开始，死刑仪制的宗教色彩已是死刑合法性的一部分。路德教派以及其他改革派都认为，每一例死刑都是世俗司法和上帝司法共同作用的成功体现。中世纪认为上帝监视着世俗法官，认为世俗法官如果误判，便会受到上帝的惩罚。不过，这种观点在近代早期已逐渐消失。死刑变成了世俗统治者绝对权力的展示。我们可以认为，正是这种绝对性导致了民众抗议、袭击刽子手的情况时有发生。基督教宣扬折磨犯人的身体合法，而上帝又会宽宥犯人的灵魂。对这一神学矛盾的调停，普通基督教教徒很难理解，神学家中也出现了越来越多的批判者。只有当这种批判越来越尖锐，死刑的作用越来越受到质疑时，上帝的怜悯以及永生的承诺才能使死刑失去打击力。

神学家对死刑的批判越来越广泛。一些批判的教会人员在近代早期对女巫的迫害中，明白了死刑的害处。弗里德里希·冯·施佩在他著名的反对审判女巫的著作中，提及了一名牧师。这名牧师给两百多名被判火刑的女巫进行了心灵辅导，自鸣得意地夸口说在进入监狱时，会先问每一个关押的女巫，是否愿意重复在刑讯时招供的罪。如果女巫吞吞吐吐或表示想在向牧师忏悔时才将真相托盘而出，那他便会拒绝给她们忏悔的机会，说她们如此顽固不化，不能获得忏悔的机会，会像狗一样死去。许多女巫便是在这种恐吓下，

1 Martschukat, Inszeniertes Töten, 40.

害怕自己的灵魂不能升天，才承认了自己的罪过。这个故事是施佩在吃饭时，一位有名的法学博士在餐桌上讲的。这位法学博士对牧师从“女巫”口中获得“真相”而采取计策的做法赞赏不已。施佩听到这个故事时，非常吃惊地在胸前画了个十字，报之以一声重重的叹息。[1]

而在此的几年前，路德教牧师、迫害女巫的批评者约翰纳斯·马图斯·梅法特曾毫不留情地批判了同僚进行的心灵劝说实践。对他来说“牧师的折磨……远比刽子手的（折磨）厉害”，因为牧师折磨的是犯人的心灵，而刽子手折磨的只是犯人的身体。牧师折磨着犯人的心灵，犯人害怕自己的灵魂不能升天，所以听信牧师的话认罪。至于犯人是否无辜，牧师们并不关心，法官们说什么便是什么，从而使自己成了杀人帮凶。梅法特反对这样：“你们牧师不是为了／审问证人／做出裁决／认识火和剑。”牧师的任务是尽可能阻止有人无辜流血。[2]但这从来都不是心灵劝说者——牧师们的目标，他们的手上沾上了血。

不过，牧师们没有为此良心不安，因为宗教改革者是首批弘扬死刑神学的人。他们无条件同意使用死刑，希望通过这种方式来清除犯罪，让人们过上一种上帝喜闻乐见的生活。这对 16 世纪死刑数的上升起到了推波助澜的作用。人们经常认为，死刑数上升是因为犯罪率上升，但这在实践中并未得到证实。

如果将宗教改革者只视为当局的谄媚者，就有点太片面了。宗

1　Spee, Cautio Criminalis, 274f.

2　Markus Schmid, Eine kritische Stimme zur Hexenverfolgung. Meyfarts Christliche Erinnerung von 1635; online: http://www.skriptum-geschichte.de/?p=1294#sdfootnote48anc.

教改革的宽宥教义，使天主教教义中对过时、残忍的死刑方式的解释失去了基础。在天主教教义中，忍受轮刑是杀人犯合适的赎罪方式。宗教改革者认为这只是在折磨犯人，因为在他们眼里，通往上帝的路只有一条——真心悔过，无须赎罪来让灵魂升入天堂。这也能解释为何 16 世纪出现了倾向于使用剑刑的发展。统治者认为折磨和羞辱犯人毫无意义，而剑刑能让犯人免去折磨和痛苦。轮刑及其他残酷的死刑方式之所以被保留，是因为它们是面向观众的一种传统表演。在此类案例中，刽子手越来越经常得到指示，在行刑仪式开始时便偷偷将死刑犯杀死，以免让其受过多痛苦。

16 世纪起，女性也开始被处绞刑和剑刑。那之前，女性大多被处浸河或活埋。如果将浸河、活埋这些传统的女性刑罚视为有偶然性、运气性的刑罚，便不难理解这种转变。中世纪后期，法庭判处女死刑犯浸河或活埋，将她们的命运交给上帝，是因为那时人们不确定女人是否有完全的行为责任能力。中世纪社会对女人持一种仇恨的观点，也间接保护了女人。女人的智商被视作与儿童的智商不相上下，女人被视为不坚定、易受影响、理解力有限的生物。将女人浸河，是将女人交到上帝手中，让上帝决定其生死。如果女人能在水中活下来，便会被释放。宗教改革以后，社会对女人的看法并没有发生大的改变，但世俗司法和上帝司法的关系却发生了巨大的改变。对宗教改革者来说，死刑审判是上帝的一个工具，不需要在一旁监督的上帝来改正世俗法庭做出的错误审判。因而，取消浸河、活埋等带有偶然性、运气性的刑罚，男女被一视同仁地处决，是合理的、一脉相承的。

宗教改革带来了 16 世纪的法律从未思考过的改变。残忍过时的死刑方式，偶尔也会变得不那么残忍，剑刑也成了与绞刑一样通用的死刑方式。天主教统治区的法国，首次出现断头台，便是从宗教改革开始的，这不能不说是历史的一个讽刺。

宗教改革改变的不只是死刑方式。加尔文主义者首次批评了对盗窃犯的过度处罚。盗窃犯占了被处死犯人的大多数。人们开始思考死刑的替代刑。罚犯人在橹舰上做苦役的刑罚，不足以成大气候。但劳教所则不同。劳教所创造了一个机构，通过这个机构，人们希望根治盗窃产生的土壤。从长远看，劳教所的建立，使死刑数从 17 世纪 70 年代开始下降变得可能。

随着宗教改革的推进，天主教会也开始无条件同意死刑。教会和国家之间的传统对立，导致教会批判世俗司法的情况时有发生。宗教改革以后，教会变成了国家教会，开始按国家旨意行事，必要时甚至将对臣民的残酷处罚美化成是上帝的旨意。16 世纪起，基督教教会开始无条件支持死刑，其中一个重要原因是人们对现世人生产生了根本性的厌恶，因为现世人生充满了罪恶、陋习、淫乱、犯罪。不同宗教信仰之间的相互仇恨，也是其中一个原因。天主教会的罪恶学说，给宗教改革的教义及其对社会的要求提供了基础。不过，天主教会对世界的批判，没能从根本上转化为对现世人生的一个压制性调节，因为天主教会太爱罪人了。面对宗教改革者的原教旨主义，天主教会无从反抗，只能默默地跟在其后。16 世纪起，天主教统治区也开始从古老的传统中挣脱出来，越来越多地对犯人执行剑刑，也开始考虑建立劳教所，有时也会令刽子手将轮刑犯或火刑犯在行刑前偷偷杀死。在天主教的法国，“巴黎议会”决定，对轮刑犯一律实行“特宥”（Retentum）政策，即令刽子手在行刑前将犯人提前杀死，让犯人无须感觉到轮刑的痛苦。[1]

围绕死刑发生的一切改变，都与宗教改革有着莫大的关联。在死刑的运用上，天主教统治者受到了宗教改革的影响，与宗教改革者走上了同一条路。对此，我们不必惊讶。宗教改革紧随时代步伐，而天主教会的许多社会观、价值观都过时了，有些观点还是古希腊罗马后期的教会之父奥古斯丁留下来的。有一个例子可以很好地说明这一点：中世纪的教会，对卖淫持容忍态度，便与奥古斯丁的学说有关。宗教改革者要求关闭妓院，天主教徒想不出反驳的理由。16 世纪末，天主教的神学家自己也忘记了奥古斯丁为何容忍卖淫：1591 年，科隆妓院面临关闭，科隆的天主教神父们表态说，他们也不能确切解释为何天主教一直都容忍妓院的存在。[2]

2014 年 4 月 30 日，在新教牧师哈特穆特·黑格勒（Hartmut Hegeler）的倡议下，特里尔成为第 25 个为女巫平反的德国城市。[3] 一方面，这是值得赞扬的；另一方面，女巫审判的受害者只得到了一个象征性的弥补，我们不能因此认为中世纪末期及近代早期其他死刑判决都是合理的。因为除了对女巫的审判，死刑涉及的主要是按照现今刑法标准根本不应处重罚或死刑的犯人。理查德·伊万斯在对德国死刑的研究中，有意避免使用“受害者”这个词来形容那些只走了个审判过场便被判死刑的犯人。伊万斯的解释是：“在大

---

1 Ruff, Violence, 111.

2 Peter Schuster, Das Frauenhaus. Städtische Bordelle in Deutschland 1350–1900, Paderborn, 1992.

3 Frankfurter Allgemeine Zeitung, Feierliche Gedenkstunde. Trier rehabilitiert Opfer von Hexenverfolgung. online:http://www.faz.net/aktuell/gesellschaft/feierliche-gedenkstunde-trier-rehabilitiert-opfer-von-hexenverfolgung-12918202.html.

多数案例中，这些犯人都通过这样或那样的方式杀人了。”[1]这对后来的时期也许是适用的，但对14—17世纪这段时期来说，这个结论不正确。因为这一时期被处死的主要是盗窃犯，且大部分都是非常年轻的盗窃犯。当时的统治者力不从心，认为严惩犯罪，判处犯人死刑，便能解决严峻的社会问题。这也对历史学产生了后果。研究贫困人员、社会边缘群体的历史，不能继续限制在研究统治者在救济和处罚方面采取的政策，也应将死刑作为前现代贫困政策的一个重要组成部分，进行深入的研究。

弑童犯和乱伦犯之所以会被处异常残酷的刑罚，与宗教改革者严格的性道德标准有关，宗教改革者希望能以此来抹除婚姻之外的一切性关系。这使许多年轻女子首当其冲，她们在绝望恐惧中杀害了自己非婚生的婴儿，随之又因弑童罪受到无情的处罚。这些女子无法指望别人的理解。对她们的死刑判决，展示了一个凶残、本质上不知所措的社会。而对年轻盗窃犯的每个死刑判决，都可以理解为社会的缴械投降。法官认为这些盗窃犯已没有改过的希望，所以将他们送上了绞刑场。本书主要回顾了这些可怜人的命运，希望通过这种方式，为他们的平反尽微薄之力。我们知道，死刑将继续作为刑罚而存在。根据国际特赦组织的数据，2013年全球死刑数较2012年甚至有所上升。因而，本书虽然在此结束，但本书涉及的死刑史还远未结束。[2]

---

1 Evans, Rituale der Vergeltung, 22f.

2 该句结束语摘自 Klaus-Michael Bogdal, Europa erfindet die Zigeuner. Eine Geschichte von Faszination und Verachtung, Berlin 2011, 483。

图片来源

图 1: Staatsbibliothek Bamberg, RB.Inc.typ.D.2, fol. IIIr. (Foto: Gerald Raab)

图 2 : Bayrische Staatsbibliothek München: Ulrich Tengler: Der neü Layenspiegel, Augspurg 1512, Rar.2311 Bl. 363

图 3: Froissart, Jehan: Chroniques, Brügge (vor) 1482, f.31, British Library-Catalogue of Illuminated Manuscripts

图 4: Bayrische Staatsbibliothek München: Ulrich Tengler: Der neü Lyenspiegel… Augspurg 1512, Rar. 2311 Bl.383

图 5: Stadtarchiv Nürnberg, F1 Nr. 42 Bl.138

图 6: Staatsbibliothek Bamberg, RB.Inc.typ.D.2, fol. XXXIIIIr. (Foto: Gerald Raab)

图 7: Froissart, Jehan: Chroniques, Brügge (vor) 1482, f193v., British Library-Catalogue of Illuminated Manuscripts

图 8: Aarau, Aargauer Kantonsbibliothek, MsWettF 16: 1: Silbereisen: Chronicon Helvetiae, Teil I, S. 172

图 9: Aarau, Aargauer Kantonsbibliothek, MsWettF 16: 3: Silbereisen: Chronicon Helvetiae, Teil III, S. 11r

图 10: Universitäts- und Landesbibliothek Düsseldorf, urn:nbn:de:hbz:061:1-88854

图 11: Zentralbibliothek Zürich, Ms.F31, f.178v

图 12: Museum der Alexianer in Neuss

图 13: Edgerton, Samuel Y.: Pictures and Punishment. Art and Criminal Prosecution during the Florentine Renaissance, London 1985, S.175.

参考文献

未出版的文献

Germanisches Nationalmuseum (GNM):

Hs. 215, 3857, 3867, 6758 (in Hs. 9857) und 130714, Mappe 11.

Staatsarchiv Nürnberg (StaatsA Nürnberg):

Bestand Reichsstadt Nürnberg (Rst. Nbg.).

Rep. 52b: Amts- und Standbücher (AStB) 199, 200, 209, 226aa.

Rep. 54 a II: Stadtrechnungsbelege, Bündel Nr. 151, 288, 470 und 532.

Rep 51a: Ratschlagbücher (RSB) Nr. 43.

Stadtarchiv St. Gallen (StadtASG):

Ratsprotokolle 1583.

Akten Bde. 911a, 912, 913 und 914.

Stadtarchiv Schaffhausen (StadtA Schaffhausen):

A II.05.01 Stadtrechnungen (online verfügbar).

Stadtarchiv Mühlhausen (StadtA Mühlhausen):

VIII O 1, Nr. 37.

Stadtarchiv Lippstadt (StadtA Lippstadt):

Chal. A 064 und 065.

Staatsarchiv Basel (StaatsA Basel):

C 10 (Straf und Polizei).

D 10, D 16 (Gerichtsarchiv).

已出版的文献

Annales Fuldenses sive Annales regni Francorum Orientalis, hrsg. von Friedrich Kurze (MGH SS rer. Germ. 7), Hannover 1891.

Brant, Sebastian: Der Richterlich Clagspiegel. Ein nutzbarlicher begriff, Wie man setzen vnd formiern sol nach ordnug der Rechten eyn yede Clag ..., Straßburg 1536; online unter: http://digi.ub.uni-heidelberg.de/diglit/drwbrant1536 (letzter Zugriff 03. 01. 2013).

Brucker, Jean Charles (Hg.): Straßburger Zunft- und Polizeiverordnungen des 14. und 15. Jahrhunderts, Strassburg 1889.

Buschmann, Arno (Hg.): Textbuch zur Strafrechtsgeschichte der Neuzeit. Die klassischen Gesetze, München 1998.

Chronik des Hector Mülich 1348–1487, in: Die Chroniken der schwäbischen Städte. Augsburg III (Die Chroniken der deutschen Städte vom 14. bis ins 16. Jahrhundert, Bd. XXII), Leipzig 1892.

Die Chroniken der deutschen Städte vom 14. bis ins 16. Jahrhundert, Bd. XXXII, Leipzig 1917.

Engel, Wilhelm (Hg.): Die Rats-Chronik der Stadt Würzburg (XV. und XVI. Jahrhundert), Würzburg 1950.

Fischer, Sebastian: Chronik besonders von Ulmischen Sachen, hrsg. von Karl Gustav Veesenmeyer, Ulm 1896.

Gerke, Christoph: Teiledition der Chronik des Braunschweiger Bürgermeisters Christoph Gerke (1628 – 1714), bearb. von Norman-Mathias Pingel, Hannover 2000.

Grieb, Manfred H. (Bearb.): Die Henker von Nürnberg und ihre Opfer. Folter und Hinrichtungen in den Nürnberger Ratsverlässen 1501 bis 1806. Mit einer Einführung in die Quellen zur Nürnberger Kriminalgeschichte von Horst-Dieter Beyerstedt und einem Beitrag zum Strafrecht der Reichsstadt Nürnberg von Hartmut Frommer; hrsg von: Michael Diefenbacher. Aus den Archiven zusammengestellt von Friedrich von Hagen. Aus dem Nachlass bearbeitet von Manfred H. Grieb, Nürnberg 2010.

Heinisch, Klaus J. (Hg.): Kaiser Friedrich II. Sein Leben in zeitgenössischen Berichten, München 1994[4].

Heinrich Deichsler's Chronik 1488–1506, in: Die Chroniken der fränkischen Städte. Nürnberg V (Die Chroniken der deutschen Städte vom 14. bis ins 16. Jahrhundert, Bd. XI), Leipzig 1874.

Keller, Albrecht (Hg.): Maister Franntzn Schmidts Nachrichters inn Nürmberg all sein Richten, Neudruck der Ausgabe 1913 mit einer Einleitung von Wolfgang Leiser. Neustadt an der Aisch 1979.

Koster, Peter: Chronik der Kaiserlichen Freien Reichs- und Hansestadt Bremen 1600–1700, hrsg. von Hartmut Müller, Bremen 2004.

Lubecus, Franciscus: Göttinger Annalen. Von den Anfängen bis zum Jahr 1588, bearb. von Reinhard Vogelsang, Göttingen 1994.

Moibanus, Ambrosius: Underrichtynge der Öveldeder, de me döden schal, Wittenberg 1530. Herzog-August-Bibliothek Wolfenbüttel, Signatur: A: 1118.4 Theol. (4).

Moser, Johann Jacob: Selige Letzte Stunden Einiger dem zeitlichen Tode übergebener Missethäter, Jena 1742.

Müllner, Johannes: Die Annalen der Reichsstadt Nürnberg von 1623. Band 2: Von 1351–1469, Nürnberg 1984.

Müllner, Johannes: Die Annalen der Reichsstadt Nürnberg von 1623. Band 3: 1470–1544, Nürnberg 2003.

Paracelsus, Theophrasti: Volumen medicinae Paramirum Theophrasti de Medica Industria, in: ders.: Bücher und Schriften jetzt aufs neue aus den Originalen an Tag geben durch J. Huserum, Straßbourg 1603.

Pastorale Lutheri, das ist nützlicher und nöthinger Unterricht von den vornehmsten Stücken zum heil, Ministerium gehörig, und richtige Antwort auf mancherlie wichtige Fragen von schweren und gefährliche Fällen, so in demselben vorfallen mögen, zusammengestellt von M. Conrad Porta, Nördlingen 1842.

Pelc, Ortwin (Hg.): Gründliche Nachricht des St. Annen Armen- und Werck-Hauses in Lübeck von 1735, Lübeck 1990.

Perneder, Andreas: Von Straff und Peen aller und yeder Malefizhandlungen, Ingolstadt 1564; online unter: http://www.mdz-nbn-resolving.de/urn/resolver.pl?urn=urn:nbn:de:bvb:12-bsb10936972–8 (letzter Zugriff 7. 8. 2014).

Regesten der Grafen von Katzenelnbogen 1060–1486. Rechnungen, Besitzverzeichnisse, Steuerlisten und Gerichtsbücher 1295–1486, Bd. 3, bearb. von Karl E. Demandt, Darmstadt 1956.

Regesta Imperii; online unter: http://www.regesta-imperii.de/regesten (letzter Zugriff 30. 07. 2014).

Rothe, Salomon: Mord-Leichen-Predigt, Chemnitz 1669; online unter: http://nbn-resolving.de/urn:nbn:de:gbv:3:1–81511 (letzter Zugriff 01. 08. 2014).

Sammlung der hamburgischen Gesetze und Verfassungen in Bürger- und kirchlichen, auch Cammer-, Handlungs- und übrigen Policey-Angelegenheiten und Geschäften samt historischen Einleitungen, 1. Theil, Hamburg 1765.

Sehling, Emil (Hg.): Die evangelischen Kirchenordnungen des XVI. Jahrhunderts, Bd. 6/I, Tübingen 1955.

Sehling, Emil (Hg.): Die evangelischen Kirchenordnungen des XVI. Jahrhunderts, Bd. 11/I, Tübingen 1955.

Tengler, Ulrich: Layen Spiegel. Von rechtmässigen ordnungen in Burgerlichen und peinlichen regimenten, Augsburg 1509; online unter: http://dfg-viewer.de/show/?set%5Bmets%5D=http%3A%2F%2Fdaten.digitale-sammlungen.de%2F%7Edb%2Fmets%2Fbsb00002001_mets.xml (letzter Zugriff 12. 8. 2013).

Tomlinson, William: Of Hanging for Theft, so filling the Land with Blood, in: ders., Seven Particulars, Containing as Followeth, London 1657, 11–19.

Unger, Franz: Im Zeichen der Grausamkeit. Geschichte der Leibes- und Lebensstrafen im alten Wien, mit besonderer Berücksichtigung der verschiedenen Hinrichtungsarten und der Zauberei; nach Schlager, Realis und P. M. Fuhrmann, Wien 1903.

Wagner, Johannes: Supplicium Achanis (Herzog August Bibliothek Wolfenbüttel 294. 3 Th. (25)). Online unter: http://diglib.hab.de/drucke/294–3-theol-25s/start.htm (letzter Zugriff 1. 8. 2014).

Weinrich, Lorenz (Hg.): Quellen zur deutschen Verfassungs-, Wirtschafts- und Sozialgeschichte bis 1250, Darmstadt 1977.

Zesen, Philipp von: Beschreibung der Stadt Amsterdam, Amsterdam 1664 (= Ferdinand van Ingen (Hg.): Philipp von Zesen. Sämtliche Werke, Bd. 16), Berlin/New York 2000.

Zimmersche Chronik, hrsg. von Karl August Barack, Freiburg/Tübingen 1881/82.

专业文献

Armand, Frederic: Les bourreaux en France. Du Moyen âge à l'abolition de la peine de mort, Paris 2012.

Bauer, Andreas: Das Gnadenbitten in der Strafrechtspflege des 15. und 16. Jahrhunderts, Frankfurt am Main u.a. 1994.

Bée, Michel: Le spectacle de l'exécution dans la France d'Ancien Régime, in: Annales E.S.C. 38 (1983), S. 843–862.

Behrisch, Städtische Obrigkeit und soziale Kontrolle. Görlitz 1450–1600, Epfendorf am Neckar 2005.

Bendlage, Andrea: Henkers Hetzbruder. Das Strafverfolgungspersonal der Reichsstadt Nürnberg im 15. und 16. Jahrhundert, Konstanz 2003.

Beneke, Otto: Hamburgische Geschichten und Denkwürdigkeiten. Zum Theil nach ungedruckten Quellen, Hamburg 1856.

Bonger, Henk: The Life and Work of Dirck Volkertszoon Coornhert, Amsterdam/New York 2004.

Cajani, Luigi: Die Tröstung der Todeskandidaten im päpstlichen Rom, in: Reiner Schulze/Thomas Vormbaum/Christine D. Schmidt/Nicola Willenberg (Hg.): Strafzweck und Strafform zwischen religiöser und weltlicher Wertevermittlung, Münster 2008, S. 59–71.

Camus, Albert: Réflexions sur la guillotine, in: Albert Camus/Arthur Koestler (Hg.): Réflexions sur la peine capitale, Paris 1957, S. 123–180.

Camus, Albert: Die Guillotine. Betrachtungen zur Todesstrafe, in: ders., Fragen der Zeit, Reinbek 1988, S. 93–142.

Chiffoleau, Jacques: Les Justices du Pape. Délinquance et criminalité dans la région d'Avignon au XIVe siècle, Paris 1984.

Cohen, Esther: Crossroads of Justice. Law and Culture in Late Medieval France, Leiden 1993.

Davis, Natalie Zemon: Der Kopf in der Schlinge. Gnadengesuche und ihre Erzähler, Berlin 1988.

Dülmen, Richard van: Das Schauspiel des Todes. Hinrichtungsrituale in der Frühen Neuzeit, in: ders. (Hg.): Gesellschaft der frühen Neuzeit. Kulturelles Handeln und sozialer Prozeß. Beiträge zur historischen Kulturforschung, Wien 1993, S. 103–156.

Dülmen, Richard van: Theater des Schreckens. Gerichtspraxis u. Strafrituale in der frühen Neuzeit, München 1988.

Evans, Richard J.: Rituale der Vergeltung. Die Todesstrafe in der deutschen Geschichte 1532–1987, Berlin 2001.

Febvre, Lucien: Martin Luther. Religion als Schicksal, Frankfurt am Main 1996.

Ferretti, Massimo: In Your Face. Paintings for the Condemned in Renaissance Italy, in: Nicholas Terpstra (Hg.): The Art of Executing Well. Rituals of Execution in Renaissance Italy, Kirksville 2008, S. 79–97.

Frauenstädt, Paul: Breslaus Strafrechtspflege im 14. bis 16. Jahrhundert, in: Zeitschrift für die Strafrechtswissenschaft 10 (1890), S. 1–35, 229–250.

Friedland, Paul: Seeing Justice Done. The Age of Spectacular Capital Punishment in France, Oxford 2012.

Frommer, Hartmut: Zur Strafrechtsgeschichte der Reichsstadt Nürnberg, in: Grieb, Manfred H. (bearb.): Die Henker von Nürnberg und ihre Opfer. Folter und Hinrichtungen in den Nürnberger Ratsverlässen 1501 bis 1806. Mit einer Einführung in die Quellen zur Nürnberger Kriminalgeschichte von Horst-Dieter Beyerstedt und einem Beitrag zum Strafrecht der Reichsstadt Nürnberg von Hartmut Frommer; hrsg von: Michael Diefenbacher. Aus den Archiven zusammengestellt von Friedrich von Hagen. Aus dem Nachlaß bearbeitet von Manfred H. Grieb, Nürnberg 2010, S. XIII.

Gauvard, Claude: Les oppositions à la peine de mort dans le royaume de France. Théorie et pratique (XIIe-XVe siècle), in: Clío y Crímen 4 (2007), S. 22–46.

Geltner, Guy: The Medieval Prison. A Social History, Princeton 2008.

Gersmann, Gudrun: Konflikte, Krisen, Provokationen im Fürstbistum Münster. Kriminalgerichtsbarkeit im Spannungsfeld zwischen adeliger und landesherrlicher Justiz, in: Andreas Blauert (Hg.): Kriminalitätsgeschichte. Beiträge zur Sozial- und Kulturgeschichte der Vormoderne, Konstanz 2000, S. 423–446.

Gessler, Jean: »Mulier suspensa: à délit égal peine différente?« in: Revue Belge de philologie et d'histoire 18 (1939), S. 974–988.

Giergen, Bernhard/Paas, Theodor: Das Alexianerkloster in Köln-Lindenthal in seiner geschichtlichen Entwicklung, Köln-Lindenthal 1934.

Gonzenbach, W. E. von: Einige Bemerkungen über Abegg's Aufsatz zur Geschichte des Art. 218 CCC, in: Zeitschrift für deutsches Recht und deutsche Rechtswissenschaft 15 (1855), S. 298–310.

Gyger, Patrick J.: L'Épée et la corde. Criminalité et justice à Fribourg (1475–1505), Lausanne 1998.

Härter, Karl: Policey und Strafjustiz in Kurmainz. Gesetzgebung, Normdurchsetzung und Sozialkontrolle im frühneuzeitlichen Territorialstaat, 2 Bd., Frankfurt am Main 2005.

Hagemann, Hans-Rudolf: Basler Rechtsleben im Mittelalter, Bd. 1, Basel 1987.

Hampe, Theodor: Die Nürnberger Malefizbücher als Quellen der reichsstaedtischen Sittengeschichte vom 14. bis zum 18. Jahrhundert, Bamberg 1927.

Harrington, Joel F.: Escape from the Great Confinement. The Genealogy of a German Workhouse, in: The Journal of Modern History 71,2 (1999), S. 308–346.

Harrington, Joel F.: Die Ehre des Scharfrichters. Meister Frantz oder ein Henkersleben im 16. Jahrhundert, München 2014.

Harster, Theodor: Das Strafrecht der freien Reichsstadt Speier in Theorie und Praxis, Breslau 1900.

Heinerth, Hans-Christoph, Die Heiligen und das Recht, Freiburg 1939.

Henselmeyer, Ulrich: Ratsherren und andere Delinquenten. Die Rechtsprechungspraxis bei geringfügigen Delikten im spätmittelalterlichen Nürnberg, Konstanz 2002.

Hetzel, H.: Die Todesstrafe in ihrer kulturgeschichtlichen Entwicklung. Eine Studie, Berlin 1870.

His, Rudolf: Das Strafrecht des deutschen Mittelalters: Bd. 1. Die Verbrechen und ihre Folgen im allgemeinen, ND der Ausgabe Weimar 1920, Aalen 1964.

His, Rudolf: Das Strafrecht des deutschen Mittelalters: Bd. 2. Die einzelnen Verbrechen, ND der Ausgabe Weimar 1935, Aalen 1964.

Huber, Alfons: Agnes Bernauer. Ein Quellen- und Lesebuch, Straubing 1999.

Huizinga, Johan: Herbst des Mittelalters Studien über Lebens- und Geistesformen des 14. und 15. Jahrhunderts in Frankreich und in den Niederlanden, hrsg. von Kurt Köster, 11. Aufl. Stuttgart 1975.

Irsigler, Franz/Lassotta, Arnold: Bettler und Gaukler, Dirnen und Henker. Außenseiter in einer mittelalterlichen Stadt, München 2010[12].

Isenmann, Eberhard: Die deutsche Stadt im Mittelalter. 1150–1550: Stadtgestalt, Recht, Verfassung, Stadtregiment, Wien u.a. 2012.

Israel, Uwe: Hinrichtung in spätmittelalterlichen Städten. Öffentlichkeit, Ritual, Kritik, in: Jacques Chiffoleau/Claude Gauvard/Andrea Zorzi (Hg.): Pratiques sociales et politiques judiciaires dans les villes de l'Occident à la fin du Moyen Âge, Rome 2007, S. 661–687.

Israel, Uwe: Johannes Geiler von Kaysersberg (1445–1510). Der Straßburger Münsterprediger als Rechtsreformer, Berlin 1997.

Jenkins, Philip: From Gallows to Prison? The Execution Rate in Early Modern England, in: Criminal Justice History 7 (1986), S. 51–71.

Juergensmeyer, Mark: Terror im Namen Gottes. Ein Blick hinter die Fassaden des gewalttätigen Fundamentalismus, Freiburg 2004.

Kaczor, Dariusz: Herrschaft und Verbrecher. Der Danziger Strafvollzug in der Frühen Neuzeit, in: Sabina Beckmann u.a. (Hg.): Kulturgeschichte Preußens Königlich Polnischen Anteils in der Frühen Neuzeit, Tübingen 2005, S. 129–156.

Keller, Albrecht: Der Scharfrichter in der deutschen Kulturgeschichte, Reprogr. Nachdr. d. Ausg. Bonn/Leipzig 1921, Hildesheim 1968.

Knapp, Hermann: Alt-Regensburgs Gerichtsverfassung, Strafverfahren und Strafrecht bis zur Carolina. Nach urkundlichen Quellen dargestellt, Berlin 1914.

Knapp, Hermann: Das Lochgefängnis, Tortur und Richtung in Alt-Nuernberg. Auf Grund urkundlicher Forschung, Nürnberg 1907.

Köhler, K.: Luther und die Juristen. Zur Frage nach dem gegenseitigen Verhaeltnis des Rechtes und der Sittlichkeit, Gotha 1873.

Lott, Arno: Die Todesstrafen im Kurfürstentum Trier in der frühen Neuzeit, Frankfurt am Main 1998.

Ludwig, Ulrike: Das Herz der Iustitia. Gestaltungspotentiale territorialer Herrschaft in der Strafrechts- und Gnadenpraxis am Beispiel Kursachsens 1548–1648, Konstanz 2008.

Marschall, Dieter: De laqueo rupto. Die mißlungene Hinrichtung durch den Strang, Bonn 1967.

Martschukat, Jürgen Algimantas: Inszeniertes Töten. Eine Geschichte der Todesstrafe vom 17. bis zum 19. Jahrhundert, Köln 2000.

Meinhardt, Karl-Ernst: Das peinliche Strafrecht der freien Reichsstadt Frankfurt am Main im Spiegel der Strafpraxis des 16. und 17. Jahrhunderts, Frankfurt am Main 1957.

Montaigne, Michel de: Essais, hrsg. von Hans Stillet, Frankfurt am Main 1998.

Morus,Thomas: Utopia, Stuttgart 1964.
Moser-Nef, Carl: Die freie Reichsstadt und Republik Sankt Gallen, Bd. 5: Geschichte ihres Strafrechts 1, Zürich 1951.
Murray, Alexander: Suicide in the Middle Ages, Bd.1: The violent against themselves, Oxford 1998.
Nowosadtko, Jutta: Hinrichtungsrituale. Funktion und Logik öffentlicher Exekutionen in der Frühen Neuzeit, in: Sigrid Schmitt/ Michael Matheus (Hg.): Kriminalität und Gesellschaft in Spätmittelalter und Neuzeit, Stuttgart 2005, S. 71–94.
Nowosadtko, Jutta: Scharfrichter und Abdecker. Der Alltag zweier »unehrlicher Berufe« in der frühen Neuzeit, Paderborn 1994.
Ochs, Peter: Geschichte der Stadt und Landschaft Basel, Bd. 5, Basel 1821.
Ochs, Peter: Geschichte der Stadt und Landschaft Basel, Bd. 6, Basel 1821.
Oppelt, Wolfgang: Über die »Unehrlichkeit« des Scharfrichters. Unter bevorzugter Verwendung von Ansbacher Quellen, Lengfeld 1976.
Ortvay, Theodor: Geschichte der Stadt Pressburg, Bd. 2, 2: Die Rechtsorganisation der Stadt im Mittelalter, 1300–1526, Pressburg 1893.
Park, Katharine: The Criminal and the Saintly Body. Autopsy and Dissection in Renaissance Italy, in: The Renaissance Quarterly 47 (1994), S. 1–33.
Peacock, Mabel: Executed Criminals and Folk-Medicine, in: Folklore 3 (1896), S. 268–283.
Petry, Christine: Les Grandes mangent les Petits. Zur Organisation der Strafgerichtsbarkeit im Frankreich des 16. und 17. Jahrhunderts, in: Helga Schnabel-Schüle/Harriet Rudolph (Hg.): Justiz=Justice= Justicia. Rahmenbedingungen von Strafjustiz im frühneuzeitlichen Europa, Trier 2003, S. 179–196.
Prosperi, Adriano: Consolation or Condemnation. The Debates on Withholding Sacraments from Prisoners, in: Nicholas Terpstra (Hg.): The Art of Executing Well. Rituals of Execution in Renaissance Italy, Kirksville 2008, S. 98–117.
Radbruch, Gustav: Ars moriendi. Scharfrichter – Seelsorger – Armersünder – Volk, in: Gustav Radbruch Gesamtausgabe, Bd. 10: Strafvollzug, hrsg. von Arthur Kaufmann, Heidelberg 1993, S. 121–148.
Radbruch, Gustav: Die ersten Zuchthäuser und ihr geistesgeschichtlicher Hintergrund, in: GRGA, Bd. 10, Strafvollzug, S. 97–109.

Rau, Ferdinand: Beiträge zum Kriminalrecht der Freien Reichsstadt Frankfurt am Main im Mittelalter bis 1532, Potsdam 1916.

Reid, Don/Gurwell, John: Have a Seat, Please, Huntsville 2001.

Roth, Moritz: Andreas Vesalius Bruxellensis, Berlin 1892.

Rudolph, Harriet: »Eine gelinde Regierungsart«. Peinliche Strafjustiz im geistlichen Territorium. Das Hochstift Osnabrück (1716–1803), Konstanz 2000.

Ruff, Julius R.: Violence in Early Modern Europe 1500–1800, Cambridge 2001.

Schattenhofer, Michael: Das alte Rathaus in München. Seine bauliche Entwicklung und seine stadtgeschichtliche Bedeutung, München 1972.

Scheffknecht, Wolfgang: Scharfrichter. Eine Randgruppe im frühneuzeitlichen Vorarlberg, Konstanz 1995.

Schild, Wolfgang: Das Blut des Hingerichteten, in: Christina von Braun (Hg.): Mythen des Blutes, Frankfurt am Main u.a. 2007, S. 126–154.

Schild, Wolfgang: Folter, Pranger, Scheiterhaufen. Rechtsprechung im Mittelalter, München 2010.

Schmitz-Esser, Romedio: Zur Vernichtung von Körperlichkeit. Ausgrenzung des Leichnams als Inkriminierung des Toten im Mittelalter, in: Claudia Garnier/Johannes Schnocks (Hg.): Sterben über den Tod hinaus. Politische, soziale und religiöse Ausgrenzung in vormodernen Gesellschaften, Würzburg 2012, S. 219–232.

Schmoeckel, Mathias: Metanoia. Die Reformation und der Strafzweck der Besserung, in: Reiner Schulze/Thomas Vormbaum/Christine D. Schmidt/Nicola Willenberg (Hg.): Strafzweck und Strafform zwischen religiöser und weltlicher Wertevermittlung, Münster 2008, S. 29–58.

Schrott, Konrad: Um Galgen, Rad und Schwert. Strafgerichtsbarkeit im Hochstift Bamberg 1540–1611, Gundelsheim 1992.

Schubert, Ernst (Hg.): Geschichte Niedersachsens, Bd. 2.1., Politik, Verfassung, Wirtschaft vom 9. bis zum ausgehenden 15. Jahrhundert, Hannover 1997.

Schubert, Ernst: Räuber, Henker, arme Sünder. Verbrechen und Strafe im Mittelalter, Darmstadt 2007.

Schué, Karl: Das Gnadebitten in Recht, Sage, Dichtung und Kunst. Ein Beitrag zur Rechts-und Kulturgeschichte, in: Zeitschrift des Aachener Geschichtsvereins 40 (1918), S. 143–286.

Schuster, Peter: Eine Stadt vor Gericht. Recht und Alltag im spätmittelalterlichen Konstanz, Paderborn 2000.

Schuster, Peter: Verbrechen und Strafe in der spätmittelalterlichen Nürnberger und Augsburger Chronistik, in: Andrea Bendlage/Andreas Priever/Peter Schuster (Hg.): Recht und Verhalten in vormodernen Gesellschaften. Festschrift für Neithard Bulst, Bielefeld 2008, S. 51–66.

Schuster, Peter: Hinrichtungsrituale in der beginnenden Neuzeit. Anfragen aus dem Mittelalter, in: Helga Schnabel-Schüle/Harriet Rudolph (Hg.): Justiz=Justice=Justicia. Rahmenbedingungen des Strafrechts in der Frühen Neuzeit, Trier 2003, S. 213–233.

Schwerhoff, Gerd: Köln im Kreuzverhör. Kriminalität, Herrschaft und Gesellschaft in einer frühneuzeitlichen Stadt, Bonn 1991.

Sharpe, James A.: The Punishment of Serious Crime in Early Modern England. An Overwiev, in: Helga Schnabel-Schüle/Harriet Rudolph (Hg.): Justiz=Justice=Justicia. Rahmenbedingungen von Strafjustiz im frühneuzeitlichen Europa, Trier 2003, S. 41–56.

Spierenburg, Pieter: The Spectacle of Suffering. Executions and the Evolution of Repression: From a Preindustrial Metropolis to the European Experience, Cambridge 1984.

Spierenburg, Pieter: The Prison Experience. Disciplinary Institutions and Their Inmates in Early Modern Europe, New Brunswick/London 1991.

Sprandel, Rolf: Das Würzburger Ratsprotokoll des 15. Jahrhunderts. Eine historisch-systematische Analyse, Würzburg 2003.

Terpstra, Nicholas (Hg.): The Art of Executing Well. Rituals of Execution in Renaissance Italy, Kirksville 2008.

Terpstra, Nicholas: Theory into Practice. Executions, Comforting, and Comforters in Renaissance Italy, in: ders. (Hg.): The Art of Executing Well. Rituals of Execution in Renaissance Italy, Kirksville 2008, S. 118–158.

Tscharner, Hans-Fritz: Die Todesstrafe im alten Staate Bern, Bern 1936.

Voltmer, Rita: Hexenprozesse und Hochgerichte. Zur herrschaftlich-politischen Nutzung und Instrumentalisierung von Hexenverfolgungen, in: Hexenprozesse und Gerichtspraxis, hrsg. von Herbert Eiden, Trier 2002, S. 475–525.

Walter, Jörg: Rat und Bürgerhauptleute in Braunschweig 1576–1604, Braunschweig 1971.

Wettstein, Erich: Die Geschichte der Todesstrafe im Kanton Zürich, Winterthur 1958.

Wilbertz, Gisela: Scharfrichter, Medizin und Strafvollzug in der Frühen Neuzeit, in: Zeitschrift für historische Forschung 26 (1/1999), S. 515–555.

Wilbertz, Gisela: Scharfrichter und Abdecker im Hochstift Osnabrück. Untersuchungen zur Sozialgeschichte zweier »unehrlicher« Berufe im nordwestdeutschen Raum vom 16. bis zum 19. Jahrhundert, Osnabrück 1979.

Wiltenburg, Joy: Crime and Culture in Early Modern Germany, Charlottesville u.a 2012.

Wosnik, Richard: Beiträge zur Hamburgischen Kriminalgeschichte unter besonderer Berücksichtigung des Kriminal-Museums nach Quellen und Urkunden, Hamburg 1926.